U0515427

大连外国语大学科研基金项目《国际贸易中知识产权保护新动向与我国对策研究》
（项目编号：2016XJJS25）研究成果

朱玉荣 著

国际贸易中的
知识产权问题研究

Research on Intellectual Property
in International Trade

中国财经出版传媒集团

经济科学出版社
Economic Science Press

图书在版编目（CIP）数据

国际贸易中的知识产权问题研究／朱玉荣著．－－北京：经济科学出版社，2022.10
ISBN 978－7－5218－4135－0

Ⅰ.①国… Ⅱ.①朱… Ⅲ.①国际贸易－知识产权保护－研究 Ⅳ.①D913.04

中国版本图书馆 CIP 数据核字（2022）第 195309 号

责任编辑：杜　鹏　常家凤
责任校对：靳玉环
责任印制：邱　天

国际贸易中的知识产权问题研究
朱玉荣　著
经济科学出版社出版、发行　新华书店经销
社址：北京市海淀区阜成路甲 28 号　邮编：100142
编辑部电话：010－88191441　发行部电话：010－88191522
网址：www.esp.com.cn
电子邮箱：esp_bj@163.com
天猫网店：经济科学出版社旗舰店
网址：http://jjkxcbs.tmall.com
固安华明印业有限公司印装
710×1000　16 开　14.5 印张　250000 字
2023 年 1 月第 1 版　2023 年 1 月第 1 次印刷
ISBN 978－7－5218－4135－0　定价：79.00 元
（图书出现印装问题，本社负责调换。电话：010－88191510）
（版权所有　侵权必究　打击盗版　举报热线：010－88191661
QQ：2242791300　营销中心电话：010－88191537
电子邮箱：dbts@esp.com.cn）

目 录

第一章

知 识 产 权 概 述

第一节　知识产权的概念与分类

一、知识产权的概念

知识产权是指公民、法人或其他组织对其智力创造成果依法享有的权利。作为知识产权客体的智力成果通常指在工业、商业、农业、采掘业及文学艺术科学等领域取得的成果。

知识产权是个外来词汇，即德文中的 Gestiges Egentum，英文中的 Intellectual Property。在中国台湾译为智慧财产，在中国香港译为智力产权。其字面意为智力财产，是指智力的创造物，比知识产权更能准确地反映出该概念所指代的对象的特点，即创造性的智力成果。但我国习惯上使用知识产权这一概念。

知识产权（Intellectual property）有两种含义：一是指智慧成果，是生产的要素或有价值的物品。二是指人们对智慧成果的权利，是法律界定的结果。正如专利有时指发明，有时指专利权，因此，可以从物品或资产和权利角度来使用知识产权一词。

根据 1967 年签订的《建立世界知识产权组织公约》，知识产权包括：关于文学、艺术和科学作品的权利；关于表演艺术家的表演、唱片和广播节目的权利；关于人们在一切活动领域内的发明的权利；关于科学发现的权利；关于工业品外观设计的权利；关于商标、服务标记、商业名称和标志的权利；关于制止不正当竞争的权利。

此外知识产权还包括在工业、科学、文学或艺术领域里由于智力活动而产生的一切其他权利。

根据《与贸易有关的知识产权协议》（TRIPS）的规定，知识产权包括：版权及相关权利；商标；地理标志；工业品外观设计；专利；集成电路布图设计；未披露信息；协议许可证中对限制竞争行为的控制。

二、知识产权的分类

人们通常将知识产权分为工业产权与著作权。工业产权指用于工商业领域中的智力成果，如专利权、商标权、专有技术权。著作权指文学、艺术及科学领域的智力成果。按照《保护工业产权巴黎公约》的规定，工业产权的保护对象有专利、实用新型、外观设计、商标、服务标记、厂商名称、货源标记或原产地名称和制止不正当竞争。对工业产权应作最广义的理解，工业产权不仅适用于工业和商业本身，而且也同样适用于农业和采掘业，适用于一切制成品和天然产品，例如酒类、谷物、烟叶、水果、牲畜、矿产品、矿泉水、啤酒、花卉和谷类的粉。

因此，可以理解为知识产权主要包括专利权、商标权、专有技术权（商业秘密）和著作权。

（一）专利权

专利权是指由一国或地区的政府主管部门或机构，根据申请人就其发明创造所提出的专利申请，经审查认为其专利申请符合法律规定，授予该申请人对其发明创造享有的专有权。

我国《专利法》规定的专利权包括三种类型：发明专利、实用新型专利和外观设计专利。发明，是指对产品、方法或其改进所提出的新的技术方案。实用新型，是指对产品的形状、构造或其组合所提出的适于实用的新的技术方案。外观设计，是指对产品的整体或者局部的形状、图案或者其结合以及色彩与形状、图案的结合所作出的富有美感并适于工业上应用的新设计。

（二）商标权

商标是指生产者、制造者或经销者在其生产、制造或经销的商品或服务上所标明的特定标记，以表明其生产、制造或经销的商品或服务与其他人生产、制造或销售的商品或服务的区别。

商标权是指商标所有人对其依法申请并经商标主管机关核准注册的商标所享有的专用权利。商标权以核准注册的商标和核定的附着商品为限。

（三）专有技术权（商业秘密）

《中华人民共和国反不正当竞争法》第九条规定，商业秘密是指不为公众所知悉、具有商业价值并经权利人采取相应保密措施的技术信息、经营信息等商业信息。因此，可以理解为专有技术（商业秘密）是指从事生产、工商管理、财务等活动领域的一切符合法律规定条件的秘密的知识、经验和技能。

（四）著作权

著作权是指公民、法人或非法人组织对其文学、艺术和科学作品所享有的专有权。

著作权的客体是文学、艺术、自然科学、社会科学、工程技术等作品。按照《中华人民共和国著作权法》的规定，作品的形式有以下九种：

（1）文字作品；

（2）口述作品；

（3）音乐、戏剧、曲艺、舞蹈、杂技艺术作品；

（4）美术、建筑作品；

（5）摄影作品；

（6）视听作品；

（7）工程设计图、产品设计图、地图、示意图等图形作品和模型作品；

（8）计算机软件；

（9）符合作品特征的其他智力成果。

第二节　知识产权的性质和特点

知识产权的客体是智力成果，这些成果分别体现为发明创造、作品、商业秘密、数据库等，这些客体的本质是信息，知识产权立法的目的和宗旨就是鼓励生产更多的有价值的信息。

一、知识产权的性质

知识产权的性质是指知识产权的根本属性。

1. 知识产权属于民事权利

民事权利是民事法律规范赋予民事主体为实现受法律保护的利益而实施一定行为的意思自由。知识产权从功能上讲是保护民事主体实现其法律利益的工具，从表现形式上看是一种法律赋予的个人权利，从内容上看是民事主体在一定程度和范围内实施法律行为的意思自由；因而其属于民事权利的一种。知识产权不等于私人占有权，它是给予创造知识的劳动者对其劳动所产生的知识产品依法享有的专有权，其私有性来自法律的规定。

2. 知识产权也包括精神权利

知识产权主要是指财产权利，即利用知识产权获得利益的权利，同时知识产权也包括精神权利。精神权利也称为人身权利，如专利权所包括的发明人或设计人有权在专利文件中写明自己是发明人或设计人的权利；专利权人有权在专利产品或包装上注明专利标记和专利号的权利。著作权人享有发表权、署名权、修改权和保护作品完整权等权利。精神权利一般是不能转让的。

二、知识产权的特点

1. 知识产权是无形资产

知识产权是权利人宝贵的无形资产。知识产权不同于一般的资产，如资本、设备、有形产品、各种不动产等。知识产权是权利人投入一定的财力、物力、人力，经过努力获得的智力成果，它能够应用于工业、农业、商业、采掘业等各领域，能够产生积极的社会效益；或者其是权利人创造的具有独创性的文学、艺术、科学作品，能够满足人们的精神文化需要，能够产生积极的社会效果。法律为了鼓励权利人积极进行智力创作，对权利人的成果进行保护，授予权利人对其智力成果的独占的使用权。权利人可以利用其成果生产产品，取得经济利益，也可将其成果许可或转让给他人，取得经济利益，因此，知识产权是一种能够给权利人带来经济利益的权利，称为无形资产。由于某些知识产权能够为权利人带来巨额利益，所以很多企业致力于培养驰名商标，很多企业和个人积极进行研究开发，积极申请专利权，这不仅促进了权利人利益的提高，也促进了技术的交流和发展及整个社会技术水平的提高。

2. 权利的独占性

法律授予知识产权权利人对其智力成果的独占的使用权利，未经权利人许可，其他人不能使用权利人的智力成果，即知识产权具有独占性。权利人不仅可以自己使用知识产权，还可以将其权利的一项或几项许可给他人使用，以便获取报酬。这种独占的权利不同于法律对一般商品的保护，法律可以同时保护多个人的同样的商品所有权，但对于知识产权，在既定的时间和地域内，知识产权的权利人只有一个。此种独占性可以有力地保护权利人的利益，激发技术创新的动力，促进智力成果的生产。但是，对某些知识产权来说，其独占性是相对的。如专有技术，在同一时间和地域内，可能有多个主体持有同样的秘密技术，但只要各个权利人的秘密技术是自己独立创造的并符合法律规定的条件，就都可以获得法律的保护。

3. 时效性

法律对知识产权的保护具有时效性，这是由知识产权立法的宗旨决定的。知识产权保护的目的在于授予知识产权权利人独占的权利，以使其能在对知识产权的运用中收回研发成本并能取得一定的经济效益，激励权利主体积极进行知识产权创造。同时，知识产权制度还要考虑到公众利益和社会利益，知识产权的最终目的是促进社会效益和社会福利的提高。因此，法律授予知识产权权利人的独占权利是有时间限制的，通常会规定权利的有效期，如各国都普遍规定专利权的有效期为 20 年。到了有效期，知识产权就成为公众财产，进入公众领域，任何人都可以使用。对知识产权专用权时间的限制是为了寻求权利人利益和公众利益的平衡，促进科学技术的交流和发展，促进整个社会技术水平的提高。但是，对某些知识产权来说，时效性是相对的。如专有技术，法律对专有技术没有规定有效期，专有技术依赖其秘密性来维持其价值，只要权利人保密得当，使自己的秘密技术没有成为公知技术，其秘密技术就不受时间限制而受到法律的保护。

4. 地域性

知识产权是一种财产权利，能为权利人带来经济利益，同时知识产权也涉及国家利益问题，其有利于权利人及其国家获取国际利益和提高国际竞争力，因此，知识产权必然带有地域性。在一个国家取得的知识产权只在这个国家法律管辖的范围内有效。由于各国经济发展水平差异较大，因而各国对知识产权的保护存在不同的意见，尽管世界贸易组织（WTO）管辖的《与贸易有关的知识产权协议》使 WTO 成员的知识产权保护有了统一的标准，但是发展中国家和发达国家在知识产权的保护上仍然存在诸多争议。知识产权的保护涉及国家利益问题，因此，一国不可能对他国知识产权实现无条件的自动保护。在不同国家取得的知识产权是相互独立的，即使知识产权的客体是同一客体。目前，国际上诸多的关于知识产权保护的国际条约也都承认了知识产权的地域性，规定了权利独立性原则。

第三节　知识产权的产生

一、知识产权法的起源

（一）知识资产生产的传统非正式规则

知识产权的客体由于具有价值性，能够为权利人带来经济利益，因此，可以称为知识资产。知识资产的生产是有代价的，但其为权利人带来的私人收益促进着知识的生产。中国古代乃至近代的许多行业中还保持着许多较为固定的传统。医学和传统的手工业乃至武术都存在着知识的生产和私人收益问题，同时也发展出其主要的制度，这些制度调节着知识资产的传播，其中主要的规则有两个：一是学习者需要付出一定的代价；二是家族保守自己的秘密。

徒弟是能反映这种关系的一个最简单的词汇。即使在现在，土木工程、传统中医乃至裁缝制衣等方面的许多知识都还是通过师徒关系相袭的，徒弟必须经过一定的学徒期，交纳一定的费用，这是学习的代价之一。家族保守自己的秘密也是一条非常普遍的规则，该规则严格禁止家族将家族的知识资产外流，以便使家族的生产在竞争中处于优势地位。明显的例子是流传在中国四川西部的小吃配方，这些小吃风味独特，配方讲究，但是直到1949年它们还都是家族的财产。另一个例子是药品，云南白药的秘方一直是其家族的财产，直到1949年后该家族才将配方贡献给国家，但是仍然没有被公布，不属于公有领域。

对某种知识、经验和技能进行保密，如对家族独特的配方或工艺进行保密，是保护自身利益的重要手段。例如，被公认为凉茶始祖、有"凉茶王"之称的王老吉凉茶属于王氏家族财产。王老吉凉茶发明于清道光年间，至今已有190多年历史。20世纪50年代初，王老吉凉茶分成两支：一支完成公有化改造，发展成为今天的王老吉药业股份有限公司，生产王老吉凉茶颗粒；另一支由王氏家族的后人带到中国香港。在内地，王老吉的品牌归王老吉药业股份有限公司所有；在中国内地以外的国家和地区，王老吉品牌为王氏后人所注册。加多宝是位于东莞的一家港资公司，经王老吉药业特许，由香港王氏后人提供配方，该公司在内地独家生产、经营王老吉牌罐装凉茶（食字号）。

学习和保密都是一种协作过程，参加者的目的都是使自己的收益最大化。徒弟必须付出代价，否则就不可能有未来的收益。家族可以把自身的技能传授给徒弟，也可以把自己的配方许可给他人使用，但传授或许可是小范围的，是在对家族传统资源保密的情况下进行的，而且是要向对方收取费用的，因此，保密是维持家族秘密价值的重要手段，传授或许可使用是利用自身资源增长财富的手段。

（二）知识资产保护的正式规范

知识资产由于具有易传播性，因而外部效应很大，传统的非正式规则主要存在于手工业中，交易的监督成本很低，受师徒关系约束的双方人数有限，这种对知识产权的保护方式是有效的。其外部经济效益较小，即使存在地区经济差异问题，当在一个地方出现了较大的外部性时，知识资产的所有人可能会行走到另一个地区继续生产和建立其师徒关系，以便能够获得私人收入。但是，当机器大生产到来后这种保护方式就遇到了很大的外部性。机器大生产基本上是一种规模经济，它必然要冲破地区限制，包含知识资产的产品将可能同时流传到很多地方。通过还原工程或其他方式，竞争对手可能很快就会掌握产品中包含的知识，很快就能制造出仿制品，使产品创新者的垄断地位被削弱，利益受到严重损害，其生产知识资产的成本能否收回都成为严重的问题。因此，机器大生产、大市场、规模经济使知识资产生产的外部性大大增加，在大多数情况下是传统非正式规则无法制约的，无法使其内在化。所以机器大生产的出现必然会产生对知识资产保护的正式规范的需求，否则新技术的研究和发明、知识资产的生产就没有有效的激励机制。

专利的独占权是促进新技术产生的激励措施，它的功能是将知识资产的外部经济效应内在化，为知识资产提供法律保护，这不仅符合发明人的利益，也符合国家利益。

最早的知识产权法来源于早期的机器大生产的要求，工业革命是知识产权法运用的结果。在欧洲工业革命到来之前，欧洲国家相继出现了关于知识产权的制度安排。

在16世纪至17世纪前半期，工场手工业在英国各主要部门中得到了广泛和充分的发展，英国的毛织业、采矿业和冶金业都很发达。工场手工业的高度发达，促进了新技术的发展，为机器大工业的发展准备了条件。在13～17世纪，西欧也吸收了东方的发达技术，在农业、交通运输和机器制造等方面的技术都有很大进步，机器制造技术的发展促使机器大生产方式产生。机器大生产要求生产要素能够自由流动，首先是劳动力和土地的自由化，其次是资本的自由化。开始于15世纪的圈地运动，为机器大生产提供了自由劳动力和大量的原始资本。机器大生产的发展使产业规模不断扩大，产业规模的扩大要求与该规模经济相适应的新技术出现。

17世纪前后，生产的发展也促进了意识形态的改变，欧洲国家普遍重视商业，重视商品经济。商业的发展使市场扩大，不仅有利于英国的地主和手工业者，有利于各个商业行会，也有利于英国王室。比如英国国王詹姆斯的官员们在《1608年（海关税则）税则全书》的序言中写到："商业有助于我们王国臣民就业，或使王国富足。"整个英国在 16 ~ 17 世纪都赞成工商业的发展，这样就使可能促进工商业发展的政策和法律能在英国得以制定。

英国行会制度发达，英国的专业化分工形成后，各种行会就出现了。1130 年，伦敦的金匠有了自己的行会，1180 年有了纺织公会。行会从城市政府那里用钱买来特许状，实现商业垄断。要维持某行会对生产和商业的控制，最好的办法是让其垄断一定的技术，因此专利制度的雏形就在酝酿之中。早在中世纪，欧洲封建王室为鼓励发明、生产和贸易就开始颁发特许状，即英文中的 Patent。公元 10 世纪雅典政府授予一厨师独占使用其烹调方法的特权。1331 年英王爱得华三世授予弗来明市民约翰·肯普（John kempe）织布和染布的垄断权。第一个真正的发明专利是由意大利授予的，1421 年意大利城市国家佛罗伦萨授予建筑师不伦内来希（Brunelleschi）发明的装有吊机的驳船 3 年垄断权。1443 年意大利城市国家威尼斯也授予了一个具有现代专利所有特点的发明专利，并于 1474 年 3 月 19 日颁布了《威尼斯专利法》。但是人们普遍认为英国 1624 年的《垄断法规》是现代第一部专利法，主要是因为后者为欧美其他国家专利法的制定提供了蓝本，其影响超过了前者。

机器大生产、鼓励工商业发展的意识形态和更大利益的驱动导致了英国专利制度的产生。欧洲一些国家在 15 ~ 16 世纪相继给予了出版商出版专有权，出售专有权许可令可以增加国王的收入。1709 年英国制定的《安娜女王法令》作为一种利益平衡的产物，反映了作者、出版商和政府的利益。

二、中国知识产权法的制度变迁

中国传统的意识形态一直抑制着近现代科学技术的发展，在经济领域最主要的意识形态当首推重农轻商，即重视农业生产而抑制工商业的发展，这种意识形态及其制度抑制了商品经济的发展，维持着中国自给自足式的小农经济。

中国第一个有关专利的法规产生于 1898 年的《振兴工艺给奖章程》，而正式的专利法颁布于 1944 年 5 月。1910 年产生了中国历史上第一部版权法，即《大清著作权律》。

新中国成立后，知识产权制度的发展可以分为以下三个阶段。

（一）1949～1982 年，中国几乎没有知识产权法

改革开放之前，中国几乎没有知识产权保护方面的正式法律规范，直到 1980 年执行改革开放经济政策后中国才着手制定知识产权法律规范。传统的计划经济不需要市场，更不需要技术进入市场。中国于 1963 年 11 月 3 日颁布《发明奖励条例》。该条例规定：所有的发明都是国家的财产，任何个人、组织都不能申请将其垄断。全国范围内的所有组织包括集体组织都可以使用它们。根据该条例，不发给发明证书，也不给予分期奖金，而是一次性奖励，从 500 元到 10000 元。"文化大革命"中，这些措施都停滞了。另外，发明奖励制度的目的是表彰和奖励发明人，而发明人所在的单位对发明的完成虽然付出了人力、物力却得不到任何报酬。发明属于公共物品，因此存在着无法克服的外部性，不能产生从事发明和技术改进的积极性。

（二）1983～1995 年，中国知识产权法的变迁和绩效

1978 年中国政府责成国家科委负责筹建中国专利局，1980 年专利局成立。1985 年颁布《关于科学技术体制改革的决定》，明确提出要把市场引入科技发展之中。1984 年 3 月通过了《中华人民共和国专利法》，1992 年颁布了《中华人民共和国专利法实施细则》并修订了《中华人民共和国专利法》（以下简称《专利法》）。并于 1985 年 3 月加入《保护工业产权巴黎公约》，1994 年加入《专利合作条约》（PCT）。

1984 年以来的专利制度取得了很大的成绩。1992 年，专利申请量达到 67135 件，授权数量 31475 件。1985～1992 年，专利申请累计达到 284518 件，授权达 117728 件。专利的年平均增长率为 24.7%。国内发明专利申请数量得到了极大的增长，1992 年为 10022 件，占全年发明申请量的 69%，超过外国人的申请数。[①]

1979 年中美签订《高能物理协定》，美国要求中国保护在合作中产生的作品的版权。1985 年国务院成立国家版权局，《中华人民共和国著作权法》（以下简称《著作权法》）及其《实施细则》在 1990 年 9 月和 1991 年 5 月得

---

① 数据来源：国家知识产权局网站统计数据。

到通过，1991 年 6 月又通过了《计算机软件保护条例》。中美在保护知识产权的合作中历经多次谈判，客观上推动了中国版权法与国际法的接轨。1992年中国加入《保护文学和艺术作品伯尔尼公约》和《世界版权公约》。

　　1978 年 9 月，国务院成立国家工商行政管理局（商标局）。1982 年 8 月23 日，第五届全国人大常委会第二十四次会议通过了《中华人民共和国商标法》（以下简称《商标法》），并于 1983 年 3 月 1 日起施行。为了与国际条约接轨，强化商标保护力度，《商标法》及《商标法实施细则》经过了几次修改。1993 年对《商标法》进行了修改，1993 年、1995 年对《商标法实施细则》进行了修改。1988 年 11 月 1 日起我国正式采用《商标注册用商品和服务国际分类》和《商标图形要素国际分类》，1989 年我国正式加入《商标国际注册马德里协定》，由此我国商标法律制度进一步完善。

（三）1995 年至今，中国知识产权法的完善

　　1995 年 WTO 生效后，中国的复关谈判改为"入世"谈判。为了满足加入 WTO 的需要，21 世纪中国对知识产权法律制度进行了全面的修订。2001年对《专利法》《商标法》《著作权法》进行了修改，2008 年、2020 年修订了《专利法》，2014 年、2019 年修订了《商标法》，2020 年修订了《著作权法》。修订后的法律基本符合了 WTO《与贸易有关的知识产权协议》（TRIPS）的规定。

第四节　知识产权的国际保护

　　知识产权的国际保护是生产力发展、科学技术发展和国际贸易发展的产物。一个国家的知识产权立法只能在本国领土范围内保护本国的知识产权，它无法适应科学技术的国际流动。技术从一国流到另一国，若另一国不对知识产权进行保护，则权利人的权利便无从保障，结果便会影响技术的国际流动。

　　18 世纪末到 19 世纪 70 年代，世界经济进入新的阶段，机器大工业在世界经济中开始占据支配地位。交通通信手段的革命，大大缩短了各地区的距

离，使国际贸易扩展到全球各个地区。欧洲大陆国家广泛吸收外国经验，英国的技术及人才如设备、图纸技术及技工和工程师等不断外流，英国试图阻止，但未成功。因此，各国的政策从技术封锁发展到试图使其他国家也同时保护本国的知识产权，以使本国国民通过知识产权的国际保护在世界市场上占据优势地位。

1873 年维也纳组织国际博览会，但是大多数接到邀请的国家都不愿意参加，原因在于担心自己国民的发明或商标在国际博览会上得不到保护而被其他国家的厂商利用。为此，奥地利政府发布了对展出的发明或商标给予临时保护的法令，这是第一次有关国际性保护知识产权的冲突。1883 年比利时、巴西等 12 国发起签订《保护工业产权巴黎公约》。此后有《保护文学和艺术作品伯尔尼公约》《商标国际注册马德里协定》《制止商品来源虚假或欺骗性标记马德里协定》等条约签订，这些国际条约奠定了国际知识产权法律制度的基本框架。"二战"后，由于科学技术的发展及其在经济发展中的重要地位，越来越多的国家重视知识产权的保护，不但发达国家为了保护本国的技术成果，强调对知识产权的保护，发展中国家为了引进资金、技术，发展本国经济，也重视知识产权的保护。因此国际知识产权保护进入到一个新的发展时期，出现了一系列新的保护知识产权的国际条约并建立了世界知识产权组织。本节主要介绍我国加入的一些主要的知识产权国际条约的基本内容，其中《与贸易有关的知识产权协议》将在第三章介绍。

一、《保护工业产权巴黎公约》

《保护工业产权巴黎公约》（Paris Convention for the Protection of Industrial Property，简称《巴黎公约》）于 1883 年 3 月 20 日在巴黎签订，1884 年 7 月 6 日生效。《巴黎公约》经过七次修订：1900 年 12 月 24 日修订于布鲁塞尔，1911 年 6 月 2 日修订于华盛顿，1925 年 11 月 6 日修订于海牙，1934 年 6 月 2 日修订于伦敦，1958 年 10 月 31 日修订于里斯本，1967 年 7 月 14 日修订于斯德哥尔摩，1980 年 2 月修订于日内瓦。现行的文本是 1980 年 2 月在日内瓦修订的文本。原缔约国为 11 个国家：比利时、巴西、法国、危地马拉、意大利、荷兰、葡萄牙、萨尔瓦多、塞尔维亚、西班牙和瑞士。到 2017 年 5 月 14 日，随着阿富汗的正式加入，该公约缔约方总数达到 177 个。我国于 1984 年

12 月 19 日向世界知识产权总干事交存加入书，加入 1967 年斯德哥尔摩文本。该公约于 1985 年 3 月 19 日对我国生效。我国政府在加入书中声明：中华人民共和国不受《巴黎公约》第 28 条第 1 款的约束。

《巴黎公约》缔结时，缔约国的意图是使公约成为统一的工业产权法，但由于各国利益关系不同，各国国内立法制度差别也较大，因而无法达成统一，公约最终规定了各成员制定有关工业产权法时必须遵守的基本原则和最低保护标准。

《巴黎公约》保护的对象为工业产权，包括专利、实用新型、外观设计、商标、服务标记、厂商名称、货源标记、原产地名称以及制止不正当竞争。

（一）《巴黎公约》的基本原则

1. 国民待遇原则

公约各成员在保护工业产权方面应给予其他成员国民与本国国民同样的待遇。如果非缔约方国民在一个缔约国领土内有永久性住所或真实有效的工商营业所，也享受与成员国民同样的待遇。

2. 优先权原则

成员的国民向一个缔约方提出专利申请或注册商标申请后，在一定期限内（发明、实用新型为 12 个月，外观设计、商标为 6 个月）享有优先权。即当其向其他缔约方又提出同样的申请时，这些成员必须承认该申请在第一个国家递交申请的日期为在本国的申请日。

3. 专利、商标的独立原则

各成员授予的专利权和商标专用权是彼此独立的，各缔约方只保护本国授予的专利权和商标专用权。

4. 宽限期原则

公约规定其成员应给予工业产权权利人至少 6 个月的交纳费用的宽限期，只要权利人在此期限内补交了有关费用，如年费、续展费等，仍应保持其工业产权的效力。

（二）对专利保护的最低要求

1. 专利独立性原则

《巴黎公约》规定，联盟国家的国民向联盟各国申请的专利，与在其他国家，不论是否为联盟的成员，就同一发明所取得的专利权是相互独立的。

2. 发明人的署名权

发明人有权在专利证书上记载自己是发明人。发明人的署名权与专利权人的署名权不同，前者是对发明人身份权的保护，后者是专利权人享有在其专利产品或产品包装上标明专利标记和专利号的权利。

3. 强制许可及其限制

公约规定，某一项专利自申请日起的 4 年期间，或者自批准专利日起的 3 年期内（两者以期限较长者为准），专利权人未予实施或未充分实施，有关成员国有权采取立法措施，核准强制许可，允许第三者实施此项专利。但是这种强制许可是非独占的，被许可人应支付专利使用费。强制许可除与利用该许可的企业或商誉一起转让外，是不可转让的。

（三）对商标保护的最低要求

1. 商标独立性原则

公约规定，各成员国可以以本国法律规定商标的申请和注册条件，在一个成员国正式注册的商标，与在联盟其他国家注册的商标，包括在原属国注册的商标，应认为是相互独立的。

2. 按原商标保护原则

公约规定，在原属国正式注册的第一商标，除应受公约规定的保留条件约束外，公约其他成员国也应像在原属国注册那样接受商标的注册申请并给予保护。

3. 商标的使用

公约规定，某一成员国已经注册的商标必须加以使用，只有经过一定的合理期限，而且当事人不能提出其不使用的正当理由时，才可撤销其注册。

4. 驰名商标的保护

驰名商标如果被他人用于同类商品或类似商品上注册，自模仿注册之日起五年内，商标权人有权提出撤销此项注册的请求。对于以欺骗手段取得注册的人，驰名商标所有人的请求期限不受限制。

二、《保护文学和艺术作品伯尔尼公约》

19 世纪，西欧尤其是法国涌现出许多大文学家、大艺术家，他们创作的大量脍炙人口的作品流传到世界各地，这些国家开始相应地重视版权的国际保护。1878 年，由雨果主持在巴黎召开了一次重要的文学大会，建立了一个国际文学艺术协会。1883 年该协会将一份经过多次讨论的国际公约草案交给瑞士政府。该草案于瑞士政府在 1886 年 9 月 9 日在伯尔尼举行的第三次大会上予以通过，定名为《保护文学和艺术作品伯尔尼公约》（Berne Convention for the Protection of Literary and Artistic Works，简称《伯尔尼公约》），公约 3 个月后生效。原始签字国有英国、法国、德国、意大利、瑞士、比利时、西班牙、利比里亚、海地和突尼斯 10 国。这是世界上第一个国际版权公约，所有参加这一公约的国家组成一个联盟，称伯尔尼联盟，并选出了联盟的国际局，规定了以后参加国应履行的手续，公约的修订程序等。

《伯尔尼公约》的产生，标志着国际版权保护体系的初步形成。美国也派代表参加了 1886 年大会，但因当时美国的出版业远不如英法等欧洲国家发达，参加公约对美国不利，所以，美国代表便以该条约的许多条款与美国版权法相矛盾而得不到美国国会的批准为借口，拒绝在公约上签字，直到 1989 年 3 月 1 日美国才参加伯尔尼联盟，成为第 80 个成员国。

截至 2006 年 12 月 4 日，共有 163 个国家批准或承认这个公约的不同文本，参加了这个联盟。中国在 1992 年成为该公约的第 93 个成员国。

公约自生效以来曾进行过 7 次补充和修订：1896 年补充于巴黎，1908 年修订于柏林，1914 年补充于伯尔尼，1928 年修订于罗马，1948 年修订于布鲁塞尔，1967 年修订于斯德哥尔摩，1971 年修订于巴黎。

公约的基本内容包括公约的保护对象、基本原则、作者的权利和权利的保护期等。

（一）保护对象

公约保护的作品范围是缔约国国民的或在缔约国国内首次发表的一切文学艺术作品。"文学艺术作品"包括文学、艺术和科学领域内的一切作品，如图书、讲课、演讲、讲道、戏剧、舞蹈、乐曲、电影作品、图画、建筑、雕塑、摄影作品等，还包括"演绎作品"，即翻译、改编、整理某一文学或艺术作品或对作品进行其他形式的改造而形成的作品，只要不损害原作品的著作权，这种改造作品就与原作品一样得到保护。

（二）基本原则

1. 国民待遇原则

联盟各国必须保证使其他成员国国民的作者享受该国的法律给予其本国国民的权利。如果作者不是联盟成员国的国民，只要其在任何一个成员国有惯常住所，或其作品在任何成员国首次发表，便可享有国民待遇。

2. 自动保护原则

作者在公约各成员国中享受著作权保护不需履行任何手续。成员国国民的作品一经产生，无论是否发表，都自动受到保护。不必登记注册，也不必在作品上载有任何形式的标记。

（三）作者的权利

公约将作者列为第一保护主体，保护其包括精神权利和财产权利在内的专有权利。公约规定了作者享有以下几种财产权利：翻译权、复制权、公开表演权、广播权、公开朗诵权、改编权、延续权（此权系大陆法系版权法的产物，带有精神权利的特点。英美法系国家的版权法大都没有规定这项权利。因此，公约允许承认延续权的国家对外国作品是否给予该项权利，实行互惠原则）。公约保护作者不依赖其财产权利而独立存在的精神权利，即使作者把自己的某部作品的版权全部转让给了出版者或广播组织，后者也无权将作者的名字从作品上删去，或者篡改他的作品。

（四）权利的保护期

文学艺术作品的保护期限为作者有生之年及其死亡之后 50 年，摄影和实用艺术作品的保护期限为作品完成之日起 25 年。作者享有和行使版权权利不需履行任何手续。

公约由联合国专门机构——世界知识产权组织管理（总部设在日内瓦）。联盟的日常工作由世界知识产权组织国际局负责。各成员国每年要交纳会费。

三、《商标国际注册马德里协定》

《商标国际注册马德里协定》（Madrid Agreement concerning the International Registration of Marks，简称《马德里协定》），是关于简化商标在其他国家注册手续的国际协定。1891 年 4 月 14 日在马德里签订，1892 年 7 月生效。《马德里协定》自生效以来经过多次修订：1900 年修订于布鲁塞尔，1911 年修订于华盛顿，1925 年修订于海牙，1934 年修订于伦敦，1957 年修订于尼斯，1967 年修订于斯德哥尔摩，1979 年修订于斯德哥尔摩。《马德里协定》和 1989 年签署的《商标国际注册马德里协定有关议定书》（简称《马德里议定书》）称为商标国际注册马德里体系。我国于 1989 年加入《马德里协定》。

《马德里协定》是商标国际注册的申请公约，而不是商标权的批准公约，《马德里协定》保护的对象是商标和服务标志。

（一）商标国际注册的条件

协定规定，可以按照该协定申请商标国际注册的申请人，必须是协定的成员国国民，或在成员国有住所或有真实、有效营业所的非成员国国民。申请人在进行国际注册申请前，须首先在其所属国或居住或设有营业所的成员国取得商标注册。

（二）商标国际注册的程序

商标国际注册的申请人首先向本国商标主管机关提交以法文书写的商标国际注册申请，同时交纳注册费。本国主管机关经过审核，确认申请国际注册的商标与申请人在国内已经注册的商标完全相同，然后转交设在日内瓦的世界知识产权组织国际局。如果申请得到核准，由国际局公布，并通知申请人要求给予保护的有关成员国。这些成员国可以在1年内声明对该项商标不予保护，但需要说明理由，申请人可以向该国主管机关或法院提出申诉。凡在1年内未向国际局提出驳回注册声明的，可以视为已同意了商标注册。经国际局注册的商标享有20年有效期，并且可以不限次数地续展。

此外，根据该协定，如果取得了国际注册的商标在其取得国际注册之日起5年内被本国商标主管机关撤销了其本国注册或宣告本国注册无效，则该商标在协定其他成员国的商标注册也将随之被撤销。只有当取得国际商标注册届满5年之后，该商标在协定其他成员国的注册才能独立于其本国注册。

《马德里协定》是对《巴黎公约》关于商标注册部分的一个补充，该协定规定，有关国家须先参加《巴黎公约》，才能参加《马德里协定》。

四、《专利合作条约》

《专利合作条约》（Patent Cooperation Treaty，PCT）于1970年6月19日由78个国家和22个国际组织在华盛顿召开的《巴黎公约》外交会议上签订，1978年1月24日生效。它是在《巴黎公约》原则指导下产生的一个国际专利申请公约。截至2013年7月，共有148个成员国，由总部设在日内瓦的世界知识产权组织管辖。我国于1994年1月1日加入《专利合作条约》。

《专利合作条约》是一个专利国际申请公约，是程序性的公约，不涉及专利的批准，不影响成员国的专利实体法。公约主要内容是统一缔约国的专利申请手续和审批程序以及就专利文献的检索工作和批准专利权的初步审查工作等方面进行合作，以使一项发明通过一次国际申请便可同时在申请人选定的几个或全部成员国获得批准。目的是减少专利申请人及各国专利局的重复劳动，简化同一项发明在不同国家的专利申请手续，减少申请费用。

按《专利合作条约》的规定，所有成员国的居民或国民均可向受理局提出国际申请，同时应表明发明打算在哪些缔约国获得专利。申请人应先将专利申请文件提交国际申请接收局。国际申请接收局是指成员国的专利局或地区性跨国专利组织的管理机构。国际接收局接到申请后，进行形式审查。经审查符合要求的申请，由国际接收局复制两份。其中，一份送交专利国际申请登记局，即日内瓦的世界知识产权组织国际局，以备登记和公布之用；另一份送交某一国际申请检索单位和国际初步审查单位。条约成员国大会认定的国际检索单位和国际初步审查单位是澳大利亚、美国、英国、日本、瑞典、中国的专利局、欧洲专利局、韩国知识产权局，以及俄罗斯国家发明与发现委员会，它们负责对申请人的发明创造进行检索和初步审查，对发明的新颖性、创造性和实用性提出意见。检索单位将检索结果写成检索报告两份，一份送达申请人；另一份送交世界知识产权组织国际局。国际局将已登记的申请连同检索报告复印若干份，转交申请人希望得到保护的指定国的专利局，由各个指定国的专利局分别按其本国法律的要求，决定是否授予专利权。

《专利合作条约》是一个完全程序性的专利国际申请公约，不涉及各国专利的实体法。有关专利申请是否能在相关国家获得保护，还取决于各国的专利法。但是公约在简化国际申请程序方面发挥了重要作用，很多国家都很重视通过该公约进行专利的国际申请工作。

第二章

知识产权与国际贸易的关系

第一节 知识产权与经济增长

一、经济增长与技术进步

经济增长通常是指国民产出的增加或人均国民产出水平的提高。按照美国著名经济学家、诺贝尔奖获得者 W. 阿瑟·刘易斯（W. Arthur Lewis）在《经济增长理论》（*The Theory of Economic Growth*，1955）中的定义，经济增长指人均产量的增长。

推动经济增长的因素主要有四种：土地（自然资源）、劳动、资本和技术进步。在农业社会，古典经济学家曾认为，推动经济增长的生产要素只有两种：土地和劳动。如威廉·佩第曾说："土地是财富之母，劳动是财富之父。"经济增长的原因就在于投入使用的土地与劳动的不断增加。由于土地是有限的，随着劳动投入量的增长，产出虽然也会增长，但在边际收益递减规律的作用下，新增单位劳动投入量所能增加的产出越来越少，最后将趋于零。同时，总产出的增长速度会不断下降，最后也将趋于零，经济进入静止状态。在工业社会中，土地对经济增长的制约作用不断缩小，资本的增加和技术进步对经济增长的作用占据了主导地位。如不考虑技术进步，只考虑资本和劳动两种生产要素，随着人均拥有资本量的增加，资本收益率会逐步下降，人均产出的增长率也不断下降，最后将趋近于零，人均产出将达到一个极限。但是，技术进步会使人均产出的增长极限提高，从而会打破经济增长的极限。

W. 阿瑟·刘易斯分析了影响各国经济增长的普遍原因，即能得到的自然资源和人的行为。他认为自然资源的丰裕或贫乏可能会导致不同国家之间的财富差异。但是一些资源大致相同的国家在发展上也存在着巨大的差别，资源相对贫乏的国家也有经济高速增长的典型。因此对经济增长的分析应当主要集中在对人的行为的分析上。人的行为包括三个方面，即：从事经济活动的努力；知识的增长及其运用；人力资本和其他资源量的增加。

二、设立知识产权制度的意义

（一）知识产权制度的目的

技术的发展可以促进经济增长，但是，在商业化时代，知识不是自然而然地产生出来，知识资产的生产需要一种制度上的保障。正如诺思所说："知识和技术存量规定了人们活动的上限，但它们本身并不能决定在这些限度内人如何取得成功。制度和经济组织决定着一个经济的实绩及知识和技术存量的增长速率。"

制度和经济增长之间存在着一致性。即制度对经济增长的促进取决于制度把努力与报酬联系起来的程度，取决于制度为专业化和贸易所提供的范围，以及制度允许寻求并抓住经济机会的自由。

知识产权法是一系列保护知识资产的制度。它的目的在于通过赋予权利人某种权利或法律地位，保护权利人的权利，鼓励生产知识资产，促进科技、文化和艺术等事业的进步。一方面，知识产权制度可以保护权利人的利益，提供一种制度环境，使权利人的聪明才智能够得到私人回报，有取得经济利益的可能，从而促使他们生产更多的知识资产并将他们提供给社会，从而使社会也同时取得收益；另一方面，从一个国家的角度来理解，经济增长取决于知识的增长，科技和文化的进步将会提高一个国家的生产率，促进一个国家生产的物品的总量和人均产出的增长。知识产权法对知识资产的生产和利用提供了一种法律制度，从而也将促进一个国家的经济增长，所以可以把知识产权法的最高目的确定为促进一个国家的经济发展。

（二）设定知识产权制度的必要性

1. 制度的意义

当代西方新制度经济学是指以科斯、诺思等人为代表的交易成本经济分析，其产生以 1960 年科斯发表的《社会成本问题》为标志。交易成本是其主要分析工具，论述了市场交易成本，由此探讨了交易成本与权利界定对经济制度运行效率的影响。

制度经济学主张制度对于国家的经济增长是决定性的。诺思对西方世界兴起的解释工具是对西方产权制度的分析，产权制度是制度之一。他说："有效率的经济组织是经济增长的关键；一个有效率的经济组织在西欧的发展正是西方兴起的原因所在。有效率的组织需要在制度上作出安排和确立所有权以便造成一种刺激，将个人的经济努力变成私人收益率接近社会收益率的活动。如果社会上个人没有去从事能引起经济增长的那些活动，便会导致停滞状态。如果一个社会没有经济增长，那是因为没有为经济发展提供刺激。"

制度在一个社会中的主要作用是通过建立一个人们互相作用的稳定的环境来减少不确定性。有效率的制度应当提供一种进行经济行为的激励，而这种激励从根本上来自产权制度。应当设计某种机制使个人受到刺激的驱使去从事符合社会需要的活动，使私人收益率与社会收益率几近相等。

2. 知识产品产权界定的意义

（1）知识资产的属性。

①知识资产具有公共性。知识资产是无形的创造性信息，生产者不容易控制它的传播范围。在需求方面，消费者对于信息的效用没有把握，因为在使用信息之前很难决定其价值。只有在付款之后，他们才能得到所要的信息，使用信息后才知道应当为该信息支付多少代价。信息的创造成本高，公开之后的传播费用低。在信息商业化的谈判中遇到的最大问题是监督费用太高，谈判的成功率很低，通过出售信息来收回其生产成本是件很不容易的事情。而且一旦将信息售出，由于传播费用很低，得到信息的消费者便立即可能成为原始生产者的潜在对手；其他的消费者也希望通过"搭便车"得到该信息，只需支付该信息的传递费用。因此，包括知识资产在内的信息具有公共物品的属性。

②知识资产消费上具有非排他性。知识资产是具有一定公共性的资产，无数个人可以共享某一个已经公开的思想，在消费上不具有排他性。但是知识资产在使用上可以实现排他性，无形资产虽然具有一定的公共性，但是要控制其产生外部性并非不可能，极端的情况是将知识资产完全保密，仅供生产者自己使用，绝对不向外公布，形成对知识资产的私有状态。

（2）知识资产的产权界定。

人类、国家需要知识资产的发展，需要知识资产的数量绝对增长。但是知识资产的公共性、消费上的非排他性使知识资产容易产生严重的外部经济效应，使其发展和绝对数量增长的动力不足。因此，对于知识资产的产权，应该从经济效率出发，设计出能够调动生产者积极性、促进知识资产增长的产权制度。

科研和发明是一种需要投入和追求产出的经济活动。知识资产是人类社会的稀缺资源，信息和知识与土地和资本一样是稀缺的昂贵的商品，要获得信息和知识人们必须付出代价，投入时间、精力和金钱。在经济活动中，使收入最大化的激励是私人收益率与社会收益率相等，但是，在发明和创新中几乎总是存在着私人收益和社会收益的巨大差异。人们投入时间、精力和财力进行技术的生产，要考虑技术的盈利性，即私人收益率，而要确保私人收益就需要在知识和创新方面确立某种程度的产权，因此私人收益率决定了知识资产的产权私有。

三、知识产权与经济发展

知识产权制度作为一种有效的产权制度，能够鼓励发明人积极从事知识产权的创造，通过在既定的时间内赋予知识产权权利人一定的垄断权，使知识产权人收回技术研究开发费用，并获得一定的收益。知识产权制度可以促进知识产品的交易，促进技术的交流和发展，从而促进相关国家的经济发展。

从表2-1、表2-2、表2-3可以看出，各国专利权的申请数量与国内生产总值基本是呈正比例增长的。知识产权制度对经济增长的作用已经得到普遍认同，很多国家也在不断改革和完善知识产权制度以更好地发挥其对经济发展的促进作用。如日本、韩国、巴西等国都在不断修改本国的知识产权法律，扩大知识产权的保护范围，使申请人能够更方便地取得知识产权。

表2-1   部分国家2000年专利申请数与经济增长

国家	专利申请数（件）	GDP（亿美元）
中国	51906	12113
巴西	17283	6554
墨西哥	13061	7079
韩国	102010	5762
俄罗斯	32337	2597
印度	8538	4684
日本	419543	48875
美国	295895	102523

资料来源：国家统计局. 国际统计年鉴2020［M］. 北京：中国统计出版社，2021.

表2-2   部分国家2010年专利申请数与经济增长

国家	专利申请数（件）	GDP（亿美元）
中国	391177	60872
巴西	24999	22089
墨西哥	14576	10578
韩国	170101	11441
俄罗斯	42500	15249
印度	39762	16756
日本	344598	57001
美国	490226	149921

资料来源：国家统计局. 国际统计年鉴2020［M］. 北京：中国统计出版社，2021.

表2-3   部分国家2018年专利申请数与经济增长

国家	专利申请数（件）	GDP（亿美元）
中国	1542002	138948
巴西	24857	18855
墨西哥	16424	12207
韩国	209992	17206
俄罗斯	37957	16696
印度	50055	27132
日本	313567	49548
美国	597141	205290

资料来源：国家统计局. 国际统计年鉴2020［M］. 北京：中国统计出版社，2021.

四、发展中国家设立知识产权制度的意义

发展中国家通常会有一些人反对设立知识产权制度，认为把知识资产界定为私人产权，会阻碍国内经济发展或国际贸易增长。某些发展中国家可能由于加入 WTO 的需要，或为了发展经济，或迫于发达国家的压力制定了知识产权法律制度，但是该国在意识形态上没有树立起知识产权保护意识，知识产权侵权行为很严重，知识产权执法力度不够，导致法律不能对知识产权权利人的利益实施有效的保护。但是，如果不实施知识产权制度，同样会产生很多问题。

（一）不保护知识产权的问题

1. 技术交易没有安全的环境

当没有知识产权保护时，技术的交易就没有稳定安全的环境，技术的所有人就不会愿意向没有保护的市场投放他的产品和技术。国外的先进技术也不会进入该国国境，因为外国技术所有人不愿意向没有保护的国家提供技术。技术转移需要的是技术转移规则、投资决定规则和知识产权法系统。不保护政策往往意味着只有那些过时的缺乏竞争力的技术才可能被考虑转移到该国家。持有先进尖端技术的公司不会愿意把它们的技术放到容易被他人盗用的危险环境中，这意味着实施不保护政策的国家为此将在国际竞争中付出沉痛的代价。同时，发展中国家中那些愿意从公司外获得产品和技术的人，就不可能得到这些技术。跨国公司的高增值的工序就不可能在该国进行，在该国家只能制造增值较低的工序。在不保护的环境中，缺乏对技术进行研究、开发和改进的激励，研究人员会对研究工作失去信心，缺乏发明的动力。

2. 不利于保护发展中国家本国的技术

发展中国家也会产生许多有价值的技术，其中一些技术是世界一流的，这些技术也需要得到本国法律的保护。若不保护知识产权，技术所有者就会努力保守这些技术，一些有价值的技术就不会得到广泛传播。没有保护从事发明活动的努力就会很弱，没有保护就不能容易地通过交易渠道使用他人的

技术；没有保护，研究过程的协同作用就会减少，私人对研究活动的投入就会减少。保护知识产权将增加一个国家的智力创造成果。

因此，一个国家减少对知识产权的保护，很可能会削弱本国生产技术能力，同时也只能从国外取得非常有限的新技术，从而制约本国技术及经济的发展。

3. 不利于发展本国的人力资源

不保护知识产权，发展中国家人力资源的发展将受到限制。学生喜欢到国外学习，喜欢留在国外。技术好的人没有受到进行创造性工作的鼓励，研究者得不到资助，因此，他们会为了自身的发展而奔向有保护的环境以完成自己的工作，获得相应的收益。

此外，不对知识产权进行保护可能导致本国出口贸易受到他国的种种限制，导致贸易摩擦增多，导致进口商品的价格过高。而对知识产权进行保护，不仅可以克服上述问题，还能得到诸多收益。

（二）保护知识产权的好处

一是可以从授予外国人知识产权中得到相关费用。如专利申请费、专利年费、商标申请费、续展费等。

二是能够使外国人感到有一种良好的投资环境，有利于先进技术向发展中国家转移。

三是外国人在当地进行生产可以增加当地政府的税收，促进经济的发展。发展中国家可以在干中学，提高自己技术人员的素质并吸收剩余劳动力，也可以因进口替代节约大量外汇。

第二节　知识产权与国际技术贸易的发展

一、国际技术贸易迅速发展

国际技术贸易是指不同国家的公司、企业、个人或其他经济组织在一定条件下转让或许可使用知识产权的财产权或者提供技术咨询、技术服务或技术开发的贸易行为。国际技术贸易的主要内容就是知识产权贸易。

各国自古以来存在着技术交流，但技术贸易并不是从来就有的，技术并不是从来就被界定为一种私有产品。知识产权制度产生之后，技术才被界定为一种私有的产品，才得以成为贸易的对象。17世纪在英国产生了专利制度，使专利买卖得以产生，此后，许可证贸易的内容由专利技术扩大到专有技术和商标。

知识产权界定为一种私有的权利，促进了知识产品数量的增加，为知识产权贸易提供了稳定的规则和可预测的环境。19世纪，技术贸易在科技发达国家有了进一步发展。"二战"后，由于第三次科技革命的推动，全球尤其是发达国家的知识成果大幅增长。而"二战"后世界各国对知识产权制度的普遍重视也极大地推动了国际技术贸易的发展，因此国际技术贸易的迅速发展，成为"二战"后国际贸易发展的一个显著特征。技术贸易体现了国家间的技术供需，技术贸易的活跃情况和增长程度是国际技术进步的一个标志。

据WTO统计，2010年世界知识产权使用费出口额为2450亿美元，占当年世界服务贸易出口总额的比重为3.9%。2019年世界知识产权使用费出口总额为4090亿美元，占当年服务贸易出口额的比重为6.7%。2010～2019年，世界知识产权使用费出口额平均增长速度为6%，高于同期世界服务贸易出口总额平均增长速度和世界商品出口总额平均增长速度（同期世界服务贸易出口总额平均增长速度为5%，世界商品出口总额的平均增长速度为2.7%。）。[1]

尽管国际技术贸易发展迅速，但技术贸易的格局是不平衡的，技术贸易市场主要集中在发达国家。近十年来，尽管有些国家或地区如冰岛、土耳其、东欧各国技术贸易增长迅速，且日本、德国、法国等国的技术贸易量占经合组织技术贸易总量的比重有很大下降，但全球技术贸易布局并未发生重大改变。2019年，北美洲和欧洲的知识产权出口额占世界知识产权出口额的79.5%，亚洲占18.2%，非洲仅占0.1%。[2]

从全球技术贸易的格局可以看出，掌握先进技术的美日等科技发达国家将在相当长的一段时间内占据技术贸易市场的主导地位，成熟但并不先进的技术仍将从这些国家流向其他科技欠发达国家，科技欠发达国家的科研人员仍然任重道远。

---

①② 数据来源：WTO，world trade statistic 2020。

二、知识产权成果不断增加

近二十年间，科学技术的发展掀起了一次又一次的创新浪潮，全球创新中心不断涌现，最终形成多个创新中心共存的格局。其总体表现为专利数量的大幅度增加。2000 年，世界专利申请量为 1271570 件；2017 年，世界专利申请量为 2983013 件。

1992~2002 年，美国专利与商标局、欧洲专利局和日本专利局受理的专利申请总量增加了 40%，其中，美国专利与商标局和欧洲专利局增加 80%，日本专利局增加 15%。美国专利与商标局专利申请量的年增长率在 20 世纪 80 年代后期达到 9%，随后虽然在 90 年代初期有所减缓，但在 90 年代后期再次达到 10%。在 80 年代后期出现的第一次专利增长高峰中，在经济合作与发展组织国家获得美国专利与商标局批准的专利总量中，美国的份额从 50% 增加到 55%~57%；欧洲专利局专利申请量的份额从 27% 增加到 30%。在这一时期，无论是专利总量还是专利增长率，美国都在世界上占有绝对优势，是当之无愧的全球创新中心。90 年代后半期以后，进入世界舞台的新生力量，如中国、韩国、印度、新加坡等亚洲国家，专利增势强劲。至 2003 年，中国在美国专利与商标局获得批准的专利数比 1986 年增加 40 倍，新加坡增加 100 倍，韩国增加 80 倍，印度增加 25 倍。专利增速如此之快，体现出近二十年来亚洲活跃的研发和创新活动。同期，在欧洲，德国、芬兰和瑞典的专利申请量增长也非常迅速。1994~2000 年，德国、芬兰和瑞典在欧洲专利局的专利年增长率分别为 9%、12% 和 7%；在美国专利与商标局的专利年增长率分别为 5%、5% 和 4%。20 世纪末期，全球出现美国、亚洲和欧洲多个创新中心并存的局面，创新和研发活动全球化趋势不断加强。

21 世纪以来，中国、美国、韩国、印度等国专利申请量增长较快。中国专利申请量由 2000 年的 51906 件增加到 2017 年的 1381594 件。美国的专利申请量由 2000 年的 295895 件增加到 2017 年的 606956 件。韩国的专利申请量由 2000 年的 102010 件增加到 2017 年的 204775 件。印度的专利申请量由 2000 年的 8538 件增加到 2017 年的 46582 件。①

---

① 数据来源：世界知识产权组织网站统计数据。

据世界知识产权组织公布的信息，2019 年全球 PCT 国际专利申请量为
26.58 万件，较 2018 年增长了 5.2%。申请数量前五位依次是中国（58990
件）、美国（57840 件）、日本（52660 件）、德国（19353 件）、韩国（19085
件）。申请数量排在前五位的企业依次是：中国华为技术有限公司（4411
件）、日本三菱电机株式会社（2661 件）、韩国三星电子（2334 件）、美国高
通公司（2127 件）、中国广东欧珀移动通信有限公司（1927 件）。①

三、我国知识产权创造情况

我国实施知识产权制度以来，在技术成果创造方面也取得了显著的成果。
下面以专利技术为例进行分析。

（一）专利权申请状况②

截至 2016 年 12 月 31 日，国家知识产权局共受理三种专利申请 21718105
件，其中，国内申请 19802035 件，国外申请 1916070 件，分别占总量的 91.18%
和 8.82%；发明、实用新型、外观设计专利申请数量分别为 7696363 件、
8101960 件和 5919782 件，在总量中的比例分别为 35.4%、37.3% 和 27.3%。

2017 年，三种专利申请量为 3697845 件，其中，国内申请 3536333 件，
占比 95.6%。国外申请 161512 件，占比 4.4%。发明专利申请 1381594 件，
占比 37.4%，实用新型申请 1687593 件，占比 45.6%，外观设计申请 628658
件，占比 17%。

2018 年我国专利申请量继续较快增长，三种专利申请量为 4323112 件，
其中，国内申请 4146772 件，国外申请 176340 件。发明专利申请 1542002 件，
实用新型专利申请 2072311 件，外观设计申请 708799 件。

2019 年，我国三种专利申请量为 4380468 件。其中，国内申请 4195104
件，国外申请 185364 件。发明专利申请 1400661 件，实用新型专利申请
2268190 件，外观设计申请 711617 件。

---

① 数据来源：国家知识产权局网站，2020 年 4 月 7 日。
② 数据来源：国家知识产权局网站统计数据。

（二）专利权授权状况①

截至 2017 年 12 月 31 日，国家知识产权局累计授权专利 14037086 件，其中国内授权 12816060 件，国外授权 1221026 件，分别占总量的 91.3% 和 8.7%；发明、实用新型、外观设计专利数量分别为 2735555 件、6846050 件和 4455481 件，在总量中的比例分别为 19.5%、48.8% 和 31.7%。

2019 年，我国共授权三种专利数量 2591607 件。其中国内授权 2474406 件，国外授权 117201 件。在授权的国内专利中，发明专利为 360919 件，实用新型专利为 1574205 件，外观设计专利为 539282 件。2019 年，在国内专利申请中，职务专利申请占 81.5%，非职务专利申请占 18.5%（2008 年，这一比例为 48%）。显示出随着国家知识产权战略的实施，我国企业的专利意识日益增强，专利创造、运用能力不断提升，更加注重自主创新与知名品牌建设。

（三）专利合作条约（PCT）国际申请状况

截至 2020 年底，PCT 现有 153 个成员，长期以来其专利申请量高度集中于几个主要发达国家。其中，美国占总量的 1/3，日本占 1/6，德国占 1/9，发达国家的申请量超过总申请量的 85%。申请量居前列的企业也主要来自发达国家。2008 年，PCT 申请量居前三位的国家仍然是美国、日本、德国。其中美国以 53521 件的申请量，居第一位；日本以 28774 件，居第二位；德国以 18428 件，排在第三位。发达国家主导着全球技术发展方向和专利发展方向。

近年来我国企业 PCT 的国际申请数量快速增长。据世界知识产权组织（WIPO）统计，2019 年，中国通过 PCT 体系提交了 58990 件申请，成为 PCT 体系的最大用户，终结了美国（2019 年 57840 件申请）的统治地位。2019 年，PCT 的前五位申请国依次为：中国（58990 件 PCT 申请）、美国（57840 件）、日本（52660 件）、德国（19353 件）和韩国（19085 件）。②

2019 年，排名前 15 的原属地包括 12 个高收入国家和 3 个中等收入国家，即中国、土耳其（2058 件）和印度（2053 件）。亚洲申请人提交的申请占 2019 年全部 PCT 申请的 52.4%，欧洲（23.2%）和北美（22.8%）各占不足 1/4。

---

①② 数据来源：国家知识产权局网站，2020 年 4 月 7 日。

在前 15 个原属地中，土耳其（＋46.7%）、韩国（＋12.8%）、加拿大（＋12.2%）和中国（＋10.6%）在 2019 年的申请量增长率均为两位数。土耳其的强劲增长使其首次跻身前 15。在前 15 个原属地中，仅有德国（－2%）和荷兰（－3%）这两个原属地报告申请量负增长。

从申请人来看，2019 年 PCT 前十大申请人包括 4 家中国企业，分别是华为技术有限公司（4411 件，第 1 位）、广东欧珀移动通信有限公司（1927 件，第 5 位）、京东方科技集团股份有限公司（1864 件，第 6 位）和平安科技（深圳）有限公司（1691 件，第 8 位）。此外还有两家韩国企业，德国、日本、瑞典和美国各一家。前十大申请人中，有 6 个主要在数字通信领域提交申请，分别是爱立信、中国广东欧珀移动通信有限公司、华为技术有限公司、LG 电子、三星电子和高通公司。

2019 年，在教育机构中，中国的清华大学以 265 件已公布申请位列第二位，仅次于美国加利福尼亚大学系统（470 件）。之后是中国的深圳大学（247 件）、美国的麻省理工学院（230 件）和中国的华南理工大学（164 件）。上榜的前十所高校中，有 5 所来自美国，4 所来自中国，1 所来自韩国。

2019 年，就技术领域而言，计算机技术（占总量的 8.7%）在已公布 PCT 申请中占比最高，其次是数字通信（7.7%）、电气机械（7%）、医疗技术（6.9%）和测量（4.7%）。2019 年，在排名前十的技术中，半导体（12%）和计算机技术（11.9%）是增长率最高的领域。[1]

中国 PCT 申请量在过去几年中的飞速增长，反映了科学技术的飞速发展，也体现了知识产权制度对科学技术发展和促进企业创新的重大贡献。由于全社会对知识产权的重视程度日益提升，中国知识产权事业得以迅速发展，无论是在 PCT 制度建设还是在 PCT 专利申请量方面，都取得了较快发展。

第三节　知识产权与我国高技术产业及其贸易的发展

知识产权制度为新技术的研发提供了强大的动力，有力地促进了知识产

---

[1]　资料来源：新华网，2020 年 4 月 24 日。

品的生产，使新科技成果不断增多。新技术的应用提高了产品的质量，产品中的技术含量日益增多。技术水平的不断提高及日益完善的知识产权制度，促进了高技术产业的发展。知识产权制度为国际技术贸易的开展提供了稳定安全的环境，同时也为高技术产品交易提供了安全的环境。知识产权制度可以有效地打击侵犯知识产权的行为，因此，可以有效地保护知识产权权利人的利益。

技术贸易的开展会同时促进货物贸易的开展。技术贸易通常是一项长期的经济技术合作，一笔技术贸易通常会带动资本、设备、劳务等生产要素的移动。技术受方为了使用供方提供的技术生产产品，通常需要进口机器设备、原材料，需外方人员提供技术服务，因此技术贸易会促进货物贸易、服务贸易的发展。

总之，知识产权作为一种制度，既可以促进技术进步，又可以促进技术交流及整体国际贸易的发展。本节主要讨论知识产权与我国高技术产业及其贸易的发展问题。

一、世界贸易商品中技术含量增加

"冷战"结束之后，以经济和科技为主要内容的综合国力的竞争成为国际竞争的焦点，高科技成为促进经济增长的主要力量。美国以信息产业为主的新经济发展带动了世界信息技术的发展，新科技成果层出不穷，而在美国的推动下，知识产权的国际保护制度也日趋完善。发达国家在知识产权制度的保护下，继续实施产业结构调整，将一些在本国不具备优势的劳动密集型产业转移到发展中国家，自身则集中力量发展技术密集型产业。在世界产业结构的大调整中，发展中国家也提升了自身的产业结构，在国际贸易中则表现为贸易商品中的技术因素不断增加。无论是发达国家还是发展中国家都重视知识产权保护，重视发展高科技产业，提高自身产品的技术含量和附加值。

国际贸易商品中制成品的增加（见表 2－4），表明商品中的技术因素不断增加。而随着科学技术的不断发展及知识产权制度的日益完善，大部分国家的高技术产品在制成品出口额中的比重呈上升状态或比较稳定的状态（除2000 年外），制成品中的技术含量不断提高（见表 2－5）。

表 2-4　　　　　　　　　　**2019 年出口货物构成**　　　　　　　　单位:%

国家或地区	农业原材料	食品	燃料	矿物和金属	制成品
世界	1.6	9.6	10.9	4.4	69.1
高收入国家	1.4	8.2	8.6	3.8	73.4
中等收入国家	1.4	10.3	15.8	4.5	65.8
中国	0.4	2.9	1.9	1.2	93.4
印度	1.0	10.4	13.6	3.4	71.6
日本	0.6	1.0	1.9	2.4	87.7
韩国	0.9	1.5	7.6	2.4	87.7
新加坡	0.5	3.7	12.6	0.7	76.8
加拿大	3.9	12.4	25.0	7.2	49.5
墨西哥	0.2	7.5	5.3	1.8	76.9
美国	2.0	9.4	14.4	2.8	59.5
巴西	5.5	34.4	13.7	13.0	33.4
法国	0.8	12.1	2.6	1.9	78.6

资料来源:国家统计局.国际统计年鉴 2020 [M].北京:中国统计出版社,2021.

表 2-5　　　　　　**高技术产品出口额占制成品出口额的比重**　　　　单位:%

国家或地区	1990 年	2000 年	2010 年	2014 年	2016 年	2017 年	2018 年
世界	17.45	22.88	17.5	17.1	17.9	16.1	20.8
高收入国家	—	25.5	17.7	16.8	17.8	16.0	20.2
中等收入国家	—	19.9	17.2	18.0	18.2	16.5	22.3
中国	—	18.58	27.5	25.4	25.2	23.8	31.4
日本	23.85	28.35	18.0	16.7	16.2	13.8	17.3
韩国	17.84	34.82	29.5	26.6	26.6	14.2	36.3
马来西亚	38.18	59.53	44.5	43.9	43.0	28.2	52.8
新加坡	39.66	62.56	49.9	47.2	48.9	49.2	51.7
加拿大	13.67	18.60	14.1	13.6	12.9	12.9	15.8
墨西哥	8.29	22.40	16.9	16.0	15.3	15.2	21.1
美国	33.68	35.29	20.0	18.2	20.0	13.8	18.9

国家或地区	1990 年	2000 年	2010 年	2014 年	2016 年	2017 年	2018 年
巴西	7.09	18.61	11.2	10.6	13.5	12.3	13.0
俄罗斯	—	13.53	9.1	11.5	10.7	11.5	11.0
英国	23.57	30.02	21.0	20.7	21.8	21.1	22.6
法国	16.10	23.75	24.9	26.1	26.7	23.6	25.9
印度	2.41	5.01	7.2	8.6	7.1	7.0	9.0

资料来源：国家统计局. 国际统计年鉴［M］. 北京：中国统计出版社.

近年来，随着我国知识产权制度的不断完善，在我国进出口贸易快速发展的形势下，我国高技术产品保持高速增长的态势。

2018 年我国高技术产品贸易进出口总额达 14085.7 亿美元，同比增长 12.0%。其中，高技术产品出口额为 7430.4 亿美元，较 2017 年增长 10.8%，高技术产品进口额为 6655.2 亿美元，较上年增长 13.4%。高技术产品良好的增长势头带动了我国商品贸易整体结构的进一步优化，2018 年高技术产品进出口贸易占商品贸易的比重为 30.5%。2020 年，我国高技术产品出口额达 7766.5 亿美元，同比增长 6.3%，显示出我国高技术产品进出口发展的高速增长态势。

二、我国高技术产品贸易的特点

（一）信息技术领域占主导地位

从高技术产品的技术领域分布来看，我国信息技术（包括计算机与通信技术、电子技术、计算机集成制造技术和光电技术）领域产品进出口在高技术产品各领域中一直保持主导地位。

2018 年，高技术产品贸易仍然保持以往计算机与通信技术、电子技术为主的格局，生物技术进出口增长最快。

2018 年，在我国高技术产品出口的技术领域，计算机与通信技术仍居绝对主导地位，出口额达到 505028 百万美元，比上年增长 9.6%，占高技术产品出口总额的 68.0%。电子技术领域出口额居第二位，为 141525 百万美元，比上年增长 17.9%，占高技术产品出口总额的 19.0%。

2018 年，在高技术产品进口的技术领域分布中，电子技术仍居首位，进口额达 357424 百万美元，比上年提高 15.5%，占高技术产品进口总额的 53.7%；位居第二位的是计算机与通信技术，进口额为 124385 百万美元，比上年增长 9.1%，占进口总额的 18.7%（见表 2-6）。

表 2-6　　　　　2018 年高技术产品进出口按技术领域分布

技术领域	出口额		进口额		差额
	（百万美元）	占总额的比重（%）	（百万美元）	占总额的比重（%）	（百万美元）
合计	743044	100	665521	100	77523
计算机与通信技术	505028	68.0	124385	18.7	380643
生命科学技术	32598	4.4	36389	5.5	-3791
电子技术	141525	19.0	357424	53.7	-215899
计算机集成制造技术	16389	2.2	58279	8.8	-41890
航空航天技术	9146	1.2	40453	6.1	-31307
光电技术	28981	3.9	40323	6.1	-11342
生物技术	928	0.1	2460	0.4	-1532
材料技术	7460	1.0	4817	0.7	2643

资料来源：科技部网站，2018 年我国高技术产品贸易状况统计分析（2020 年 4 月 30 日）。

技术产品贸易中，只有计算机与通信技术、材料技术是顺差，其他均为逆差。电子技术、计算机集成制造技术和航空航天技术是进口额较高的技术领域，是形成贸易逆差的主要领域。

高技术产品的进出口结构说明我国高技术产品贸易仍然继续着"大进大出"的局面，大量的核心零部件和关键技术产品仍然依靠从国外进口，产品出口效益有待提高。

（二）进出口对象集中在传统市场[①]

我国高技术产品的贸易对象主要集中在美国、日本、韩国、中国香港地

---

① 数据来源：科技部网站，2018 年我国高技术产品贸易状况分析（2020 年 4 月 20 日）。

区以及欧盟与东南亚市场。

2018 年，我国高技术产品出口的前五大贸易伙伴仍然是美国、韩国、日本、荷兰和中国香港地区，所占比重分别为 24.0%、20.0%、5.5%、4.9% 和 4.7%。高技术产品进口排前五位的贸易伙伴分别是韩国、日本、美国、马来西亚和中国台湾地区，所占比重分别为 19.6%、17.9%、8.6%、8.2% 和 5.2%。

2018 年，高技术产品出口从技术领域分布看，计算机与通信技术出口地主要为美国、中国香港地区和欧盟，三者所占比重分别为 25.4%、22.0% 和 15.5%；电子技术出口主要集中在中国香港地区，占该技术领域出口的 39.0%，其次为东盟、韩国和中国台湾地区，分别占 16.3%、9.9% 和 8.7%；航空航天技术主要出口美国、欧盟和中国香港地区，分别占该技术领域出口的 23.9%、16.9% 和 13.2%。

2018 年，高技术产品进口从技术领域分布看，计算机与通信技术进口主要来自东盟和韩国，二者分别占我国该技术领域进口的 34.0% 和 11.1%，中国台湾地区位列第三，占比 7.4%；电子技术进口主要来自韩国、东盟和中国台湾地区，三者分别占我国该技术领域进口的 29.1%、23.7% 和 16.3%；航空航天技术进口则主要来源于美国和欧盟，二者分别占我国该技术领域的 52.4% 和 38.8%。

我国高技术产品市场分布表现为我国从东盟、日本、韩国和中国台湾地区等地进口零部件，组装加工后再出口到美国、欧盟和中国香港地区等地的发展格局。国际高技术产业转移的产业链形式依然是我国为加工中心、东亚地区为原材料和零部件供应方，欧美为技术研发和主要市场，而在这一产业链中，我国在很大程度上替代了东亚对欧美市场的顺差，从而使我国高技术产品贸易表现出顺差加大的情况。

（三）外资企业是主体

2018 年，一般贸易出口占我国高技术产品出口贸易比重为 26.6%，较上年提高 0.9%。以"三来一补"为代表的加工贸易占我国高技术产品贸易出口比重小幅下降，占比 59.5%。比上年减少 2.2%。

从企业类型看，2018 年高技术产品贸易出口仍以外商独资企业和中外合资企业为主，2018 年所占比重为 65.3%。其中外商独资企业所占比重从 2017

年的 53.2% 下降到 2018 年的 50.4%。2018 年，以私营企业为主的其他类型企业占高技术产品出口额的 27.6%，比上年提高 3.6%。国有企业占高技术产品贸易出口的比重也从 2017 年的 6.8% 提高到 2018 年的 7.1%。

（四）对"一带一路"沿线国家进出口实现双增长

"一带一路"倡议的实施对我国高技术产品贸易带来了明显的增长效应。按照"一带一路"沿线 65 个国家的口径计算，2018 年我国对"一带一路"沿线国家的高技术产品出口额为 1609.1 亿美元，较上年增长 13.0%，占我国高技术产品出口总额的 21.7%；从"一带一路"沿线国家进口 1149.6 亿美元，较上年增长 16.4%，占我国高技术产品进口总额的 17.3%，较上年提高 0.5 个百分点。

（五）经济效益和社会效益明显

由于高技术产品具有高附加值、高科技含量的特点，因此，高技术产品出口增长在很大程度上提升了我国出口产品总体的附加值。同时，通过高技术产品的进出口，促进先进技术的引进和吸收，推动企业利用高新技术成果改造传统产业，对于推动我国产业结构的改进和总体经济增长方式的转变有着不可估量的作用。

此外，高技术企业对土地等资源的集约化利用程度也相对较高，在一定程度上缓解了我国环境和资源的压力，促进了经济和社会的可持续发展。

三、我国高技术产业及其贸易发展存在的问题

在高技术产品贸易取得显著成绩的同时，我们也应该看到，我国的高技术产业及高技术产品贸易中还存在很多问题，制约着其健康和可持续发展。

（一）技术落后，创新能力不强

我国的高技术产品无论是在产品种类还是在质量和性能上都与国外产品

有较大的差距。高技术企业自主技术比较少，而且科技与经济结合不紧密，科技成果很难实现商品化、产业化。出现这种情况，主要是因为企业缺乏创新意识，不注意捕捉市场需求，造成技术与产业脱节。同时，从企业自身看，我国有一些高技术企业产权不十分明晰，存在短期经营行为现象，很多企业不愿意冒高风险投入较多的科研开发资金。因此，很多企业自主创新能力弱，出口竞争力不强。

我国高技术产品出口竞争力不强，一是在中、低端产品整体供大于求，而高端产品和关键零部件严重依赖进口；二是本土的国有企业和民营企业在科技含量高的高端产品上所占比重很低。我国高技术产品参与国际竞争，大部分仍然依靠的是价格优势，在国际贸易竞争方式日趋多样化的今天，价格优势逐渐减弱，企业是否能够在国际市场上长久立足乃至最终取胜，关键是看其是否拥有自主创新能力。而我国许多民营企业是抓住一个很小的机会在市场中发展起来的，对自主创新的认识还不够深刻，往往把自己定位在生产型企业的位置，过分依赖外来技术的支援，单纯靠购买国外的专利来赚取利润，企业没有活力，产品也没有自己的特色，因此在国际市场上面对跨国公司的竞争时往往力不从心。三是企业创新能力不强还与知识产权保护的大环境密切相关。因此，提高我国高技术产品竞争力还要切实提高企业和民众的知识产权保护意识。

（二）高技术产品出口附加值低

我国企业具有核心竞争力的高技术产品还不多，生产多集中于增值较少的装配环节，因此产品的附加值较低。这主要是由于国际高技术产业转移和我国国内特殊时期的引资政策。20 世纪 90 年代以来，以跨国公司为主导的高技术产业向我国转移加快，形成了以我国为加工中心、以东亚为原材料和零部件供应方、以欧美为技术研发和主要市场的产业链，这种产业转移的形式决定了我国高技术产品出口以加工贸易方式为主的特点。长期以来我国主要是依靠低廉的土地、能源、人力资本等要素进行引资，并长期对外资企业实行特殊优惠待遇，使得我国在加工贸易链条中所获取的价值非常有限。

（三）高技术产品出口对外依存度较高

在我国高技术产品出口快速发展的过程中，以外资企业为主体和主要采用加工贸易方式的局面一直未得到根本改变。在国际高技术产品贸易方式呈现多样化，价格竞争优势不断被削弱的情况下，高技术产品加工贸易发生迁移的可能性依然存在。因此，在我国高技术企业不断提高研发能力，实现自主成长之前的较长时期内，以外资为主体、以加工贸易为主要方式仍然是我国高技术产品出口持续、健康发展的不稳定因素。

（四）国家对高技术及其产业缺乏有效的保护

我国的高技术产业是一个处于初创期的产业，目前虽然有一些关于高技术方面的政策和法律，如高技术产品出口优惠政策及一些新修订的知识产权法规，但是这些远远不能适应我国要大力发展高科技、发展高技术产业的要求。

高技术产业本身所具备的高投入、高风险、高收益的特点决定了其发展必须有健全的金融体系作为支撑。从我国目前的实际情况看，财政、金融支持体系仍不健全，在一定程度上制约了高技术产品出口的发展。为促进高技术产品出口的稳定发展，由商务部等十个部门共同实施的科技兴贸战略从财政、税收、金融等各个方面给予了大力支持。这些政策措施激发了高技术企业开展贸易活动的积极性，对高技术产品出口迅速发展做出了重要贡献，但同时必须看到，由政府提供的金融支持手段有限，支持额度有限，仅依靠政府的支持远远不能满足企业快速发展的需要。从各国高技术产业发展的实践看，在某些基础研究和公共资源领域，政府适当的投入有利于促进整个社会经济福利不断增大；但从提高企业竞争力的角度而言，除了政府的支持手段外，仍需不断建立和完善市场化的投资体制。目前，我国高技术企业，特别是新兴的民营科技企业的融资仍面临着许多制约。技术创新所具有的不确定性以及金融机构不具备对创新风险进行评估的能力，使其对企业技术创新活动的资金支撑乏力。但更深层的原因主要在于我国的金融体系还不健全，国有金融机构自身包袱过重，而民间和私人的投资机构稀缺，落后于日益增长的民营企业的需求，融资渠道狭窄，在很大程度上影响了新兴企业的成长。

（五）发展高技术产业的人才问题没有解决好

我国是一个人口大国，人力资源十分丰富，但高科技人才却十分短缺。

这一方面与我国对高技术人才的重视程度有关。高技术研究工作是繁重的脑力劳动，压力很大，但高技术人才的物质待遇却与劳动强度不成正比，使很多人不愿意从事高技术产业。另一方面，我国高技术人才流失现象也十分严重。一些高科技人才纷纷到国外寻求发展，尤其是一些学生毕业后，直接到国外深造或工作。高技术人才的流失，给我国经济技术的发展造成了严重的损失。

四、发展我国高技术产业及其贸易的对策

发展高技术产业的目的是发展经济，因此，无论采取何种手段发展高技术，都要注意将其迅速商品化、产业化，达到促进经济发展的目的。为此，我国在发展高技术产业及其贸易时应特别注意以下几点。

（一）加大重点领域技术引进力度，改革企业制度，强调创新，制定高科技发展计划

企业要大力引进重点领域高技术，确保人力、资金投入，避免走弯路；要明晰产权，避免企业短期行为，搞好吸收创新。国家要制定重点高科技发展计划，组织人力、财力，集中力量进行重点突破；政府和企业要有效合作，政府为企业指明方向，产学研一体协调行动。

（二）瞄准市场，开发新技术、新产品，加快技术转移研究开发

企业应瞄准市场需求，善于捕捉国际市场中新的经济增长点，适时开发出新技术、新产品，提高产品科技含量，以提高经济效益。为解决技术与产业脱节问题，应成立科技转移研究机构，增加投资，设立高科技实验基地，促进科技成果向现实生产力转化，提高转移效率。

（三）国家应从政策、法律方面加强对高技术及其产业的保护

中国的高技术产业无论从市场占有率还是从发展速度上来看，都属于初

创期产业。我国的家用电器、计算机、无线电通信等产品在国际市场所占份额极小，即使在国内，很多产品的市场也大部分被美日欧公司的产品所占领。因此，保护我国的高技术产业就显得尤为重要。我国可根据实际情况，在世界贸易组织（WTO）规则允许的范围内，对外国高技术产品实行进口配额制，以限制高技术产品的进口；加强国内高技术产品在国内外市场的宣传力度，增加市场知名度，努力塑造名牌商标、名牌产品，扩大市场占有率；完善法律环境，加强对知识产权的保护，如出台对计算机软件的具体保护措施等，使高技术及其产业保护有一个较好的法律基础。

（四）重视发展环境保护高技术

目前，随着可持续发展观念的提出，环境保护的问题已经提到国际议事日程，各国都空前注重环境保护，环境保护技术正日益成为高技术发展的新热点。美国、日本、欧洲等都在加大对环境保护技术研究开发的投资，而且对很多进口产品规定了技术标准，在国际贸易领域设立了一些环境技术壁垒。因此，发展环境保护高技术，有利于保护环境，突破国际技术贸易壁垒，减少贸易摩擦，发展经济，迎合世界高技术潮流，势必有广阔的发展前途。

（五）实现进出口市场多元化

我国高技术企业在发展新技术，提升自身技术实力的同时，应注重改善贸易的地理方向，加强高技术产品配套产业的发展，减少对原材料、零部件的进口，同时实现出口市场多元化。在注重开发国内市场的同时，及时开拓新市场，避免出口市场过分集中于美国、日本、欧洲市场，减少对发达国家市场的依赖性，减轻其经济波动对我国高技术产业的影响，减轻我国的外贸顺差压力。

（六）建立合理的高科技人才机制，造就一支稳定高素质的科技队伍

科技人才是第一生产力的开拓者，因此我国应建立合理的高科技人才机制。适当提高高科技人才的物质待遇，在全社会形成重视、尊重高科技人才

的风气；建立鼓舞人心的激励机制，稳定人心，最大限度地防止高科技人才流失；采取优惠政策，吸引海外科技人员回国创业。在建立人才机制的同时，还应该加强选拔，培养青年学术带头人，防止出现科研力量青黄不接。此外，还应该看到，高技术产业的发展不仅需要高科技人才，而且需要高级管理人才，所以对高技术人才还要进行经营管理方面的培训，使他们懂技术、会经营、善管理，成为全面发展的复合型人才。

第三章

知识产权与国际贸易规则

第一节 与贸易有关的知识产权协议及其新发展

在关税与贸易总协定（GATT）乌拉圭回合谈判中，成员在 1994 年 4 月 15 日签订了《与贸易有关的知识产权协议》（Trade Related Aspects of Intellectual Property Rights Agreement，以下简称 TRIPS 协议）于 1995 年 1 月 1 日生效。

TRIPS 协议的宗旨是减少国际贸易中的扭曲和阻力，促进对知识产权充分有效的保护，保证知识产权执法的措施和程序不至于变成合法的贸易障碍。

一、主要内容

TRIPS 协议分为七个部分，共七十三条。第一部分，总条款和基本原则；第二部分，有关知识产权的效力、范围和利用的标准；第三部分，知识产权执法；第四部分，知识产权的获得与维持以及相关当事人之间的程序；第五部分，争端的防止和解决；第六部分，过渡协议；第七部分，机构安排；最终条款。

（一）TRIPS 协议的保护对象

TRIPS 协议的保护对象为：著作权及其相关权利、商标、地理标志、工业品外观设计、专利、集成电路布图设计（拓扑图）、对未披露信息的保护、对许可合同中限制竞争行为的控制。

（二）一般规定和基本原则

1. 成员义务的性质和范围

协议规定成员方应遵守协议的规定，使其法律达到协议的最低要求。

2. 国民待遇原则

协议规定每一缔约方在知识产权保护方面，对其他缔约方的国民所提供的待遇不得低于对其本国国民所提供的待遇。关于表演者、录音制品制作者和广播组织，这一义务仅仅适用于协议所规定的权利。

3. 最惠国待遇原则

协议规定，就知识产权的保护而言，一缔约方向任何其他缔约方的国民所给予的任何利益、优待、特权或豁免都应立即和无条件地适用于所有其他缔约方的国民。

4. 例外原则

规定成员方可以通过制定或修改其国内法律和规则，采取必要的措施来保护公众的健康和营养。为了防止权利所有者对知识产权的滥用，防止不合理地限制贸易或反过来影响技术国际性转让实施的行为，成员方可以采取适当的措施。

（三）关于知识产权保护的范围和标准

1. 著作权及其相关权利

（1）规定成员方有权决定是否保护著作权的精神权利。著作权所指的文学艺术是指文学、科学和艺术领域内的一切作品，不论其表现形式或方式如何，例如，书籍、演讲、戏剧、舞蹈、配词、电影、图画、摄影作品、地图等。著作权保护应延伸到表达方式，但不得延伸到思想、程序、操作方式或数学概念本身。

（2）计算机程序和数据汇编按文学作品给予保护。

（3）除摄影作品或实用艺术作品之外，当每件作品的保护期不是按照自然人的寿命来计算时，其保护期不得短于发表之年的年底起的 50 年，如果作品在自完成之时起的 50 年之内未发表，那么保护期为自作品完成之年的年底起的 50 年。

（4）对表演者、录音制品创作者和广播组织的保护

表演者有权制止对其表演进行录制，复制已录制的内容，通过无线手段进行播放，以及向公众传送他们的表演实况。录音制品制作者应有权同意或者禁止对其录音制品的复制。广播组织应有权制止未经同意的对其录制品的复制、通过无线广播手段重新播放，以及通过电视播放等方式将其作品传送给公众。协议对表演者和录音制品制作者所提供的保护期限为自进行录制或者进行表演的那一年年底起的 50 年。广播组织作品的保护期限为自进行播放之年的年底起至少 20 年。

2. 商标

（1）可以保护的对象。

商标是任何能够将一个企业的商品或服务区别于另一个企业的商品或服务的符号。包括字符、个人姓名、字母、数字、图形要素和颜色组合以及任何这些符号的组合。商标必须具有可视性。申请商标的商品或服务的性质在任何情况下都不应构成对商标注册的障碍。

（2）商标权人的权利。

规定注册商标的所有者应享有一种独占权，可以阻止其他人在相同或类似商品上使用与注册商标相同或类似的商标。

驰名商标所有人可以阻止他人将其商标用于相同或相似的其他商品或服务上，注册的驰名商标所有人可以阻止他人将其商标用于不类似的商品或服务上。在确定一个商标是否为驰名商标时，应该考虑该商标在相关公众范围内的知名度，包括在该缔约方由于对该商标的宣传而形成的知名度。

（3）保护期限。

原始注册商标和每一次续展注册商标的保护期限不得短于 7 年。商标的

续展注册次数不受限制。

（4）对使用的要求。

成员方如果将使用作为维持一个商标注册的条件，那么只有在至少不间断地连续 3 年不予使用之后，而且商标所有者没有提出由于存在障碍使之无法使用的正当理由的情况下，方能取消注册。

（5）许可与转让。

缔约方可以确定商标许可和转让的条件。不得对商标进行强制许可。注册商标的所有者有权转让其已注册的商标。

3. 地理标志

协议首先规定了地理标志的含义。地理标志是指示出一种商品在一缔约方的领土内或者在上述领土的一个地区或地点所生产的原产产品的标记。而该产品的某种质量、声誉或者其他特性在本质上取决于其产地。

成员方应对地理标志进行保护。如果商品中含有任何形式的虚假产地标记，误导消费者的，成员方应予以制止。对含有虚假地理标志的商标拒绝注册或宣布注册无效，以防止公众对商品的真正来源产生误解或出现不公平竞争。

此外，协议还规定对葡萄酒和烈性酒地理标志应给予特殊保护。

4. 工业品外观设计

协议规定缔约方应该对独立创作的新的或原创的工业品外观设计给予保护，受到保护的工业品外观设计的权利所有者应有权禁止为了商业目的而制造、出售或进口具有或采用了与受到保护的外观设计相同或基本上相同的外观设计的物品。对工业品外观设计的保护期限至少应为 10 年。

5. 专利

（1）专利保护的对象。

①所有技术领域中的任何发明，不论它是产品还是方法都可以获得专利保护，只要具有新颖性、创造性和工业实用性即可。

②如果某些产品的商业性开发会对公共秩序或公共道德产生不利的影响，包括对人类和动植物的生命健康和环境造成严重损害，则各成员方可以不授予专利。

③对人类或动物疾病的诊断、治疗和外科手术方法，除微生物外的植物和动物，以及除非生物和微生物外的生产植物和动物的主要生物方法，也可不授予专利权。但植物新品种应受到专利或其他制度的保护。这一规定将在《马拉喀什建立世界贸易组织协定》生效之日起的 4 年之内予以复查。

（2）专利权人的权利。规定专利权人有权禁止第三方未经许可而制造、使用、为销售而提供、出售，或为上述目的进口该产品，专利权人也应有权转让或通过继承而转移其专利，还应有权订立许可合同。

（3）专利申请人的义务。专利申请人应对发明作出清楚和完整的说明，以便使一个普通技术人员能够实施其发明。缔约方可以要求专利申请人提供有关其相应外国申请和其审批情况的信息。

（4）强制许可。强制许可包括政府征用或政府授权的第三方使用，但其使用应受到严格限制。除非拟定的使用者在使用之前，已经经过努力，试图在合理的商业性期限和条件下获得权利所有者的同意，但是经过合理时间的努力之后仍未获得成功，才可以准许这样的使用。但是当一个缔约方处在国家紧急状态或者其他特别紧急的情况下，或者在非商业性公共利用的情况下，可以不受上述要求的限制。强制许可是非独占的；强制许可不能转让，除非是和进行该使用的那部分企业和资产一道转让；强制许可的被许可人必须向专利权人支付适当的费用，费用的数目取决于该许可的经济价值；如果为了实施后一项专利而对前一项专利实施强制许可，应要求后一项专利较前一项专利有突出的特点和显著的进步。

（5）保护期限。成员对于专利的保护期限不得短于自申请日起的 20 年。

（6）方法专利的举证责任。在专利侵权民事诉讼中，如果涉及方法侵权，司法部门应有权责令被告证明其制造相同产品的方法不同于专利方法。如果不能举出相反的证据，则将未经专利权人同意而制造的任何相同产品视为用该专利方法所制造的。

6. 集成电路布图设计（拓扑图）

缔约方应对集成电路布图设计（以下称布图设计）提供保护。权利人有权阻止未经其同意为了商业目的而进口、出售或销售受到保护的布图设计、一种采用了受到保护的布图设计的集成电路或者采用了上述集成电路的产品。保护期限不得短于自注册申请日起或者自在世界上任何地方进行的首次商业性使用之日起的 10 年。缔约方可以规定保护期限为作出布图设计之后的 15 年。

7. 对未披露信息的保护

（1）规定了未披露信息受保护的条件。如果一项信息是保密的，即不为该类信息同行业中的人所公知或者为这样的人所能获得；具有商业价值，且合法支配该信息的人采取了合理措施来保守秘密，则这样的信息应该得到保护。为获得药品或农药的营销许可而向政府提交的机密数据也应受到保护，以防止不公平的商业利用。

（2）规定了权利人的权利。合法控制该信息的人有权防止他人未经许可而以违背诚实商业行为的方式，披露、获得或使用该信息。违背诚实商业行为的方式是指违反合同、违背信任，以及第三方明知或因严重疏忽未知其信息的获得是以这种方式实现的。

8. 对许可合同中限制竞争行为的控制

成员方有权对可能对贸易产生相反的作用或妨碍技术的转让和传播的与知识产权有关的限制竞争的许可行为或许可条件作出规定，并有权采取适当的措施来防止或控制这样的行为。

（四）知识产权的执法

1. 总的义务

（1）缔约方应保证对侵犯协议所述知识产权的任何行为采取有效的制止措施，包括制止侵权的及时法律救济和防止进一步侵权的法律救济。这些程序的应用方式应不至于构成对合法贸易的障碍，并且能为防止滥用提供保障。

（2）知识产权执法的程序应是合理的和公平的。这些程序不应过分复杂，也不应收费过高或者包含不合理的时间限制或无保障的拖延。

2. 行政和民事救济程序

（1）合理与公开的程序。缔约方应该为权利所有者提供施行协议所涉及的任何知识产权的民事诉讼程序。被告应有权获得及时和足够详细的书面通知，包括赔偿请求的根据。应允许当事人由独立的法律事务所代理，而且这种程序不得规定过于麻烦，如规定必须让当事人本人出庭。这种程序的所有当事人应有权详细陈述其赔偿要求的根据并提供所有的有关证据。

（2）提供证据。如果一方当事人提供了足以支持其赔偿要求的并能够合理获得的证据，并且指出这种证据为另一方当事人所控制，司法部门在保守机密情报的条件下，应有权责令另一方当事人提供这样的证据。

（3）禁止令。司法部门应有权责令一方当事人停止侵权行为，包括在海关批准进口之后，立即禁止侵犯一项知识产权的进口商品在其管辖范围内进入商业渠道。

（4）损害赔偿费。司法部门应有权责令侵权者向权利所有人支付适当的损害赔偿费，并有权责令其向权利所有者支付费用，其中可以包括适当的律师费。即使侵权者不知道或者没有正当的理由应该知道他从事了侵权活动，缔约方也可以授权司法部门，责令返还其所得利润或支付预先确定的损害赔偿费。

（5）对被告的赔偿。如果一方当事人所要求采取的措施已被证实是滥用了执行程序，司法部门应有权责令该当事人向另一方当事人对由于这样的滥用而造成的损害提供适当的赔偿。

（6）行政程序。如果案件经由行政程序，其结果是责令采取某种民事法律救济措施，则本节规定的原则也基本适用。

3. 临时性措施

（1）对于侵权商品，司法部门有权采取临时性措施，以便防止侵权商品进入其所管辖之下的商业渠道，包括刚刚获得海关批准的进口商品；同时保存有关被指控侵权行为的证据。

（2）当任何迟延有可能对权利所有者造成无法弥补的损害，或者存在证据被销毁的明显危险性时，司法部门应有权依单方要求采取临时性措施。

（3）司法部门应有权要求请求人提交证据，以便使司法部门确认该请求人是权利所有者以及其权利受到了侵犯或者这样的侵权行为将马上发生。司法部门应有权责令请求人提供足以保护被告和防止滥用的保证或相当的担保。

（4）当临时性措施是应单方请求而采取时，应及时通知受到影响的当事人。如果被告在发出通知后的合理期间请求裁决是否应该改变、取消或确认这样的措施，应该进行复核，包括给予被听证的权利。

4. 有关边境措施的特殊规定

（1）海关中止放行。如果一个权利所有者有正当的理由怀疑进口商品是采用假冒商标的商品或盗版商品，缔约方应使该权利所有者能够向适当的司法部门或行政部门提交书面请求，要求由海关中止放行，不让这样的商品进入自由流通。

缔约方可以允许针对其他侵犯知识产权的行为提出这样的请求。缔约方也可以制定相应的程序，以便由海关中止放行试图由其领土出口的侵权商品。

（2）请求。如权利所有者提出上述请求，应提供适当的证据，使有关主管部门相信，按照进口国的法律，已可初步认定存在对其知识产权的侵权行为，同时还应提供有关商品的足够详细的说明，使海关能够容易地识别侵权商品。上述主管部门应在合理的期间内通知请求人是否接受其请求，以及在由该主管部门决定的情况下，通知请求人由海关采取行动的时间。

（3）保证或与之相当的担保。有关主管部门应有权要求请求人提供足以保护被告和该主管部门并防止申请人滥用权利的保证或与之相当的担保。这样的保证或担保不应不合理地妨碍当事人应用这些程序。

（4）对进口者和商品所有者的赔偿。对于由于错误地扣留应予以放行的商品而造成的损失，有关主管部门应有权责令请求人向该商品的进口者、收货人和所有者支付适当的赔偿。

（5）检查和获得信息的权利。在不影响保护秘密信息的前提下，缔约方应授权有关主管部门为权利所有者提供足够的机会，使之能够对海关扣留的任何商品进行检查，以便证实其主张。主管部门也应有权向进口者提供同样的机会，使之能够对任何上述商品进行检查。

（6）依职权的行为。当缔约方主管部门主动地采取行动，中止对侵权商品放行时，该主管部门可以在任何时候要求权利所有者提供可能有助于行使其权利的任何信息，并应迅速地将停止放行一事通知进口者和权利所有者。

（7）法律救济。在不损害权利所有者所享有的其他权利，并且保证被告具有要求由司法部门进行复核的权利的条件下，主管部门应有权责令销毁或处置侵权商品。

5. 刑事程序

缔约方应规定，至少在商业规模蓄意地假冒商标或剽窃著作权的案件中适用刑事诉讼程序和刑事处罚。缔约方可以规定将刑事诉讼程序和刑事处罚应用于其他侵犯知识产权的案件，特别是当侵权行为是蓄意地和以商业规模来进行时。

（五）纠纷的预防和解决

1. 透明度

（1）缔约方应将与协议内容有关的法律规则以及具有普遍适用性的终局司法判决和行政决定等，以本国语言公开发表，或者在无法实现这样的公开发表时，使之为公众所能获得，从而使各国政府和权利所有者能够了解其内容。一缔约方政府或政府机构与另一缔约方政府或政府机构之间生效的任何与协议内容有关的协定也应公开发表。

（2）缔约方应当将上述的法律和规则通告与贸易有关的知识产权理事会，以便帮助该理事会检查协议的运作情况，该理事会应努力减轻各缔约方履行该义务的负担。

2. 争端的解决

各成员有关协议争端的解决，应适用 WTO 争端解决机制。争端解决机制主要规定在《关于争端解决的规则与程序的谅解》之中。根据该谅解，WTO 成员发生争议，应先进行磋商；磋商应于一方提出申请后 60 天之内结束。如果磋商未达成协议，一方可向争端解决机构（Dispute Settlement Body，DSB）申请成立专家小组；该机构应于 45 天内决定是否同意成立专家小组（只有该机构全体反对，才能不成立专家小组）；专家小组应于 6 个月内做出裁决。专家小组虽然只是协助争端解决机构做出裁决或建议，但专家小组的报告只有在该机构全体一致的情况下才能被否决。任何一方都可以就裁决向上诉机构（Appellate Body）提出上诉。上诉机构将对裁决的法律问题进行审查，最多必须在 90 天内做出维持、修改或撤销的决定。争端解决机构可以在 30 天内接受或否决上诉机构的报告。

败诉方必须履行裁决，但如果无法立即履行，争端解决机构可以给予一个合理的履行期限。如果在合理的期限里不履行裁决，胜诉方可以要求补偿；败诉方也可以主动给予补偿。当败诉方未能履行裁决，又未给予补偿时，胜诉方可以要求争端解决机构授权采取报复措施，中止协议项下的减让或其他义务。

（六）过渡性安排

成员方应于 WTO 协议生效后 1 年内适用协议的规定。发展中国家和转轨国家享有 5 年过渡期。最不发达国家享有 10 年过渡期。

为了使最不发达国家缔约方建立良好的能够生存的技术基础，发达国家应采取措施，鼓励和促进其境内的企业和研究机构向最不发达国家缔约方转让技术。发达国家应提供有益于发展中国家和最不发达国家缔约方的技术和金融合作，帮助其进行国内的有关保护和实施知识产权以及防止对知识产权滥用的立法，建立健全与此有关的国内机构和部门，以及人员的培训。

（七）机构设置、最终条款

1. 与贸易有关的知识产权理事会

与贸易有关的知识产权理事会负责监督协议的运作，特别是各缔约方依据协议所应尽的义务，并为缔约方提供就与贸易有关的知识产权问题进行协商的机会。它应完成各缔约方所交付的任务，特别是提供他们在纠纷解决过程中所要求的任何帮助。在履行其职责的过程中，理事会可以同它认为合适的任何方面协商或向其索取信息。理事会还应就与世界知识产权组织的合作进行协商。

2. 国际合作

成员方应建立和通报其内部行政管理中的联系渠道，并随时交换有关侵权货物贸易的情报。他们应促进其海关之间就有关假冒商标的商品和盗版著作权商品贸易的情报进行交换和合作。

3. 审查和修改

与贸易有关的知识产权理事会应在过渡期届满之后对协议的实施情况进行检查。理事会应结合在其实施过程中所取得的经验，两年以后再次进行检查，以后每两年检查一次。

4. 保留

不经其他缔约方同意，对本协议的任何条款均不得提出保留。

二、TRIPS 协议的意义

TRIPS 协议在 WTO 中具有特殊的意义，把知识产权列入 WTO 协议的范围，是乌拉圭回合谈判的主要成果之一。

（1）TRIPS 协议内容涉及面广，几乎涉及了知识产权的各个领域，并且将关税与贸易总协定（GATT）和世界贸易组织（WTO）中关于有形商品贸易的原则和规定延伸到对知识产权的保护领域。如规定国民待遇、最惠国待遇、透明度等原则适用于知识产权的保护。同时还规定 WTO 规定的争端解决机制也适用于解决知识产权争端。把履行协议保护知识产权与贸易制裁紧密结合在一起，规定可以进行交叉报复等。同时设置了与贸易有关的知识产权理事会作为常设机构，监督协议的实施。

（2）与原有的知识产权国际公约相比，TRIPS 协议全面规定了知识产权的保护标准，对知识产权执法和救济提出了要求，强化了知识产权执法程序和保护措施并且为知识产权国际争端的解决提供了途径。此外，TRIPS 协议相比原有的国际公约还有一些突破。例如，扩大了专利保护领域，规定应对药品和化工品实施专利保护；统一了发明专利的保护期为 20 年。

TRIPS 协议着重于与贸易有关的知识产权。因此，知识产权中的科学发现权、与民间文学有关的权利、实用技术专有权（如实用新型）、著作权的精神权利等，被认为与贸易无关而没有包括在 TRIPS 协议范围内。

（3）它与多边货物贸易和服务贸易协议不同，前两个协议是就与贸易政策有关的一般规则和原则达成的协议，并取得了各国自由化的承诺，但并没有要求各国政策的协调统一（例如，不同成员对相同产品可以有不同的关税，对相同的服务领域也可以有不同的开放水平）；而 TRIPS 协议包括所有成员都必须达到其规定的知识产权保护的最低标准（例如，专利保护期不少于 20 年）。

（4）TRIPS 协议要求各成员积极采取行动保护知识产权，这与货物贸易和服务贸易协议只对成员的政策进行约束是不同的。这说明在多边贸易框架下可以寻求协调统一，即制定最低标准，以影响各国的贸易政策和管理制度。

三、TRIPS 协议的新发展

TRIPS 协议的实施提高了成员知识产权保护的水平，由于发展中国家与发达国家在经济发展水平及技术水平方面的差距，TRIPS 协议的实施在发展中国家引起诸多争议。不仅是发展中国家的传统知识、生命物种和遗传基因流失，而且出现了知识产权与公共健康权的冲突问题。很多药品专利控制在发达国家手中，而专利药品的价格很高，发展中国家的患者没有能力支付高额的药费。因此，公共健康问题对 TRIPS 协议提出了严重的挑战，TRIPS 协议的修订迫在眉睫。

2001 年 11 月在多哈召开的 WTO 第四届部长级会议上发表了《部长宣言》和《关于知识产权与公共健康的宣言》，根据上述宣言，WTO 就公共健康问题开始谈判，计划于 2002 年 12 月 31 日前就实施专利药品强制许可制度、解决发展中国家成员方公共健康危机达成一致意见。各方协商在 TRIPS 协议中写入强制许可的灵活性条款——政府可以不经专利权人同意行使强制许可，允许其他公司生产某种专利药品或使用某种专利方法，同时规定只能在特定情况且保护专利权人合法利益的情况下才能适用此规定。但是，根据 TRIPS 协议第 31 条（f）的规定，强制许可情况下生产的药品必须主要用于国内市场，这在很大程度上限制了其出口数量，因此令无生产能力且需进口专利药品的国家很难获得按照强制许可生产的药品。

由于发达国家成员方与发展中国家成员方在这一议题上存在严重分歧，谈判期限延长了 8 个月。2003 年 8 月 30 日，经过 20 个月的艰苦谈判，WTO 总理事会终于打破僵局，WTO 成员方达成《关于 TRIPS 协议和公共健康的多哈宣言第六段的执行决议》，成员方一致通过了关于实施专利药品强制许可制度的最后文件，使在药物领域生产能力不足或没有生产能力的较贫穷国家能更容易地进口到较便宜的、在强制许可制度下生产的专利药品。

第二节　各国执行 TRIPS 协议的情况

TRIPS 协议签订后，成员按照协议的要求在过渡期内对本国的法律进行了调整，以使其符合协议的要求。本节介绍部分国家执行 TRIPS 协议的情况。

一、美国

美国是世界上知识产权保护较早的国家，也是世界上知识产权保护水平最高的国家。美国的知识产权立法主要包括专利法、商标法、版权法和反不正当竞争法。在美国几乎所有的发明创造都可以获得专利权，包括商业方法、生物品种、金融创新产品等。美国的知识产权法律与 TRIPS 协议比较接近，需要修改的法律较少，幅度较小。但美国的法律与 TRIPS 协议并不是完全相同，因此美国也需要根据 TRIPS 协议调整相关法律。

（一）对专利法的修改

1. 美国于 1995 年 6 月 8 日对专利法及其实施细则作了较大幅度的修改

（1）1995 年 6 月 8 日前提出的发明专利申请或批准专利的，保护期限为自批准日起 17 年或自申请日起 20 年，以期限较长者为准。1995 年 6 月 8 日后提出的发明专利申请，保护期限为自申请日起 20 年。

（2）从 1995 年 6 月 8 日起，申请人可向美国专利与商标局提出临时专利申请。临时专利申请只需要公开发明内容，不必提出权利要求。专利与商标局对临时申请不做审查，如申请人在一年内提出正式申请，正式申请可以要求国内优先权，临时申请自动失效。

（3）从 1996 年 1 月 1 日起，专利权人除享有独占制造权、使用权和销售权外，还有权禁止他人未经许可进口专利产品。

2. 2007 年美国对专利法进行了新的修订

（1）可以申请加快程序。只要有特别需要，任何专利都可以申请加快程序。申请加快程序可以在 12 个月之内拿到专利权。另外，申请人还能享受与专利审查员面对面讨论沟通的特权。加快程序要求所有申请都是电子申请，要求提供相关文件的查询及披露，要求解释为什么专利应当被批准、为什么专利权利要求书要这样写、为什么要起这样一个专利名称等。

（2）对相关专利申请做出限制。针对相关专利，美国新专利法作出调整，不再允许家族专利不断地进行相关专利申请，只能给予一两次机会。

（3）要求披露相关专利文献。现行的美国专利法规定，一个专利可以有 3 个独立申请、20 个从属申请；但新专利法把 3 个增加成 5 个，把 20 个增加成 25 个。但美国专利与商标局在审查时会要求披露相关专利，以审查专利的内容是否大致相同、申请人是否在利用新的申请以延长已有专利的保护。一旦专利审查员有这方面的质疑，他就会进行"有罪推定"，要求申请人举证，证明新的专利申请不会造成重复授权。

3. 2011 年美国通过专利法修正案

2011 年 9 月，美国通过了专利法修正案，在专利申请中不再采用先发明原则，改为先申请原则。

（二）对商标法的修改

美国是世界上较早确定商标法律制度的国家之一。1870 年美国第一部《商标法》诞生。1946 年美国颁布《兰哈姆法》，即《1946 年商标法修正案》。1988 年又进行修改，制定了《1988 年商标法修正案》，形成了美国现行商标制度的完整框架。

1. 美国商标制度的基本规定

（1）商标权的确立采用使用原则。在美国申请商标注册，该商标必须是实际使用或准备使用的，不使用或不准备使用的商标不能在美国取得注册，从而也不能取得商标权。

（2）允许外国商标在美国注册，但需以该商标在美国的使用或意图使用和经原属国注册为前提。

（3）允许注册并提供保护的商标种类包括商品商标、服务商标、集合商标和证章商标，其形式包括平面商标、立体商标和听觉商标。

（4）对商标注册采用主副部注册制度。在主部注册的商标在显著性方面要求严格，而在副部注册的商标在显著性方面的要求则比较宽泛。相应地，在主部注册的商标受保护的程度超过在副部注册的商标。根据《1988 年商标法修正案》，一些不能在主部注册的商标可在副部注册，待使用一段时间后，该商标具备第二含义即公众对该商标有一定认识后可升为主部注册。

（5）对注册商标实行限期保护。注册商标的保护时间为 10 年，允许续展，每次续展有效期为 10 年。

2. 美国对商标法的调整

美国根据 TRIPS 协议对商标法的修改主要涉及以下两个方面。

（1）对用于葡萄酒和白酒的地理标志提供更充分的保护。如果一项标记包含有地理标志，而该地理标志所示的并非产品的真实产地，而且该标记最初又是用于葡萄酒或白酒的，则不应该批准该标记的商标注册。

（2）为符合 TRIPS 协议的要求，规定如果一项商标连续 3 年不使用，应该视为是商标权人放弃其商标权的初步证据。

（三）对版权法的修改

为了符合 TRIPS 协议的规定，美国在 1994 年对版权法作了两项重要修改。

（1）对来源于 WTO 成员方的作品，如由于该成员方与美国没有共同协议而没有受到美国版权法保护，仍予以保护。

（2）表演者权利受到联邦法律保护。1996 年初，美国对版权法进行修改，规定表演者可享有专有的公共表演权。

为了适应数字化时代对美国版权产业发展的要求，美国积极实施数字化版权保护战略。1998 年 10 月通过了《跨世纪数字版权法》（Digital Millennium Copyright Art），该法针对数字技术和网络环境的特点，对美国版权法做了重要的补充和修订，为大众和版权产业界提供数字化版权保护。

二、日本

（一）日本对专利法的修订

1. 1994 年日本对专利法的修订

1994 年日本对专利法进行的修改主要体现在以下方面。

（1）废止了原来在专利申请审查程序中的申请公告和专利异议申诉制度，而实行专利赋予后的专利异议申诉制度。

（2）与当时的技术革新和国际发展趋势相协调，要求对于欲获得专利的发明的记载要充分、明确，每一请求项的记载要简洁。

（3）依据《巴黎公约》的规定增加优先权的有关规定。

（4）创设了因不缴纳注册费而使专利失效后再恢复专利权的制度。

2. 1998 年、1999 年日本对专利法的修订

1998 年、1999 年日本对专利法进行了新的修改，这次修改在加强专利权的保护、方便举证和加大赔偿额等方面起到了积极的作用。具体来说，这些修改主要包括以下方面。

（1）扩大可以取得专利的范围，使之包括原子核变换技术。

（2）专利保护期自申请日起 20 年。

（3）对专利要件的修改。将公知和公开的范围从国内扩大到了国外；另外，为适应新技术的发展，规定不仅可以通过公开发行的刊物进行公开，还规定通过电信线路的方式让公众利用也构成公开。

（4）增加了对专利发明技术范围进行鉴定的有关规定。

（5）增加了为计算损害赔偿而进行鉴定、认定损害赔偿额的有关规定。法院可以根据口头辩论的全部内容和调查取证的结果，认定适当的损害赔偿额。仿效民事诉讼法中关于计算鉴定制度，设定了损害赔偿额鉴定制度。计算鉴定人是公认的会计师等专家。

（6）对侵害专利权的犯罪不再规定为告诉才处理。

（7）专利审查期由 7 年修改为 3 年。

（二）日本商标制度的完善

1. 日本商标制度的基本原则

（1）内外平等原则。日本商标法平等地保护本国人和外国人，即使在日本国内没有住所或居所者，也与日本人同样受到商标法的保护。

（2）采用申请在先的注册制度。日本商标制度规定，即使某一商标没有实际使用，但有意在将来使用的，只要具备一定条件即可注册。商标注册后 3 年之内不使用，其权利有可能被取消。

2. 日本商标制度的完善

（1）日本在 1996 年制定了团体商标注册制度，规定由经营者组成的团体（不具备法人资格者除外）以其成员的共同使用为目的可以注册商标。

（2）2005 年，为了加强保护地区品牌，日本制定了地区团体商标制度，

规定即使是由地区名称或商品和劳务的普通名称所构成的标志，只要满足在一定地区内为人所周知的条件，就准予注册。

（3）2006 年度的法律修订允许由商工会议所申请注册团体商标，保护零售业等的商标。允许零售店、批发店的名称以及通信销售（包括网站销售）的名称等作为商标注册。

（三）对版权法的修改

日本对版权法的修改主要有以下方面：

（1）延长电影作品的保护期限。2003 年，规定电影作品的保护期限为发表后 70 年。

（2）放宽了涉及教育的权利限制。规定小学、初中、高中学校使用的教材登载作品，可不经著作权人许可，但须支付补偿金。

（四）对外观设计法的修改

日本外观设计是用专门的外观设计法（意匠法）来保护的。作为一个工业品外观设计大国，日本在 1998 年对其外观设计法进行了修改，并于 2001 年 1 月 6 日实施。

修改后的日本外观设计法，与以前的外观设计法相比，有以下特点。

1. 提高了新颖性、创造性的判断标准

日本外观设计实行的是实质审查，因此，在审查时，需要对申请人申请的外观设计产品进行检索。

2. 提出了部分外观设计的概念

日本新增加了"产品的部分外观设计"这个概念，即产品的某一部分可以申请外观设计保护，这样就大大增加了产品的保护范围。

3. 强化了"秘密外观设计"的保护

《日本外观设计法》第 14 条规定：外观设计注册申请人可指定自外观设计权的设定注册之日起三年内的期间，请求在该期间内对其外观设计保密。企业还可以根据自身的发展情况，缩短"秘密外观设计"的保密时间。

4. 改进了"类似外观设计"的审查

将原来的相似外观设计改为"类似外观设计"。一个申请人可以就许多相类似的产品申请类似外观设计，获得多项权利。类似外观设计是指：同一个申请人；同一天申请；一个主外观设计，其余为从属外观设计。获得类似外观设计专利的专利权人的保护范围明显地扩大，他人的产品即使与从属外观设计有相同点，也侵犯了外观设计权。

三、韩国

韩国知识产权局在2004～2007年修改了专利法、外观设计法和商标法。

（一）专利法的修改

2007年7月1日，经修订后的韩国《专利法》正式生效。

（1）加速审查制度。在专利申请被公布后，申请人发现该发明已经被他人用于商业目的，申请人可以申请加速审查。

（2）宽限权利要求书提交日期。申请人在递交专利申请日无须提交权利要求书，仅需提交一份发明的详细说明书，但必须在自递交申请日或优先权日起18个月内提交与说明书描述相一致的发明的详细权利要求书。

（3）放宽说明书的记载内容。申请人无须在说明书中对发明的目的、构成和效果进行分别描述。若某些发明在无须对上述内容逐一描述的情况下，能够得到更加清晰简明的陈述，则无须采用规定表述方法。

（4）发明专利保护期限为自申请日起20年，关于农药或医药的专利保护期限在一定条件下可以延长保护，最多延长5年。从2006年10月1日起，对实用新型采用实质审查制度，要求初步形式审查合并入实质审查中，其保护期限为自申请日起10年。

（二）外观设计法的修改

韩国外观设计分为审查注册制和非审查注册制。审查注册制为：对申请注册的外观设计的实用性、新颖性和创造性进行实质审查。首先对外观设计申请进行初步审查（形式审查），应申请人的要求，可以公布其申请；其次对外观设计申请进行实质审查；最后做出注册授权的决定。

非审查注册制为：对外观设计申请进行初步审查（形式审查），然后做出注册授权的决定；在授权公告后有三个月的异议期。但非审查注册制外观设计只适用于部分商品：B1（衣物），C1（床单、地板席子、帷幕），F3（办公用纸、印刷品），F4（包装纸、包装容器），M1（纺织物等）；从申请到授权约为 4 个月时间。

2007 年，韩国知识产权局对外观设计保护法及相关条例进行了修订，以进一步完善外观设计制度，提高对外观设计权的保护力度，方便申请人。2007 年 7 月 1 日起对非审查制外观设计申请增加了创造性的要求，以防止易于创造的外观设计获得注册。修订后，韩国知识产权局对非审查制外观设计申请要进行是否易于创造的审查。外观设计专利保护期限为自申请日起 15 年。

（三）韩国商标法的修改

（1）扩大商标保护的范围。在 2007 年 7 月 1 日实施的新法规中，非传统的商业识别标志（动态标志、只有颜色或相关的物质组成的标志）也可以作为商标进行保护。

（2）首次在特定案例中规定先使用法规，用于保护在先使用者的权益。如果一个商标的在先使用者（包括外国商标的所有者）没有注册而在韩国使用，经证实没有进行不正当竞争，并且被广大客户认可为在先使用的，那么该使用者享有该商标的非专用权。

（3）异议期从原来的 30 天延长为 2 个月。

四、巴西

作为南美洲发展中国家，巴西历届政府高度重视知识产权法律制度建设，从制度上和法律上加强对知识产权的保护力度，逐步建立起比较完整的知识产权保护体系和管理工作体系，知识产权管理和保护工作取得了明显进步。

20 世纪 70 年代以来，巴西政府相继出台了《工业产权法典》（1971 年）、《版权法》（1973 年）、《计算机软件保护法》（1987 年）等法律。

巴西专利法的主要内容有：发明人就其发明创造成果可以在巴西申请发明专利、实用新型专利或外观设计专利。对于专利申请的审批，采用早期公开（自申请日或优先权日起 18 个月即公开）、延迟审查（在公开后的 24 个月内申请人提出审查请求后再审查）和公众异议（在审查公布后的 90 天内，任何人都可以对该申请提出意见）制度。

关于专利的保护期限，发明专利为 15 年，实用新型及工业品外观设计专利为 10 年，均自申请日起算。如果自批准之日起 3 年内专利权人没有在巴西国内实施专利，或者终止实施在 1 年以上，或者虽然实施但不能满足市场需要的，则可以采取强制许可。若专利批准后 4 年不实施，或订有许可合同 5 年不实施，或中止实施 2 年以上，即可宣布专利权失效。

TRIPS 协议签订后，为了符合其规定，巴西不断修改和完善专利制度，为知识产权提供更有效的法律保障。自 1995 年起，巴西先后公布了《生物安全法》《种子法》等法律法规，保护和激励知识创新，促进本国经济增长。

1996 年巴西引进新的工业产权制度，同时修改了《工业产权法典》，修改的内容涉及以下方面。

1. 专利法方面

允许化学产品、医药和食品的生产方法申请专利，转基因微生物具有可专利性；发明专利保护期为申请之日起 20 年或授权之日起 10 年，实用新型专利则为申请之日起 15 年或授权之日起 5 年；申请实质审查须在申请之日起 3 年内提起；取消专利授权之前的异议申请程序。

2. 商标法方面

（1）放松商标注册的条件。规定视觉上可感知的、具有可区别性、不为法律所禁止的标识，用以区别他人商品或服务，包括产品的形状和包装均可注册，但商标仅仅是颜色或颜色的名称不能注册，除非其使用或组合具有可区别性。

（2）权利的限制。禁止模仿、复制第三人商标中的可识别性因素，未经许可使用他人姓名或名称或与之相类似标志；使用商标不得侵犯他人的在先权利如著作权，不得与工业外观设计权相类似。

（3）商标权可以在权利人申请核定的商品或服务种类上使用，也可在相类似或其能控制的相关商品或服务上使用。在其申请日之前善意使用6个月以上的未注册商标使用者优先取得商标权。

3. 版权法方面

1998年巴西政府对《版权法》进行了修改完善：延长经济权利的保护期为作者死后次年1月1日起70年，视听作品为首次出版之日起70年；支付给版权人的税金减少至售价的5%；除法律明文规定外，版权转让仅限5年，明确作品本身的销售并不包含版权的销售；确认计算机程序和数据库是版权法保护的客体，但计算机程序受特别法保护。

同年又修改了《计算机程序法》，取消了对国外作品销售前的登记要求；保护期为发表次年1月1日起50年，未发表作品自创作次年1月1日起50年；雇员创作作品的整体版权归属雇主，委托作品版权归属委托方。

巴西国家知识产权局负责审查和批准专利申请、登记注册商标、审批引进技术等工作。2004年，巴西又成立了一个由政府、企业、社会团体共同组成的机构——打击盗版和制止侵犯知识产权全国委员会，在与盗版侵权作斗争的同时，巴西也强调保护知识产权的法律应当有灵活性，应与本国的经济和社会发展水平相适应。

在保障知识创新能力的同时，巴西也注意权利人权利和公众利益的平衡。巴西曾向世界贸易组织提出一项建议，认为人的生命权比专利权更为重要，发展中国家有权不受专利的限制，生产治疗艾滋病的新药，以降低药品成本，更有效地预防艾滋病的蔓延。2001年，巴西的这一提议在世界贸易组织获得一致通过，得到各国的普遍支持。

第三节 知识产权保护与自由贸易的冲突与协调

一、知识产权保护与自由贸易的关系

知识产权保护的宗旨在于保护知识产权人对其智力成果所拥有的权利，

使权利人能从对知识产权的独占的实施中收回其研究开发成本，并鼓励人们积极进行智力创造，促进科学技术成果的交流普及和整个人类文明的进步。知识产权保护起源于 15 世纪的西欧，目前，世界上绝大多数国家已经建立了知识产权保护制度，并且知识产权的国际保护也有一定的进展。

自由贸易理论源于古典经济学家亚当·斯密的自由贸易理论。18 世纪起，各国曾先后实施过自由贸易和保护贸易政策。"二战"后，发达国家倡导自由贸易，关税与贸易总协定（GATT）及 WTO 的建立，促进了全球范围内自由贸易的发展。但是，从古至今，任何国家从未实施过纯粹意义上的自由贸易政策，各国都是为了自身的利益，根据自身的情况实施不同的贸易政策。即使在当今的多边贸易体制下，各种新的贸易保护措施仍然层出不穷。

知识产权具有地域性，但在经济全球化的今天，知识产权保护也具有了全球化的因素。知识产权的国际保护从 1883 年《巴黎公约》开始，在相关国家之间不断展开，已经取得了很大进展，但它的发展速度和涉及的范围比较有限，很多发展中国家没有加入这些条约。美欧等发达国家认为各国对知识产权的分散保护以及对知识产权保护的不充分，影响了自由贸易的发展。在发达国家的极力主张之下，知识产权保护与国际自由贸易产生了密不可分的关系。

20 世纪 70 年代，美国认识到知识产权保护对于其保持技术领先地位的作用，因为其有形物品的出口受到了其他国家的打击。美国开始实行防卫性措施，即把知识产权保护同其他问题特别是贸易问题联系到一起。1973 年美国向关贸总协定的东京回合提出要制定一个反假冒物品条例，尽管没有成功，但是它使知识产权问题出现在关贸总协定的圆桌上。

二、TRIPS 协议的实施提高了国际知识产权保护水平

在美国的压力下，澳大利亚在 1984 年 6 月通过了对版权法的修正案，在软件保护上适用与美国一致的规则。1984 年美国开始干涉日本通产省关于软件立法的方案，结果是通产省放弃了单行软件法的立法方案，而将软件作为文学作品纳入版权法之中。1989 年美国要求中国把软件立法纳入版权法之中而不是搞单行法。在与各个国家的单独谈判中，美国意识到，单独谈判既耗

时又费力，而且结果并没有达到预期目的。

为了以更快的速度、在更大的范围内提高知识产权的保护水平，维护本国知识产权权利人的利益，维护本国的国家利益，美国等发达国家要求将知识产权保护纳入多边贸易体制。乌拉圭回合谈判达成了《与贸易有关的知识产权协议》（TRIPS 协议）。借助 WTO 这个全球化的机构，发达国家实现了在短时间内使 WTO 所有成员方的知识产权保护水平全部提升至其期望水平的目的。截至 2020 年，WTO 有 164 个成员方，其所有协议成员方必须一揽子接受，发达国家正是利用了 WTO 的特点，达到了其迫使其他成员方提升知识产权保护水平的目的。

TRIPS 协议是当今世界上对知识产权保护水平最高、内容最全面的国际条约。TRIPS 协议的宗旨是减少国际贸易中的扭曲和阻力，促进对知识产权充分有效的保护，保证知识产权执法的措施与程序不至于变成合法贸易的障碍。考虑到欠发达国家的技术基础薄弱，规定发达国家成员应鼓励其域内企业及单位对最不发达成员的技术转让，以使最不发达国家成员能造就良好的、有效的技术基础；为利于协议的实施，发达国家成员应根据要求并依照相互协商一致的条款与条件，提供使发展中国家成员和最不发达国家成员受益的技术与金融合作。

三、知识产权保护水平的提高引发新的矛盾

TRIPS 协议的执行，一方面促进了国际贸易的发展，促进了发达国家国际投资的发展，有利于发展中国家引进发达国家的先进技术；另一方面，发达国家利用 TRIPS 协议造就的知识产权高水平保护，对发展中国家实施知识产权战略，加大在发展中国家注册知识产权的力度，使很多发展中国家失去了技术自主权，陷入了发达国家的知识产权陷阱，使发达国家垄断了发展中国家的技术基础，限制了发展中国家的技术创新，甚至控制了一些发展中国家的经济命脉，对发展中国家的经济发展造成障碍。同时，发达国家还极力限制向发展中国家转让尖端技术，以保持其技术垄断地位，遏制发展中国家的发展，防止其对本国安全造成影响。此外，发达国家还利用知识产权保护制造了一些贸易壁垒，影响了发展中国家的贸易发展。

（一）发达国家对发展中国家实施的知识产权战略的主要表现

1. 在发展中国家大规模申请专利

跨国公司为维护自身技术优势，充分发挥技术的效益，在发展中国家通常采用"产品未到，技术先行"的办法，先在发展中国家大规模申请专利，之后再进行投资。

从历年我国的发明专利授权数量上看，外国的授权都占1/2以上。跨国公司的专利申请往往是根据我国的经济发展规划，先于我国企业在我国申请，这样就严重制约了我国企业的自主技术研发，限制了我国的经济发展空间。

2. 专利侵权择时起诉

跨国公司在对发展中国家企业进行侵权指控时非常注意时机。在发展中国家企业侵权之初，往往不起诉，等到其国内市场成长起来后再起诉侵权企业迫使其或退出市场，或支付巨额专利使用费。

（二）知识产权壁垒的表现形式

1. 知识产权与技术性壁垒相结合构成的贸易壁垒

（1）由专利技术构成的技术性贸易壁垒。

传统的技术性贸易壁垒是指那些强制性或非强制性地制定商品的技术标准、技术法规以及旨在确定商品是否符合这些法规、标准的认证、评定程序、检验及其他检疫措施，这些措施成为商品进入该国的不合理的贸易障碍。由于各国经济及技术发展水平的差距，发达国家利用强大的技术优势制定了一系列技术标准，筑起了一道道技术壁垒。事实上，各种技术性贸易壁垒已经成为当今发达国家贸易保护主义的重要形式。

传统的技术标准是人们公知、公用、无偿使用的技术。即使是这种技术，发展中国家为了达到这种技术标准，也往往要付出很高的成本。但是，在高新技术领域制定技术标准时没有成熟的公知技术可供使用。高新技术的发明者都有着极强的知识产权保护意识，高新技术领域的技术成果几乎都被专利技术覆盖。一些标准化组织为了制定法定标准，要和知识产权人谈判，签订合同，使权利人得到利益的同时，对权利做出一定的限制，如专利权人应对使用者提供不可撤销的权利许可等。此外，还有大量的高技术发明有足够的垄断能力，不希望成为法定标准，而凭自己的技术优势形成事实标准。事实标准中的专利权就完全是知识产权人自己的私权了，对自己的专利技术是否许可给他人使用以及使用费的确定，他人都无权干涉。可见，与专利技术相结合的技术标准比传统的技术标准更具有杀伤力，发展中国家为发展高新技术产业，往往要不可避免地向权利人支付高额的使用费，极大地限制了高技术产品的自由流通。

（2）由标识形成的技术性贸易壁垒。

标识，从含义上讲，要比商标的范围广泛，不仅包括商标，还包括一些商品的专有名称、厂商名称、原产地标记等。国际标准化组织和一些工商业团体经常把一些标识注册成证明商标，如纯毛标志、绿色食品标志等。证明商标往往是某一种商品达到一定质量标准的一种证明。生产商品的企业要想使用这种标志，要先经过特定组织的认证，方可得到许可使用证明商标。一些国家或地区往往把带有证明商标作为商品进口的必备条件，因此，证明商标也成为一种技术性贸易壁垒。事实上，一些企业在许可他人使用专利技术的同时，也往往把商标一同许可，所以被许可企业商品是否带有许可商标也成为是否侵犯他人专利权的一个衡量标准，这有利于海关在进出口过程中查扣侵权商品。有时，某些专利技术虽已过了有效期，成为公知技术，但商品上的商标权可以不断延续。所以要使用这些技术代表的标识也必须得到许可，否则也会侵犯他人的知识产权。

2. 知识产权权利穷竭地域性理论在国际贸易中的适用

知识产权权利穷竭原则可以分为两种，即国内穷竭原则和国际穷竭原则。国际穷竭原则是指某种知识产权产品经权利人或其被许可人第一次合法售出之后，该产品上的权利在国际范围内已告穷竭，产品在流通领域的再次被分销、转售，权利人都无权干涉。国内穷竭原则（权利穷竭地域性理论）是指按照知识产权的地域性理论，一国授予的知识产权仅在一国法律管辖地域内有效，相应的权利也仅在一国地域内适用穷竭原则。

知识产权权利穷竭原则的适用，涉及国际贸易中的平行进口是否合法问题。国际穷竭原则是平行进口合法的理论基础，国内穷竭原则是平行进口违法的理论基础。在国际贸易中，具体适用哪种原则，不同国家的规定不尽相同，国际条约对此问题也采取了回避态度。

知识产权国内穷竭原则在国际贸易中的适用，导致知识产权产品的平行进口违法，一定程度上会限制商品及各种生产要素在各国的自由流动，形成市场垄断，妨碍世界统一市场的形成，导致市场的地域性，影响国际自由贸易的发展。因此知识产权穷竭的地域性理论也被看作是国际贸易中知识产权壁垒的一种重要表现形式。目前，美欧等发达国家大都倾向于实行权利穷竭的地域性理论，因此平行进口被视为不符合本国法律的规定。

3. 知识产权权利的滥用

知识产权是一种私权，但知识产权保护制度更被国际社会当作一种公共政策的工具，它致力于实现权利人利益和社会利益的均衡。因此，知识产权权利的行使是有限度的，是受到一定制约的，如权利穷竭原则即是对权利的一种限制。当今世界各国尤其是发达国家普遍建立了高水平的知识产权保护体系，很多发展中国家为了与世界经济接轨，对知识产权保护也给予了高度关注。

在知识产权保护水平普遍攀升的同时，知识产权权利滥用问题却并未引起有关国家的关注。权利的滥用会损害社会利益，形成贸易障碍，因而也可认为是一种贸易壁垒。

（1）知识产权保护边境措施及临时措施的滥用。TRIPS 协议第三部分规定了成员方为有效遏制侵犯知识产权行为，对进口的侵权商品可以采取临时措施和边境措施。授权成员方司法当局应有权对一切侵权的进口商品采取临时措施，但是必须依权利人的申请而采取。边境措施则要求成员方应当对有合法理由怀疑假冒商标的商品或盗版商品的进口，根据申请人的请求或主动采取行动，中止侵权商品的放行。同时 TRIPS 协议还规定，成员方可以提供相应的程序，对于意图从其地域内出口的侵权商品，由海关当局中止放行。以上是 TRIPS 协议对于临时措施和边境措施的规定，一旦这些措施被滥用，则构成对贸易的障碍。

临时措施和进口边境措施是 TRIPS 协议要求的，但是，如果权利人恶意申请临时措施或海关扣押或者海关手续过于繁杂，都会使进口人付出高额的成本，甚至遭受重大损失。近年来，中国很多企业的货物被进口国海关扣留，结果不仅额外支付了滞港费、装卸费等很多费用，还拖延了交货时间，对出口企业声誉造成影响。

（2）技术许可合同中的限制性商业条款。专利技术的拥有者，通过订立不平等协议，对技术受方进行种种限制，如搭售条款，单方面回授条款，强制技术受方向供方所指定的人购买原材料，对受方在制造、使用或出售与专利技术相竞争的产品或采用与专利技术相竞争的技术方面加以限制，或不合理地限定受方的销售区域等。此种限制性商业条款会扰乱正常的贸易秩序，使合理贸易受到限制。

（3）网络著作权的滥用。按照各国传统的著作权法，公众可因科研、教学、个人研究需要而使用受著作权保护的客体。但是，在互联网上，许多应为大众知悉的信息被网络商及版权人封锁起来，如一些应当公开为公众服务的商业信息、报刊、已发表文章、法律法规、国内外法院判决的案例被汇编成数据库而受到特殊保护。此种信息垄断会妨碍著作权客体的交流及商务活动的展开。

4. 发达国家国内的贸易法案

某些发达国家的国内贸易法由于其对贸易构成某种限制，因而也被认为是一种知识产权壁垒。如美国在国内法中将知识产权与贸易结合在一起。其中以超级 301 条款和 337 条款最具代表性。超级 301 条款规定美国将对其认为对其出口商品知识产权保护不充分的国家进行报复。337 条款主要对外国输入美国的侵犯美国知识产权的产品进行管制。

四、知识产权冲突的国际协调

（一）发展南北合作，把对发展中国家的照顾落到实处

经济全球化的今天，各国经济发展休戚相关，各国只有互相依存，才能获得更好的发展。只有各国共同发展，整个世界才能实现可持续发展。目前南北差距正日益加大，贫富分化悬殊，而北方国家总是过多地考虑自身利益，忽视了对发展中国家的照顾。各国发展知识产权保护的基础不同，南方国家技术基础薄弱，如果实施过高水平的知识产权保护，整个国家的自主技术创新将会举步维艰。如果南方国家过度依赖于发达国家的资金、技术，缺乏自

主创新的能力，将会使国家陷入经济发展的恶性循环中，将会影响整个南方国家的经济发展和整个世界环境的安全稳定。

因此，发达国家应充分认识南北合作的重要意义，考虑发展中国家的利益，把对发展中国家的照顾落到实处；鼓励本国企业和个人向发展中国家转让先进的技术、设备，切实帮助发展中国家解决技术难题，多向发展中国家进行直接投资，帮助发展中国家进行基础设施方面的建设，而不是把一些落后的、高耗能的、污染环境的项目转到发展中国家；按照 TRIPS 协议的要求，协助发展中国家制定符合本国国情的保护知识产权、知识产权执法及防止知识产权滥用的国内立法，支持发展中国家建立健全与此有关的国内官方机构及代理机构，包括对人员的培训。

发达国家应改变观念，不应把发展中国家当作是对自身利益的威胁。发达国家应充分认识发展中国家现状，不要提出过高要求。目前很多发达国家知识产权的保护水平超出了 TRIPS 协议的水平，如在美国几乎所有领域的发明创造都可以申请专利，包括各种药品、植物和动物品种、各种服务方法、商业方法等。发达国家的知识产权保护水平高是由于其自身技术水平高，技术成果多，市场竞争充分。而发展中国家技术水平低，对知识产权比较陌生，观念落后，很多领域不能适应市场的充分竞争。如果发达国家要求发展中国家在商业方法上授予专利，很多发展中国家的服务业将无法与外资服务业竞争，将被迫购买发达国家的服务方法专利。因此，发达国家应认识到发展中国家对知识产权保护的承受能力，不应提出过分的要求。

（二）发展中国家应团结合作，协调立场，联合加强谈判地位

发展中国家由于自身经济发展水平落后，技术水平低等原因，在知识产权的国际谈判中往往处于被动地位。TRIPS 协议是在发达国家的极力倡导下签订的，很多发展中国家是被动加入的，对规则的发言权很少，或者有些国家对谈判的内容缺乏认识，只能被动接受发达国家制定的规则。

TRIPS 协议实施后，出现了很多发展中国家当初不能预测的后果。发达国家对发展中国家实施知识产权战略，制约了发展中国家的自主技术创新。例如，一些植物种子被发达国家注册为专利种子，发展中国家的农民不能自己保存种子以备下一年耕作，而必须去购买价格高昂的专利种子；发展中国家的遗传基因丰富，但却被发达国家无偿使用创造出新的物种，申请成为专

利物种；发展中国家的传统知识被发达国家无偿利用成为发达国家的知识产权。对药品的专利保护也使发展中国家受到很大影响。发展中国家制造新药的技术水平有限，因此，大部分发展中国家的药品生产都是仿制发达国家的药品。对药品的专利保护，结束了药品仿制的时代，购买药品专利必须交纳巨额专利使用费，而是否能得到许可还取决于专利权人的意志。因此，出现了专利权和公共健康权相冲突的问题。

发展中国家在 WTO 中占绝大多数，而且发展中国家有相似的国情，在 WTO 谈判中有共同的利益，因此，发展中国家在知识产权谈判中应协调立场、加强联合，增强自己的谈判地位，维护自身利益。多哈回合谈判达成的关于公共健康和知识产权权利人利益协调的协议体现了发展中国家联合斗争的力量。另外，发展中国家对与自身利益密切相关的传统知识和遗传基因应加强保护，共同抵制发达国家有损于自身利益的过分要求，发展中国家也可以通过谈判尽量不保护于自己不利的发明创造。

（三）发展中国家应灵活利用国际条约的基本原则

国民待遇条款是国际知识产权法的基本原则，对于同样原则的适用，发达国家和发展中国家在事实上承担的国际义务是不一样的。原因在于发展中国家本国国民所拥有的为发达国家所保护的知识产权在数量上少于其所保护的发达国家国民的知识资产。同等待遇只有在有关各方经济上在大体平等的情况下才有意义，当有关各方不平等时，同等待遇只能给予较强的一方以无限的自由去利用其权利，而牺牲较弱的一方的利益。《巴黎公约》中的国民待遇确定了少数发达国家在发展中国家的技术独占地位。参加《巴黎公约》的不发达国家发现它们处于这样一种境地，它们必须保护来自高度工业化国家的制作法，而它们事实上却没有什么制作法可以在这些高度工业化国家取得保护。

发展中国家为削弱因保护外国国民的专利权所增加的成本，可以考虑在立法上规定实行有差别的专利费制度，即规定外国国民取得专利和维持专利的成本高于本国国民的同类成本。另外，可以在专利法上规定促使外国人使用专利的制度。

专利费分为基本费用和年度费用。基本费用包括专利局费（专利申请和授权中的事项）和专业费（一般包括当地代理人收取的费用和文件翻译费）。

专利费条款根据《巴黎公约》属于行政程序和成员方可保留的范围。TRIPS协议在这个问题上同意《巴黎公约》的规定，在其第41条第2款作了原则上的补充规定："它们不能过于复杂或花费过高。"发展中国家可以实施差别制度。大多数发展中国家还没有认识到该制度的重要性，其结果是所征收的专利费用太少。

涉及国民待遇的问题还包括不实施专利。发展中国家对于不使用专利的注意是合法的，是有经济依据的。如果允许不使用专利，比较先进的国家中的本国人就可能利用他们优越的研究与发展资源，在本国人和外国人享有平等待遇的条件下，仅仅为了确保出口专利的市场才取得专利。这不仅阻碍发展中国家的本国发明活动，也会使进口物品的价格太高而使发展中国家受损。《巴黎公约》关于强制许可的规定是：成员方不得因不使用专利而取消该专利，对于不实施专利产生的专利权滥用，成员方可以实施强制许可制度予以防止。发展中国家在规定强制许可制度时，可在符合国际条约的基础上增加一些可以实施强制许可的条件。

（四）发展中国家应加大科技投入，提高技术水平

发展中国家应有效地组织经济发展，特别是集中财力加大科技有效投入，在最短的时间内改进来自发达国家的技术，研制出比发达国家更先进的同类技术，使自己的知识产权总量得到大幅度的提高，向包括发达国家在内的其他国家提供质量更好的产品。

（五）充分利用 WTO 争端解决机制

WTO 的争端解决机制，规定了类似于诉讼一样的程序，因此，解决案件更富有效率。1995～2021 年，WTO 争端解决机制共受理争端案件 607 件（1947～1995 年，GATT 运行期间，共发生贸易争端 316 起），平均每年 22 起，其中有 365 起案件成立了专家组，对其中 277 起提交了专家组报告，189 起案件进入上诉程序，共分发了 400 多份专家组报告、上诉机构报告和仲裁裁决或决定。[①] 因此，发展中国家如遇到知识产权纠纷，应积极诉诸 WTO 争

---

① 数据来源：WTO 网络。

端解决机制，缓解贸易摩擦，为自己争取有利时机转变形势。WTO 在解决争端的时候，往往会考虑到发展中国家的特殊情况，考虑到 TRIPS 协议签订的背景和条款的内涵，因此，WTO 的争端解决机制是解决成员国之间的包括知识产权纠纷在内的贸易纠纷的有效手段。对于 WTO 争端解决机构面临的危机，发展中国家应与绝大多数支持 WTO 的发达国家合作，在 WTO 内加强各方探讨，在重启上诉机构成员遴选问题上做出最大的努力，维护 WTO 争端解决机制顺利运转。

五、我国应对知识产权冲突的对策

面对发达国家的知识产权战略和知识产权壁垒，我国应采取有效措施，规避其对我国经济发展可能造成的不利影响，并充分利用知识产权保护机制，使其发挥促进技术创新的积极作用。

（一）我国应遵守 TRIPS 协议的一般规定，充分利用其例外条款

我国是发展中国家，在知识产权的保护上与其他发展中国家有同样的立场。加入 WTO 后，我国已经对知识产权法律制度进行了全面的修订，基本符合了 TRIPS 协议的要求，使我国在短时间内达到了知识产权的高水平保护。近年来，不断有国内外学者提出并以各种方式证明高水平的知识产权保护会阻碍发展中国家的经济发展，不利于发展中国家的技术创新；也有人提出我国的知识产权保护超出了我国的经济发展水平，已经对我国经济发展造成了不利影响。无论学界如何争论，我国已经加入 WTO，遵守 TRIPS 协议的基本要求是我国必须履行的义务。因此，在知识产权的保护上，我国必须遵守TRIPS 协议的最低要求，而对其额外要求可暂不执行。

此外，我国应充分利用 TRIPS 协议的例外条款。TRIPS 协议的例外条款主要是指关于知识产权保护的限制或例外条款，如第 13 条（版权和相关权的限制和例外）、第 17 条（商标权的例外）、第 26 条第 2 款（外观设计保护的例外）和第 30 条（授予专利权的例外），还包括该协议的所有适用例外，如第 3 条第 2 款（国民待遇例外）、第 24 条（有关地理标志谈判的例外）、第 64 条第 2 款（非违约之诉和情势之诉的争端解决例外）、第 65 条（过渡性安

排的例外）、第 66 条（最不发达国家成员的适用例外）等。TRIPS 协议的例外条款规定成员方可以对知识产权规定一定的限制与例外，只要该限制与例外不与该作品的正常利用相抵触，也不无理损害权利人的合法利益。

我国在知识产权立法方面已经履行了国际法义务，但仍可以根据 TRIPS 协议的例外条款进行合法规避。例如，TRIPS 协议第 30 条关于授予专利权的限制与例外，第 31 条强制许可规定以及在多哈通过的《TRIPS 协定与公共健康宣言》强调的弹性原则，都为我国的专利立法提供了弹性空间，可以适当限制 WTO 中发达国家成员的专利优势及其专利滥用。合法规避需要高水平的立法技术，因此，我国应深入研究 TRIPS 协议的例外条款，了解 WTO 争端解决中对例外条款的条约解释，结合本国实际，制定出既符合 TRIPS 协议的规定又能最大限度保护本国利益的制度，既防止不必要的争端又避免过高的知识产权保护。

（二）我国应实施综合性知识产权战略

为促进我国的技术创新及知识产权保护，维护正常的国际贸易秩序，我国政府和企业都应实施知识产权战略。政府应积极调整知识产权法律；组建促进知识产权产生和保护的组织机构；鼓励大学、科研机构及企业的科技创新；建立信息平台，使企业能够利用专利文献库进行专利检索，防止侵权，避免重复劳动；建立专门知识产权人才培养体系。企业也应实施知识产权战略，建立内部知识产权管理机构；制定鼓励发明创造的激励机制；及时实施专利申请、商标注册等措施以保护自身知识产权；实施专利与商标相结合的战略，用商标权承接专利权的垄断效力，将专利权在短时间内形成的市场垄断，通过商标权实施将垄断优势保持下去；在引进国外先进技术的同时，花大力气进行消化、吸收、创新，不能满足于单纯利用国外技术生产产品，而要致力于在国外技术的基础上有所创新，制造出全新的具有自主知识产权的产品，才能在市场竞争中保持优势。

（三）我国应调整贸易政策，扩大进口

我国的贸易顺差是我国与发达国家产生贸易摩擦包括知识产权贸易摩擦的主要原因，因此，我国应调整贸易政策，积极鼓励进口。我国的人民币应

在经济健康持续稳定增长的前提下，不断实现小幅升值，增加进口我国国内短缺的燃料、原材料、零部件、半成品及制成品，这样既可以缓解贸易摩擦又可以使进口商品变得更加便宜，使企业和消费者受益，使国家实现无通货膨胀的经济增长。

第四章

知识产权与技术贸易有关的问题

第一节 专利权贸易应注意的问题

专利权贸易是指专利权人将其专利权的一项或几项许可给他人使用，或转让专利权的行为。

在国际贸易中，专利权贸易常见的形式是专利许可使用。专利许可贸易，又称专利许可证贸易，是指专利权人依据专利法及其他法律的规定，采取与被许可方订立专利实施许可合同的形式，允许被许可方在合同约定的条件和范围内实施其专利技术的一种贸易行为。

专利许可使用的特征是专利权人只是将专利权的一项或几项许可给他人使用，专利权人并不丧失专利权的所有权。专利许可可以分为专利权许可和专利申请许可两种方式。前者是对已经被批准的专利权进行许可或对有效的专利权进行许可，后者是对正在申请中的专利进行许可。

根据一些经济学理论及经验认识，企业做出一项发明创造后，应对自己的技术进行全面权衡，合理选择保护方式和使用方式。通常情况下，企业应根据产品国际生命周期理论，在新技术阶段，自己使用技术，生产产品供应本国市场；当产品进入成熟期后，企业会根据情况的变化选择在本国生产再出口或是到东道国进行生产；当产品进入衰退期，企业会到东道国去投资设厂或把技术许可给发展中国家使用。同时，企业也应根据国际生产折中论和自身条件决定对自己的技术应如何进行国际化使用。

目前专利技术所有权有偿转让和专利有偿许可使用两种战略已经成为一些企业的发展战略，成为企业盈利的主要模式，成为企业支持其他产业发展的支柱。企业研究开发出的专利技术、产品除了自己实施、生产外，还可以通过有偿转让专利的所有权或使用权的方式，获取更大的利益。专利有偿转让或有偿许可往往是一些实力雄厚的大企业所采取的一种策略。这些企业资本雄厚、技术条件优越，在某些技术领域可能存在相当多的专利。例如日本索尼公司，每年申请专利7000件左右，拥有有效专利10000余件。对于这些专利，企业不可能都由自己实施，于是就可以在符合企业经营宗旨的前提下，以专利技术的转让或出售专利技术使用许可证的形式收回技术研究开发成本，并从中获取利润。有资料统计，在技术贸易中许可证贸易占80%以上，在发达国家及公司贸易中知识产权贸易所占的比重越来越高。如根据世界知识产权组织统计，1965年以专利技术为主的以许可证贸易方式成交的贸易额为20亿美元，到1975年这一数据增加到110亿美元，再到1995年，进一步增加到2500亿美元。近年来一些发达国家又通过逐步提高技术使用费收取标准来获取超额利润。

一、专利所有权转让

随着当代技术贸易在国际贸易中的地位越来越高，专利技术贸易成为许多国家企业的一种重要的收入来源，成为技术领先企业盈利的一种新趋向，反映了一种新的国际企业竞争态势。就专利所有权有偿转让战略而言，企业转让专利技术主要有以下五种情况。

（1）企业开拓市场比较困难，专利技术公开后会使竞争者围绕该专利技术争相开发，而专利权人对未来市场份额的占有能力十分有限，此时企业通过转让专利权，可以较快地换取资金，赚取利润。

（2）专利技术开发后，已有相同效能的替代品出现，而且竞争对手已经占领了相当一部分市场。如果作为专利权主体的企业缺乏配套资金、利用专利技术的能力，就应及时转让专利权。

（3）企业欲通过专利技术的转让将自己的产品或商标施加给受让方，实施专利技术转让与产品或商标相结合的战略时，可及时转让专利权。这样可以进一步扩大产品市场占有率，提高自身竞争能力。

（4）在企业拥有专利权较多的情况下，通过转让部分专利权而获得专利收益，既可以弥补专利维持费用，又可以进行新技术的研发。

（5）如果企业的专利技术有可能使技术标准化，那么通过专利技术的转让可以加速技术产业标准化的过程。

在实施以转移所有权为目的的专利有偿转让战略时，技术转让中供方应注意对核心专利的控制，或称为在专利有偿转让战略基础上的专利控制战略。这样可以将企业的关键性核心技术始终控制在自己手中，用关键技术限制竞争对手，即使是以合资合作的形式转让专利权，也不例外。例如，日本向我国转让医用化验技术时，却不同时转让试剂的生产技术，我国医疗行业不得不另外进口其试剂，从而使其牢固地控制着这方面的市场。我国的众多合资企业，关键技术多为外方控制，外方控制了这些技术，就等于掌管了企业命脉，确保了其核心技术产品在中国市场的垄断地位。

二、专利技术许可使用

企业将专利技术许可给他人使用，应同被许可人订立专利实施许可合同。企业也可通过与外国企业合资的方式许可技术，以利用其他企业的销售渠道，开辟本企业原材料供应渠道和产品销售渠道，开拓国外市场。

根据我国专利法的规定，任何单位或者个人实施他人专利的，应当与专利权人订立书面实施许可合同，向专利权人支付专利使用费。订立专利实施许可合同时，为保障双方利益，许可方和被许可方都应注意一些问题。

（一）被许可方应注意的问题

1. 考查合同专利权是否有效

由于专利权的地域性特征，根据一国法律申请的专利权，只在该国法律管辖范围内有效。因此对拟引进的专利技术，被许可方应首先考查其是否在本国已获得专利权，可通过查看专利证书确定。其次要考查专利技术的期限，看其是否已经过了有效期。专利权期限届满后，将成为社会自由使用的技术，任何人都可以不支付使用费而自由使用。如果许可方没有获得在被许可方有效的专利证书，则签订的专利许可合同将被被许可方国家政府确定为无效。

因此，如由于某种原因许可方不能或不愿意在被许可方国家取得专利权，而被许可方又迫切需要引进该项技术，双方可以签订专有技术许可合同，而不能签订专利技术许可合同。

2. 应充分利用专利文献

在签订专利许可合同时，被许可方应充分利用专利文献资料，收集各国专利技术情况，掌握先进技术的发展情况，对拟引进的专利技术资料进行论证，以便确实引进先进的实用技术。同时，应全面了解许可方专利的法律状况，以增强在谈判中的主动地位。

3. 专利许可合同的期限一般不能超过专利权的保护期

专利许可合同期限应当在专利权保护期限内或与专利权有效期同时到期，合同可以约定在专利权被终止后，合同也同时终止。如由于专利权人没有缴纳专利年费，或者专利权人放弃专利权导致专利权被终止的，被许可方应无须再支付专利失效后的专利使用费。

4. 合同约定的专利产品的销售地域范围应与许可方获得专利权的国家和地区相一致

专利权的有效性受到地域范围的限制，在获得批准的国家是受到保护的，在未获批准的国家不能得到保护。因此，专利许可合同规定的被许可方可以销售专利产品的地域，应与许可方已经取得专利权的国家和地区相一致。如果专利产品销售到不对专利权人的专利实施保护的国家和地区，合同中的限制就毫无意义。因为在不对专利进行保护的国家和地区，如果出现第三者仿制专利产品，或侵犯专利权，被许可方和许可方都不能制止。

5. 合同中应签订最惠条款

最惠条款是为了保证被许可方不受差别待遇而订立的一种条款。在普通许可合同中，根据这一条款，当许可方将来以更优惠的条件将相同的专利许可给第三方使用时，原被许可方可以得到与第三方相同的待遇。但是如果被许可方选择较低的使用费，也必须接受后一个许可合同的全部条款。

6. 合同应约定许可方向被许可方提供必要的指导

专利许可合同除应约定专利权人向被许可方提供、交付实施有关的专利技术资料外，还应约定许可方须提供必要的技术指导。

因为现代专利技术往往很复杂，而且除了专利说明书披露的技术信息外，专利权人往往还保留了一些核心技术资料没有完全公开。因此，专利许可合同中应约定由专利权人提供其他必需的资料，并进行必要的技术指导，直到被许可方能够完全实施许可方的专利技术为止。

7. 合同中应要求专利权人保证自己是所提供技术的合法拥有者

为防止不法商人把剽窃或仿冒他人的专利技术转让给被许可方，被许可方在引进技术时应坚持外国专利技术持有人必须对其专利技术权利的有效性提供足够的保证。否则，无论其贸易条件如何优惠，也不能引进该项技术。

如果合同涉及的专利技术在权利上存在瑕疵，就可能在合同履行过程中发生纠纷。为避免造成不必要的纠葛，合同中应规定专利权人的保证条款，专利权人应保证是技术的合法拥有者，并有权进行转让，如果将来合同技术被第三人指控侵权，应由许可方负责交涉。

8. 专利许可合同应明确规定许可方式

许可方式涉及专利使用费的高低，因此，合同中应明确许可方式。许可方式通常有以下四种形式。

（1）独占许可。即许可方允许被许可方在一定的时间和地域内享有独占实施其专利的权利，许可方不能将该技术再许可给该区域内的任何第三方，并且自己也不能在该区域内实施此项技术。

（2）排他许可。即许可方允许被许可方在一定的时间和地域内独家实施其专利，并不再许可给该区域内任何第三方实施，但许可方自己保留实施的权利。

（3）普通许可。即许可方允许被许可方在特定的时间和地域内实施其专利，但许可方保留自己实施和再许可其他人实施该专利的权利。

（4）分许可。即在普通许可中，被许可方可以以自己的名义再将专利技术许可给第三人使用。

一般来说，独占许可方式下，被许可方需支付的专利使用费最高，排他许可、普通许可方式下的许可使用费依次降低。

（二）许可方应注意的问题

一是为防止专利技术被被许可方引进后无限制地扩散使用，合同中应就该项专利技术引进后的合作范围和使用期限等问题订立明确的条款。

二是为维护专利技术许可方的正当经济利益，在合同中要订立明确的授权条款，规定技术被许可方是否有权再将该项技术许可给他人使用，并明确被许可方可以把利用该项技术生产的产品销售到哪些国家和地区。

三是为解决好在合同期满而专利有效期未满情况下对该项技术的继续使用问题，双方应在合同中规定，如合同期满后，专利技术继续有效，双方应按专利制度要求协商确定处理办法。

首先，我国企业如果出口技术，应按有关国家的法律，向有关国家专利局提出专利申请，获得在该国的专利权。因为只有在该国获得专利权后，该专利技术及其技术产品才受到该国的法律保护，这时才能有条件向该国出口专利技术。向外国专利局申请专利时应分析该技术向外国申请专利的可能性和必要性。当该项技术具备专利条件并符合某一外国的法律确定的专利保护范围时，才有可能取得专利权。向外国申请专利的目的是保护该技术市场，而不是申请专利本身，因此，当技术或技术产品在某国有潜在市场时，才有必要向该国申请专利。其次，在向外国申请专利前，要先向国内申请专利。按照我国专利法的规定，中国单位或者个人在国内完成的发明创造向外国申请专利的，应当先向中国专利局申请专利，并委托其指定的专利代理机构向外国申请专利。

第二节　商标权贸易应注意的问题

商标权贸易是指商标权人将其注册商标许可给他人使用或将商标所有权转让给他人。因商标权贸易涉及消费者权益的保护，涉及许可方和被许可方双方利益的保护，因此商标权贸易的双方应谨慎从事。根据我国商标法的规定，转让注册商标的，转让人和受让人应当签订转让协议，并共同向商标局提出申请。受让人应当保证使用该注册商标的商品质量。转让注册商标经核准后，予以公告。受让人自公告之日起享有商标专用权。商标注册人可以通过签订商标许可使用合同，许可他人使用其注册商标。许可人应当监督被许可人使用其注册商标的商品质量。被许可人应当保证使用该注册商标的商品质量。经许可使用他人注册商标的，必须在使用该注册商标的商品上标明被许可人的名称和商品产地。商标使用许可合同应当报商标局备案。

特许经营协议中涉及或包括商标使用许可的，应按法律及行政法规的规定，及时向国家工商行政管理局商标局备案，并报特许人和受许人所在地的工商行政管理机关备案。

一、商标许可双方应注意的问题

（一）许可方应注意的问题

一是为维护商标的信誉，应要求被许可方使用许可方商标的产品质量或性能必须与原商标产品相符合。

二是许可方有权对被许可方使用其商标的产品的生产或销售进行必要的监督与指导。

三是在经过努力，被许可方使用许可方商标的产品质量仍达不到原商标产品质量时，许可方有权中止被许可方继续使用其商标。

四是在技术引进合同期满后，许可方有权停止被许可方继续使用其商标，除非双方对此另签协议。

五是许可方不得超过其注册商标的范围许可。《中华人民共和国商标法》第五十六条规定，注册商标的专用权以核准注册的商标和核定使用的商品为限。

六是不得滥施许可。我国商标法中对滥施许可行为及不顾商品质量的行为作出了责令限期改正，予以通报或罚款直至撤销其注册商标的处分规定。

（二）被许可方应注意的问题

一是被许可方应尽量防止许可方在合同中提出过于苛刻和不合理的要求。如要求被许可方必须使用许可方指定的设备和原材料，或者必须雇佣许可方指定的人员。

二是防止许可方滥用质量监督权，如要求被许可方同意，产品达不到质量标准不准销售或撤销合同等。在产品达不到质量要求时，许可方应持积极态度，不能单纯指责和限制，最好在合同中规定，许可方有提供技术服务的义务，在产品质量达不到标准时，许可方应提供协助，检查不合格的原因，寻求克服缺陷的办法。

二、以商标权作价出资设立企业时应注意问题

商标权是商标法的核心，是指商标所有人对法律确认并给予保护的商标所享有的专用权利。公司设立时，公司发起人除了以货币、土地使用权形式出资外，还往往用知识产权进行出资，由于知识产权相对于货币及土地使用权来说是一种无形的有期限性的财产，因而实践中的出资情况就显得更为复杂。我国企业在引进外资时，外方也常常以知识产权作价投资。在用商标权作价投资时，企业应注意下述问题。

1. 出资金额在注册资本中的比例

知识产权出资金额需要作价计算，经发起人认可后即构成不变注册资本的一部分，我国公司法及相关法规对知识产权出资额在注册资本中的比例进行了限制。《中华人民共和国公司法》第二十七条规定："股东可以用货币出资，也可以用实物、知识产权、土地使用权等可以用货币估价并可以依法转让的非货币财产作价出资；但是，法律、行政法规规定不得作为出资的财产除外。对作为出资的非货币财产应当评估作价，核实财产，不得高估或者低估作价。法律、行政法规对评估作价有规定的，从其规定。"

2. 用商标权出资的两种方式

新设立公司要利用他人的知识产权可以通过两种途径：一是知识产权所有人作为股东，以知识产权向公司进行出资；二是由知识产权所有人将该知识产权转让给公司，出资行为和转让行为的法律性质不同，产生的法律后果也不一样。发起人各方可根据实际情况决定如何利用知识产权，以做出对自己有利的选择。

3. 商标权出资的作价

与其他出资方式如实物出资、土地使用权出资相比，知识产权的价值难以确定。实物、土地使用权都有相应的市场价格，即使实物已经使用过，也

有相应的折旧计算方法，而在技术市场上，没有较为统一的市场价。比如某商标比同类商品或服务上的其他商标有更高的知名度，那么这个商标就具有比其他商标更高的价值，而这部分价值究竟应高出多少很难用公式精确地计算出来。因此，用知识产权出资时对知识产权的评估只是一个供发起人确定其知识产权作价金额的参考数，最终作价金额的确定是由发起人各方在评估金额的基础上相互协商的。依据我国公司法的规定，知识产权的出资必须进行评估作价，核实财产，其评估应由有评估资格的资产评估机构（包括资产评估事务所、会计师事务所、财务咨询公司等）进行。

4. 权利转移的法律手续

依照公司法的规定，以知识产权出资的，应当依法办理其财产权的转移手续，即到法定机构办理知识产权过户登记。以注册商标所有权出资的，依商标法及商标法实施条例关于商标权转让及使用许可的有关规定，出资人和新设立的公司应当共同向商标局提出申请，并予以公告。以注册商标使用权出资的，出资合同应报商标局备案。

三、对商标的保护

一个企业拥有的商标特别是驰名商标的数量可以表明该企业参与国际市场的竞争能力。一国企业往往在产品进入另一国市场前，先在该国抢先注册。我国企业对这种商标先行的策略往往不够重视，大多数企业都是采用"产品先行，商标滞后"的策略。由于大多数国家的商标制度都采用注册在先的原则，我国出口产品的商标被他人抢先注册的事例时有发生。

我国出口技术设备和技术产品时，应采取超前或及时注册的战略。超前注册是指企业在新产品研制阶段就根据市场预测，设计一个适合于新产品特点的商标预先注册，为新产品大批量进入市场提供条件，否则就有被他人抢先注册的风险。商标被别人抢先注册，不仅使企业创立的信誉白白拱手相让，而且还可能造成对抢先注册者的侵权。

专利权的效力是有限的，其有效期届满后权利即失效，失效后任何人都可以自由地、免费地使用该技术。但是商标权则不然，只要不断续展就可以成为永久性的权利和财产。尤其是在产品利用专利权打开销路、建立信誉后，商标将发挥重要作用，利用商标权承接专利权所确立的垄断优势已经成为很多成功企业的策略。因此，我国公司和企业在出口含专利技术的成套设备或关键设备之前，应将专利权和商标权有机地结合起来，在向有关国家申请专利时应当考虑用该项技术和设备所生产的产品商标的注册申请问题。

第三节　专有技术贸易应注意的问题

一、专有技术的含义及条件

（一）专有技术的含义

专有技术又称商业秘密，《中华人民共和国反不正当竞争法》第九条规定：商业秘密是指不为公众所知悉、具有商业价值并经权利人采取保密措施的技术信息、经营信息等商业信息。

专有技术强调技术信息，商业秘密强调商业信息，但两者都是知识产权保护的客体，其取得法律保护的条件和保护的方式都是相同的，因此，有时二者可以通用。TRIPS 协议用"未披露信息"来表述应受法律保护的秘密信息。

根据国家工商行政管理局《关于禁止侵犯商业秘密行为的若干规定》，技术信息和经营信息"包括设计、程序、产品配方、制作工艺、制作方法、管理诀窍、客户名单、货源情报、产销策略、招投标中的标底及标书内容等信息"。

（二）专有技术受法律保护的条件

从《中华人民共和国反不正当竞争法》规定的商业秘密的概念中可以看出，在我国受法律保护的秘密信息须具备三个条件：秘密性、价值性和权利人采取了合理的保密措施。

WTO 管辖的 TRIPS 协议规定的未披露信息得以保护的条件为秘密性、价值性和权利人采取了合理的保护措施。《TRIPS 协议》第 39 条规定，成员应保护未披露过的信息，只要该信息符合下列三个条件：（1）在一定意义上属于商业秘密，即该信息作为整体或作为其内容的确切组合，并非通常从事该信息工作之领域的人们所普遍了解或容易获得的；（2）因其属于秘密而具有商业价值；（3）合法控制该信息之人，为保密已经根据有关情况采取了合理措施。

（三）专有技术与专利技术的区别

专有技术与专利技术有着明显区别，首先，专利技术是公开的，其内容已在专利说明书中公之于世，而专有技术是未公开的一种秘密技术，一旦丧失了秘密性，就不能得到法律的保护；其次，专利技术有一定的保护期限，而专有技术不涉及保护期限问题，只要不泄密，就受到实际的保护。因此，技术贸易合同中的保密条款主要是针对出让专有技术的。

专有技术也是一种无形的知识财产，它除需用保密手段得到保护以外，也需要法律的保护，但由于没有专门的法律保护，专有技术受法律保护的力度远比专利技术受到专利法保护的力度小。在实际中，专有技术是援引合同法、防止侵权行为法、反不正当竞争法和刑法取得保护的。

二、专有技术许可贸易应注意的问题

专有技术许可贸易又称技术诀窍许可证贸易。专有技术由于没有专门的法律保护，因此，需要双方在合同中对专有技术的保护问题作出相应的规定。专有技术许可贸易往往同产品的各种贸易方式结合起来，或者同专利、商标的许可证贸易联系起来，成为总协议或合同中的组成部分。

在签订专有技术许可合同或在商订这一条款时，应注意以下问题。

1. 应明确合同交易的专有技术必须属许可方所有

实践中有的专有技术贸易合同在履行时，会出现许可方以外的第三方对该项技术提出所有权的要求，如果发生类似情况，应由许可方出面与第三方交涉，并承担法律上和经济上的责任。

2. 签订保密条款

专有技术的重要特点是秘密性，依靠其秘密性来维持其价值。一旦泄密或为公众所周知，专有技术的价值就会降低或丧失法律保护的意义，从而丧失商业价值。因此，在专有技术许可协议中，保密条款是合同的重要条款。

被许可方要承担保守技术秘密的义务，防止由于被许可方有意或疏忽而造成技术秘密内容扩散，使许可方遭受无法弥补的损失。保密条款应包括保密范围、保密措施、保密期限和泄密责任等内容。

（1）保密范围。

被许可方承担保密责任的应是公众所不知的核心技术。确定保密范围一般采取排除法，即排除不应该承担保密责任的内容。

被许可方对以下资料不应承担保密责任：被许可方在许可方提供技术资料前已掌握的技术资料；许可方或第三方已发表的技术资料；公众已知的技术；合同签订后，许可方公开或被他人窃取而泄密的技术资料。

（2）保密措施。

首先，合同中应要求被许可方妥善保管技术资料，如存放在保密室或保险柜中；指派合格的保管人员；使用技术资料应履行必要的借阅归还手续，并不得以任何方式复制。其次，被许可方在使用资料过程中要限制接触资料的人员，必要时与其签订保密协议或保证书；规定雇员在职和离职一定时期内，不得以论文、著作等方式泄露专有技术的内容，并不得向无关人员和第三者谈论专有技术的内容。

（3）保密期限。

如不发生合同届满前技术资料被公开或被淘汰的事情，对一般技术，保密期限应与合同有效期相等。对尖端先进技术或经济价值很大的技术，保密期可以长于合同有效期。如合同期满后，技术内容仍未被公众知悉，被许可方可承担长于合同有效期一定时期的保密义务。如合同期满后，保密期限可继续延长 3~5 年。如被许可方不承担长于合同期限的保密义务，在合同届满前一两年，许可方就不会积极交换改进或发展的技术。如被许可方主动承担长于合同效期的保密义务，有利于获得更多更先进的技术。

三、专有技术的侵权方式及救济方法

在我国的技术出口贸易中，专利技术出口不超过 10%，大部分技术出口项目为专有技术出口，因此，对出口专有技术的保护问题十分突出。由于专有技术本身存在的价值，各国法律原则上都承认专有技术是受法律保护的。如果遭遇他人侵权，专有技术所有者可以通过法律途径取得司法上的保护。

到目前为止，世界各国都没有制定保护专有技术的专门法规，对专有技术的保护手段尚不完善。在实践中侵犯专有技术权利的主要形式有以下几种：

（1）雇员利用雇佣关系，把雇主托付或在业务中获悉的专有技术秘密泄露给他人。

（2）用不正当手段获得他人的工商秘密，并加以利用。

（3）引诱他人窃取或泄露别人的专有技术或工业情报。

（4）为竞争或图利，利用在交易中所获悉的技术资料、图纸、配方或制造方法，或将其转卖给他人。

（5）受方违反保密义务将供方专有技术秘密泄露给他人。

（6）明知第三者是以不正当手段获得他人的专有技术秘密，但仍向该人获取该项秘密。

对上述行为，由于没有专门的法律，技术贸易双方只能以合同形式或依据其他法律保护专有技术。当专有技术受到侵害时，所有者一般可援引民法典、反不正当竞争法和刑法中的有关规定予以保护。例如，我国对专有技术的保护，主要有以下四种诉讼依据。

（1）以合同为依据起诉。双方在订有合同的情况下，如一方违反合同规定使用或泄露某种专有技术时，对方可以违约为理由对其起诉。

（2）以侵权行为为依据起诉。把专有技术作为一种所有权，由于所有权是具有排他性的，如第三者未经所有人的同意而使用或泄露其工商秘密时，所有人可以其所有权受到侵害为理由对侵害者起诉。

（3）以反不正当竞争法为依据起诉。当专有技术被他人以不正当手段如盗窃、胁迫等方式取得或披露或使用时，所有者可以侵害者实施不正当竞争手段，违反反不正当竞争法为由起诉侵害者。

（4）以刑法为依据起诉。当专有技术被他人用不正当方法使用，且情节严重，给所有者造成重大损害时，所有者可以刑法中关于侵犯商业秘密罪的规定起诉侵害者。

四、加强我国对商业秘密的保护

（一）我国商业秘密保护存在的问题

我国目前对商业秘密的保护是通过反不正当竞争法、民法典、刑法中的一些条款及一些行政法规来保护。从保护范围上看，我国对商业秘密的法律保护经历了从专有技术、技术秘密、工商业秘密到商业秘密的发展过程，《中华人民共和国反不正当竞争法》中商业秘密的概念包括了以往法律规定的专有技术、技术秘密和工商业秘密，内涵基本与国际趋势相一致。尽管如此，我国商业秘密法律保护还存在与国际规则不一致、可操作性差、不能满足实践需要等问题。此外，我国企业在经营过程中也长期缺乏保护商业秘密的意识，使许多有价值的信息流失，给企业造成重大损失。

1. 商业秘密法律保护方面存在的问题

（1）对商业秘密法律保护的范围与 TRIPS 协议不一致。

TRIPS 协议规定对向政府或其代理机构提交的数据信息应该获得保护，我国法律对此没有规定。

（2）在侵权救济方式上我国法律只规定损害赔偿原则不够合理。

我国法律规定商业秘密的侵权人只需赔偿权利人因侵权行为而受到的实际损失及权利人相关的费用，即损害赔偿原则。但商业秘密与专利技术等其他知识产权不同，商业秘密有可能因为侵权行为而变为公知信息，从而丧失商业价值。只规定损害赔偿原则对权利人明显不利。

此外，我国法律对商业秘密的保护还存在概念不够清晰、原则规定过多、操作性不强等问题。

2. 我国企业在商业秘密保护方面存在的问题

（1）企业自身保密意识差。我国很多企业商业秘密保密意识差，甚至很多企业根本没有保密意识。一些企业自己研制的技术既不申请专利，也不采取严密措施保护，而是乐于到处宣传，以赢得赞誉为荣，或与其他厂家及外商搞交流参观，使自己的技术轻易被别人无偿使用。

（2）人才流动引起商业秘密流失。随着我国经济全面与世界经济接轨，人才流动环境日益宽松。企业技术人才及经营销售人才的流动，使企业商业秘密的流失日益严重。因为技术人员掌握着企业的核心技术，经营销售人员掌握企业的整体运作情况，如企业的商品流通渠道、客户信息、销售规划、企业长远规划等信息。由于雇员掌握的商业秘密往往和自身的知识技能很难区分，这些人才一旦离开原企业，往往会利用原企业的商业秘密去从事同一业务，和原企业形成竞争。

（二） 加强我国商业秘密保护的措施

1. 完善商业秘密保护的立法

我国对商业秘密分散的法律保护出现了以上论及的与国际规则不一致、操作性差等问题，因此，我国应尽早出台统一的商业秘密保护法，完善相关配套法规，使我国商业秘密保护与国际规则相一致，增强可操作性，切实加强对商业秘密的保护力度。统一的商业秘密保护法应注意以下问题。

（1） 明确商业秘密保护的范围。统一的商业秘密保护法应明确规定商业秘密的范围及认定标准。商业秘密的范围应做比较广义的规定，农工商领域的技术秘密和经营秘密都应是法律保护的范围。经营秘密指与经营和销售有关的未公开的保密资料、情报、计划、方案、程序、经营决策等，具体如未公开的产品的市场占有情况、产品的区域分布、顾客名单、进货渠道、销售网络、配方及来源、标底及标书内容等资料。技术秘密指在产品的生产和制造过程中的技术诀窍或秘密非专利成果，如产品的设计、工艺流程、配方、质量控制等信息。

（2） 规定惩罚性的赔偿责任。鉴于侵犯商业秘密对于权利人的影响极为严重，法律应规定侵权行为人承担惩罚性的赔偿责任，以警示侵权人。如可规定侵权人应赔偿权利人相当于其损失若干倍的赔偿金，具体赔偿数额根据侵权的程度及给权利人造成的损失程度计算。

（3） 法律应明确授权企业可同其雇员签订保密协议及竞业禁止协议。为保护商业秘密，企业一般用与劳动者签订保密协议的方式防止雇员侵犯企业商业秘密，但仅有保密协议尚不足以防范雇员侵犯雇主商业秘密的行为。对于国际上通用的竞业禁止协议我国法律尚没有明确的规定，现实生活中一些企业与雇主签订的竞业禁止协议的效力因法律空白而无法确定。我国仅在公司法中规定了企业的董事经理的竞业禁止义务，对企业与雇员约定竞业禁止义务没有规定。而签订竞业禁止协议对保护企业的商业秘密又是一种有效的手段，因为现实生活中雇员离职后到同类企业就业或自己从事与原企业竞争业务非常普遍，使企业的商业秘密受到侵犯，给企业造成极大损失。因此我国商业秘密保护法应授权企业可以同雇员签订竞业禁止协议。

竞业禁止制度的应用应保持社会利益的平衡和总体利益的最大化。签订竞业禁止协议一定程度上限制了劳动者的择业自由权，因此在承认竞业禁止制度的同时，应对竞业禁止的目的、时间、地域范围、业务领域等方面加以严格限制。针对不同情况，区别对待，灵活处理，在保护商业秘密的同时，注意对雇员这一弱势群体的保护。

从签订协议的主体来看，必须是拥有商业秘密的企业才有权同其雇员签订此协议，并不是所有的企业均可以签订。作为职工的一方，必须是确实掌握企业商业秘密的员工，对于一般的不掌握企业商业秘密的员工企业不能同其签订此协议。在竞业禁止范围上，协议要求的竞业禁止的范围不能过于宽泛，应限于同类营业，而不应扩大到与本企业业务相关的竞争行业上。在竞业禁止协议的期限上，法律应做出限制，一般不超过3年。但具体期限，应视具体情况而定。如IT行业，竞业禁止的期限应在半年之内，机械制造业期限可长至3年。一般行业销售人员的竞业禁止期限应较短，但对于掌握企业重要客户信息的雇员，如企业的外贸人员，竞业禁止期限应长一些，因为这些人员可以很容易地利用原单位的客户信息，自己从事与原单位相竞争的业务。此外竞业禁止协议还应明确规定补偿条款，补偿的数额应不少于竞业禁止期间该职工在原单位的收入。没有规定补偿条款或单位不履行补偿条款，竞业禁止协议应自行失效。

2. 企业应加强商业秘密的保护

（1）企业应加强商业秘密的保护意识。企业应对全体员工进行商业秘密保护方面的宣传，使员工提高保护商业秘密的意识，自觉同侵犯企业商业秘密的侵权人做斗争，以有效保护企业的商业秘密。

企业应同掌握企业商业秘密的雇员签订保密协议。保密协议应具体规定企业商业秘密的内容、保密范围、雇员为承担保密责任而须承担的作为和不作为义务，以及违反此规定侵犯企业商业秘密须承担的法律责任。

（2）企业应同合作伙伴签订保密协议。企业的合作伙伴可能是技术上的合作开发者，或者是技术的受让人，或者是其他有关商务往来者。在合同中，凡是须向其披露一部分或全部企业商业秘密的，企业应与其签订保密协议。约定在合作期间及将来若干期间，对方应保守企业的商业秘密，否则应承担合同约定的违约责任。

（3）同掌握企业商业秘密的雇员签订竞业禁止协议。签订竞业禁止协议应依照法律的规定，遵循自由平等、诚实信用、等价有偿的原则。明确规定竞业禁止的范围、期限、补偿条款、违约责任及争议解决办法等。

第五章

国际贸易中知识产权平行进口问题

第一节　平行进口问题概述

一、知识产权权利穷竭原则

（一）权利穷竭原则的概念

权利穷竭原则又称权利耗尽、权利用尽原则，指知识产权权利人或被许可使用人一旦将知识产品合法置于流通领域之后，原知识产权权利人的一些或全部排他性权利因此而用尽。

权利穷竭原则可以分为两种，即国内穷竭原则和国际穷竭原则。国际穷竭原则是指某种知识产权产品经权利人或其被许可人第一次合法售出之后，权利人的权利在国际范围内已告穷竭，知识产权产品在流通领域的再次被分销、转售，权利人都无权干涉。国内穷竭原则是指按照知识产权的地域性理论，一国授予的知识产权仅在一国法律管辖地域内有效，相应的权利也仅在一国地域内适用穷竭原则。此种原则不承认知识产权在国际范围内穷竭，因而知识产权产品的平行进口视为违法。

（二）权利穷竭原则的适用目的、范围

1. 权利穷竭原则的适用目的

权利穷竭原则的适用目的是在知识产权权利人与社会公众之间取得一种平衡。知识产权权利人一旦将产品投放市场，就已经行使了知识产权的发行权和行销权，其在创作或研制开发该产品中所付出的劳动已经得到了相应的回报。

2. 权利穷竭原则的适用范围

依据《建立世界知识产权组织公约》的规定，知识产权的保护共有 11 项内容，但知识产权权利穷竭原则并非全部适用，其只适用于排他性的权利上，如著作权、专利权、商标权等。著作权的穷竭，仅仅限于著作权中的展览权和发行权，其他权能如复制权、改编权等不适用。专利权的穷竭，只限于使用权和销售权，不包含制造权和进口权。商标权的穷竭仅适用于商品商标，不适用于服务商标。

二、知识产权平行进口的概念

知识产权平行进口是指在国际贸易中，当某一知识产权人的知识产权获得两个以上国家的保护时，或者当两个以上的国家不同权利人同时持有相同的知识产权时，进口商未经本国知识产权人或者其他合法权利人的许可所进行的进口并销售知识产权产品的行为。即一国未被授权的进口商从外国知识产权人或经销商手中购得商品进口到本国，与本国知识产权人或经授权的本国经销商进行竞争的行为。

平行进口又称为"灰色市场"，从外国经销商购得商品的价格大大低于本国经销商的价格，这种价格差使未经授权的进口商从国外经销商处购得商品，再返回本国市场销售。造成平行进口的主要原因是各国经济、科技水平不一，劳动力成本不同及消费偏好的差异而形成的知识产权产品成本的高低。成本低的国家的知识产权产品可能会因平行进口而流向成本高的国家，成本高的国家的知识产权人会因平行进口的冲击而失去一定的市场份额，于是要求国

家以立法的形式来保护其进口权并阻止平行进口。平行进口在专利、商标、著作权等知识产权领域广泛存在，并已引起各国政府的普遍关注，是目前国际贸易和知识产权法制中亟须研究的问题。

按照产品最初制造国与最终进口国是否相同，可以将知识产权平行进口大致分为两种：返销的进口和平行知识产权的进口。

返销的进口指产品输出后又被返销回本国的行为，分为两种：（1）产品由权利人在本国投放市场后，经他人出口后被返销回该国的行为；（2）产品由权利人直接在国外投放市场后，再由他人返销回该国的行为。

平行知识产权的进口是指知识产权产品被进口至有平行知识产权存在的另一国的行为。可分为两类：（1）产品投放国的权利人和进口国的权利人是同一主体或彼此有从属关系或许可关系，如对于同一发明，甲在 A、B 两国均取得了专利权，甲将其生产的产品在 A 国投放市场后，被他人转售至 B 国；（2）投放国的权利人和进口国的权利人是两个独立的主体，如甲在 A 国对某项发明享有专利权，而乙在 B 国对相同的发明享有专利权，他们生产的产品被进口至对方国家。

三、知识产权平行进口的法律规定

不同的国家对平行进口的态度是不同的，一般来说，发达国家反对平行进口，发展中国家赞成平行进口。但是在不同时期、在不同的情况下，有关对平行进口的态度并不是一成不变的。如美国从 19 世纪末 20 世纪初以来的通过判例法支持平行进口转变为当今的全面禁止和反对平行进口，日本从禁止平行进口到逐步个别放开平行进口。各国对知识产权平行进口问题的分歧理论上是知识产权权利用尽原则和知识产权地域性原则的冲突，实际上是各国国内经济状况、各国知识产权保护的立法和执法水平以及各国一定时期内对外贸易政策的差异导致的，是各国维护自身经济利益的表现。

（一）平行进口与权利穷竭原则

一般来说，平行进口的不同情况在适用权利穷竭方面是不同的。

1. 返销进口中知识产权穷竭原则的适用

无论是产品由权利人在本国投放市场，经他人出口后被返销回该国的行为，还是产品由权利人直接在国外投放市场后，再由他人返销回该国的行为，将产品投放市场都是基于权利人的意思表示，根据知识产权权利穷竭原则，权利人在完成投放行为之后，权利就穷竭了。因此，不能控制产品的进一步返销，即不能禁止产品的平行进口。

2. 平行知识产权进口中权利穷竭原则的适用

同一主题的知识产权在不同国家的权利主体无论是否相同，其权利都是彼此独立的，各国可能对同一主体的知识产权的保护范围、保护程度不同。因此，在平行知识产权进口中，权利穷竭原则是无法适用的。权利人的进口权可以阻止平行知识产权的进口。

（二）不同种类的知识产权平行进口

知识产权产品平行进口可以分为专利平行进口，商标平行进口和版权平行进口。

1. 专利平行进口

各国大多规定专利权人享有进口权，因此可以理解为多数国家禁止专利产品的平行进口，只有少数国家如新加坡规定专利产品平行进口合法，但是返销商品应适用穷竭原则。

2. 商标平行进口

各国一般都不在法律上规定商标权人的进口权。大多数国家允许商标产品平行进口，同时加以一定的限制，如平行进口的商品不得对竞争者的商品、营业所或工商业活动造成混淆。

《巴黎公约》第 6 条关于商标独立性的原则规定，如一项商标未能在本国获得注册，或在本国的注册被撤销，不得影响其在其他成员方的注册申请被批准或者被撤销。独立性的例外，又规定如果一项商标在其本国已经获得了合法的注册，在一般情况下，它在其他成员方的注册申请就不应当被拒绝。在不同国家以同样的商标来表示那些来源相同的商品，既符合商标权人的利益，又符合消费者的利益。由于各国商标注册制度的差别很大，如果使商标在不同国家具有像专利那样的完全的独立性，会使不少在本国可以注册的商标，在外国得不到注册，从而导致在不同的国家里，来源相同的商品却以不同的商标作为标识。商标的作用是为了维护商业秩序，保护消费者利益，所以只要平行进口的商品与进口国商品没有质量差别，进口商又没有做虚假宣传，平行进口应被允许。

但是对商标专用权构成侵害的平行进口应禁止。如平行进口的商品质量或服务比当地使用相同商标的商品或服务明显较差时，而平行进口商又没有对商品的来源做出明确的说明，使消费者误认为平行进口商品与当地商品为同一商品。此外，如果商标许可使用合同的相关当事人已经在商标许可协议中明确限定了商品的出口地区，明确禁止商标商品的平行进口，或者商标权人已经在使用该商标的商品上明确禁止其平行进口，平行进口应被禁止。

3. 版权（著作权）平行进口

各国对于版权的平行进口，大多从地域性原则出发，采取禁止态度。澳大利亚授予著作权人复制权以禁止平行进口；美国规定著作权人享有进口权；我国著作权法未明确规定著作权产品的平行进口问题。

综上所述，多数国家从立法的角度是禁止知识产权平行进口的，原因在于：（1）平行进口会对原知识产权所有人构成强有力的竞争，产生不正当竞争，严重损害其利益；（2）跨国公司的全球化生产，使得同一品牌下的商品在某些方面存在差异，并且平行进口商通常不负责商品的售后服务，因此，平行进口商品会损害进口国商标所有人或商标使用权人的良好信誉；（3）平行进口不利于保护进口国国内产业，有些跨国公司利用平行进口或转移价格的方式来减少纳税数额，影响进口国政府税收和财政收入；（4）随着世界经济的高速发展和贸易量的扩大，贸易摩擦加剧，各国政府为了保护本国利益采取各种保护措施，诸如反倾销、反垄断、绿色壁垒、技术壁垒、环保标准等。鉴于大多数国家为 WTO 成员，要遵循贸易自由的原则，只能通过灵活的方法越过这些障碍，如定牌生产、平行进口和在国外建立子公司等，这些活动如不对其进行适当管理，通常会给进口国带来利益损害，因此各国政府也会制定相应政策来维护本国利益。

由于各国在国际贸易中的不同利益及贸易自由化的趋势，有些国家也通过一些判例倾向于允许平行进口，原因在于：（1）权利用尽原则在一些国家还是得到认可的，至于是国内用尽还是国际用尽，国际条约采取了回避态度，各国的判例都可以援引本国法律进行，如日本本来不允许商品的平行进口，但在一些判例后转向认同商品的平行进口；（2）平行进口商既不用支付商标使用许可费用，又不用承担广告或促销活动等方面的销售成本，从国外市场直接购得低价商品输入本国市场，可以获得颇丰的利润；（3）平行进口商进口的是同品牌的正宗商品，价格低廉，消费者既享受低价收益，又因销售渠道的增加能更方便地购买到商品，刺激消费需求，促进国民经济发展；（4）知识产权的平行进口可以防止知识产权的滥用和防止市场垄断，促进市场竞争和自由贸易；（5）由于阻止平行进口与 WTO 自由贸易的宗旨不一致，加上经济全球化和贸易自由化的深入发展，各国在制定或修订有关法律时会有所倾斜。

我国市场经济法律体制的构建尚处于起步阶段，对于知识产权领域的平行进口问题我国现行知识产权法几乎无明确规定。为了保护我国知识产权权利人的利益，通过立法科学地界定平行进口行为，是我国目前知识产权法制建设的重要内容。专利、商标和版权三方面平行进口产生的影响及立法难度不同，因此，这三方面的法律应有所不同。可考虑在专利权和版权领域采用地域性原则，禁止平行进口，因为版权与专利权的技术含量较高，平行进口使原知识产权所有人的利益受到较大损失，国际上对两者平行进口的界定差异也较大。随着我国市场经济法律体制的逐步完善和国际立法的变化，我国也可以逐步放开在专利权与版权平行进口方面的某些限制。在商标领域采用权利用尽原则，允许平行进口，因为一方面商标的技术含量较低，加上我国劳动力成本低，商品成本较低，输入我国的平行进口商品一般无利可图；另一方面根据大多数国家的立法和判例，对商标商品平行进口的限制较为宽松。但不受任何约束的商标商品的平行进口，有可能妨碍公平竞争，损害某些当事人的利益，因此，必须对商标用尽原则的效力做出必要的限制，或者在贸易合同中做出具体的规定。

第二节 专利权平行进口

一、不同国家关于专利权穷竭原则的不同规定

专利权穷竭原则的适用，涉及专利产品的平行进口是否侵犯进口国专利权人的权利，即专利产品平行进口是否在进口国构成侵权，是否违背进口国

法律问题。在国际贸易中，专利权穷竭原则的适用，不同国家的规定不尽相同，由此对专利产品平行进口是否合法的问题各国也一直存在争议。

1. 美国

美国一贯奉行专利权国内穷竭原则，严格禁止专利产品的平行进口。美国的专利权人有权阻止进口商将国外的平行专利产品进口到美国，体现了美国法律维护本国权利人利益，保护本国市场的立场。

2. 欧盟

欧盟实行专利权共同体内穷竭原则。欧共体自 1958 年成立以来，一直致力于欧洲统一大市场的建立，并最终实现欧共体的经济政治完全一体化。因此，1957 年签订的《罗马条约》中就规定了在欧洲经济共同体内的竞争原则和商品自由贸易原则，这两个原则可用于控制和制约成员国利用知识产权来阻止商品进口。在统一大市场的建立过程中，欧洲法院通过一系列案例的判决确立了专利权共同体内穷竭的判例法。欧共体内的专利权穷竭原则自 1994 年欧洲经济区条约生效后，扩大为在欧洲经济区范围内的权利穷竭，但不适用于最初是来源于欧洲经济区以外的商品。这体现了欧盟为建立统一大市场在知识产权问题上所做的努力。

3. 日本

1997 年之前，日本实行专利权国内穷竭原则，强调专利权的地域性，禁止专利产品的平行进口。1997 年之后，日本法律明确允许专利权人在签订专利许可合同或出售其产品时可以提出限制性条件，即把是否允许平行进口的问题交给专利权人来决定，在法律的规定上更多地考虑本国权利人的利益，在法院的判决中，也更多地倾向保护本国专利权人的利益。

4. 新加坡

新加坡实行专利权国际穷竭原则，允许专利产品的平行进口。新加坡于 1995 年制定的《专利法》和 2000 年制定的《注册（外观）设计法》都明确规定了专利权和外观设计权的国际穷竭原则。目前，国际上像新加坡这样在专利法中明确规定专利权国际穷竭的国家还不多见。

5. 中国

我国的《专利法》没有对专利权穷竭问题做出明确的规定，因此，对专利产品平行进口问题是否违法也没有明确的说明。

我国《专利法》第七十五条对专利权国内穷竭做出了规定，即专利产品或者依照专利方法直接获得的产品，由专利权人或者经其许可的单位、个人售出后，使用、许诺销售、销售、进口该产品的，不视为侵犯专利权。但从此条款中似乎也不能看出中国是否适用专利权国际穷竭原则，因为很多国家的法律都规定专利权在国内适用穷竭原则。

我国《专利法》第十一条又规定，发明、实用新型和外观设计专利权被授予后，任何单位或个人未经专利权人的许可，都不得实施其专利，即不得为生产经营目的制造、使用、许诺销售、进口其专利产品。此条款中明确规定专利产品的进口权是专利权人对其专利拥有独占实施权的一种，他人未经专利权人的许可不得实施。由于专利权具有地域性，进口商未经本国专利权人同意，不能将专利产品进口，而无论此种专利产品在出口国是否受到保护。我国专利法规定专利权人享有进口权实际上是以立法的形式承认了权利穷竭的地域性理论。

我国《专利法》虽没有提及我国是否适用专利权国际穷竭原则，但从上述规定上看，可以认为中国专利法不承认专利权国际穷竭，在专利产品的平行进口问题上，原则上适用专利权国内穷竭原则，把处理平行进口问题的主动权交给专利权人。即进口商如果得到本国专利权人的同意，专利产品平行进口就是合法的，如果未经本国专利权人允许，擅自平行进口国外的专利产品，进口国专利权人有权阻止这种行为。

6. 国际条约

对专利权穷竭问题做出规定的国际条约主要有《保护工业产权巴黎公约》和 WTO 的《与贸易有关的知识产权协议》。《巴黎公约》第四条规定了权利独立性原则，即发明人就同一发明在不同国家取得的专利权是互相独立的，但赞同专利权国际穷竭的学者认为，这主要是针对专利权在获得上不受限制的角度而言的，不能把它作为支持专利权穷竭地域性理论的依据。《与贸易有关的知识产权协议》第六条谈到知识产权的权利穷竭问题，《与贸易有关的知识产权协议》不允许成员国或地区在解决他们之间的争端时，用该协议的条款去支持或否定权利穷竭问题。因为各成员国在知识产权方面的立法存在很大差距，因此，《与贸易有关的知识产权协议》对权利穷竭问题没有作出明确规定，而是允许各成员国自主规定，以免在有关争端中产生更多的矛盾。但

TRIPS 协议规定在权利穷竭问题上，成员国对本国和外国国民不能实行差别待遇。

二、专利权穷竭原则在国际贸易中的适用及其影响

在国际贸易中，专利权穷竭不同原则的适用会对国际贸易产生不同的影响。

专利权国际穷竭原则允许专利产品的平行进口，有利于防止市场垄断，促进国际自由贸易的发展，使生产要素从低价位国家流向高价位国家，实现资源的合理配置，有利于进出口国经济的发展。同时，允许专利产品平行进口，进口商和进口国消费者也可得到利益，平行进口的专利产品必是从低价位国家流向高价位国家，进口商可以获得价差。作为同样的专利产品，进口的专利产品比国内的专利产品在价格上更便宜，但在品质上与国内生产的专利产品没有大的差异，而且由于销售渠道增多，售价相对低廉，使进口国消费者有了更多的选择，因而活跃了消费市场，使消费者能从专利产品的平行进口中直接获益。

专利权国际穷竭原则的适用，也会对进口国专利权人和进口国消费者产生一定的负面作用。首先，专利权国际穷竭原则，不利于保护进口国专利权人及其被许可人的利益。允许平行进口，会使进口国专利权人及其被许可人在进口国市场可以期待的利益受到损害。假设 A 为进口国，B 为出口国，专利权人在 A 国和 B 国同时拥有专利权。A 国生产专利产品成本高，专利权人为收回成本和部分研究开发费用，产品在 A 国的定价也比较高。B 国生产该专利产品成本较低，因而价格也较低。现有 A 国进口商未经 A 国专利权人的许可擅自从 B 国出口商进口该专利产品，进口产品低廉的价格必会冲击该专利产品在 A 国的市场，从而影响专利权人在 A 国的市场份额。平行进口商对进口国市场的占领，除价格优势外，通常还会利用进口国专利权人通过对商品所做的广告宣传、促销活动、销售网络和完善的售后服务而建立起来的商业信誉，以"搭便车"的方式瓜分其市场，影响其在进口国的收益，不利于保护专利权人的利益。如果说进口国专利权人因平行进口而受到的损失可以从他在进出口国市场生产专利产品或许可他人使用专利而获得的使用费中得到相应补偿的话，那么如果进口国专利权人不是自己生产专利产品，而是在

进口国授予他人独占使用其专利的情况下，独占被许可人的权益便无从保护了。既然被许可人与专利权人签订了专利独占许可合同，就有理由相信他在合同规定的特定区域内，对专利具有独占的使用权，如果允许专利产品的平行进口，他的权益就会大大受损，所谓的独占也就失去了意义，不利于其继续使用、改进、发展和创新技术，最终会限制科学技术的进步，影响国际技术贸易、国际货物贸易的发展。

此外，允许专利产品的平行进口，有时也会损害进口国消费者的利益。如果平行进口的商品与国内的专利产品质量有差异，还会引起消费者对国内专利权人或被许可人的不满，降低国内专利权人的信誉。平行进口的产品，通常没有完善的售后服务，而消费者在市场上购买同样的专利产品有理由相信这些产品附有同样的完好的售后服务，而当这些期望得不到满足时，消费者便成了平行进口产品的受害者，从而会降低进口国专利产品及其权利人的信誉。因此，平行进口可能妨碍进口国市场的公平竞争，损害进口国权利人和消费者的利益。

专利权国内穷竭原则在国际贸易中的适用，导致专利产品的平行进口违法，一定程度上会限制商品及各种生产要素在各国的自由流动，形成市场垄断，妨碍世界统一市场的形成，导致市场的地域性，影响国际自由贸易的发展。因此，专利权穷竭的地域性理论也被看作是国际贸易中知识产权壁垒的一种重要表现形式。但专利权穷竭的地域性理论，从专利法立法的初衷上看，禁止未经专利权人许可的专利产品平行进口也具有合理性。知识产权立法的本意，在于保护知识产权人对其智力成果所拥有的权利，使权利人能从对知识产权的独占的实施中收回其研究开发成本，并鼓励人们积极进行智力创造，促进科学技术成果的交流普及和整个人类文明的进步。保护专利权人的进口权，禁止未经专利权人许可的专利产品平行进口，防止进口的专利产品瓜分其市场份额，有利于保护进口国专利权人的利益。所以专利权穷竭地域性理论的适用，能够最大限度地保护专利权人及其被许可人的利益，使其在收回成本的基础上，能够致力于专利技术的改进、创新和发展，促进技术的国际交流，最终促进国际投资、国际技术贸易和国际货物贸易的发展。

专利权穷竭原则在国际贸易中的适用，会对整个国际贸易及专利权人、消费者造成不同的影响。专利权国内穷竭原则有利于保护专利权人的利益，最终有利于国际贸易的发展。专利权国际穷竭原则虽会暂时促进国际贸易的发展，但从长远来看，会造成无序竞争，不利于保护专利权人的利益，最终会妨碍科技、贸易的发展。笔者认为，专利产品平行进口是否合法，不宜从法律上作直接的规定。专利产品是否允许平行进口，应主要取决于专利权人的意志。如进口国专利权人不允许专利产品平行进口，平行进口就应被禁止。如进口国专利权人允许平行进口或与被许可人签订的是非独占许可合同，则可允许平行进口。即原则上不承认专利权国际穷竭，专利产品平行进口问题由合同法进行调整，依当事人意思自治原则处理，视进口权是专利权人独占实施专利权的一种形式。为此对外贸易经营者在进行经营活动时，都应特别注意知识产权问题。从事技术贸易的双方，在签订合同时，应注意知识产权处理问题，尤其是对专利产品平行进口问题应作出明确而细致的规定。合同当中应明确许可的性质是否是独占许可。如是独占许可，应在合同中规定，将来如有第三方擅自进口专利产品，应由技术供方负责与侵权第三方进行交涉。作为技术的受方，应注意在合同规定的地域内生产、销售合同产品，如需向区域外存在平行专利的第三国出口，应经过进口国专利权人的同意，才能将产品出口到该国。从事进口业务的外贸经营者，应注意进口的货物是否侵犯本国专利权人的权利。如进口产品在国内存在有效的专利权，应在取得本国专利权人的许可后，方可从事该产品的进口。

第三节　商标权平行进口

商标权平行进口（也称商标平行进口）是指未经本国商标注册权人或商标使用权人的许可，进口商从其他国家进口商标权人或其被许可人在国外生产的相同商标的商品并在本国销售的行为。商标平行进口的商品都是真货，而非假冒商标商品。商标平行进口商品是否违法，取决于进口国适用商标权穷竭的不同原则。如一国适用商标权的国内穷竭原则，则商标平行进口违法；如适用商标权国际穷竭原则，则商标平行进口合法。

一、关于商标平行进口的不同认识

关于商标权应适用何种穷竭原则，商标平行进口是否合法问题，各国认识不统一，国际条约也没有明确规定。因此，商标平行进口商品一直是国际市场中的一个灰色区域。

（一）国际条约的规定

1. 《巴黎公约》的规定

《巴黎公约》没有在平行进口问题或商标权的穷竭上做出明确的规定。其中第六条规定了商标权的权利独立原则，即"在本联盟一个国家正式注册的商标，与在本联盟其他国家注册的商标，包括在原属国注册的商标在内，应认为是相互独立的。"这条规定更多地强调各国的商标法是独立的，各国可以规定自己的商标实体法，权利人在各国取得的商标权是相互独立的。但从此条款本身并不能推断《巴黎公约》要求成员国适用商标权的国际穷竭原则或平行进口应被禁止。第十条之二对不正当竞争作了规定：（1）本联盟国家有义务向各该国国民保证，予以实施制止不正当竞争的有效保护。（2）在工商业事务中任何违反诚实的习惯做法的竞争行为构成不正当竞争的应予以制止。（3）下列各项应特别予以禁止：一是不择手段地对竞争者的营业所、商品或工商业活动具有造成混乱性质的一切行为。二是在经营商业中，对竞争者的营业所、商品或工商业活动具有商业性质的虚伪说词。三是在经营商业中，对商品的性质、制造方法、特点、用途或数量使用易使公众产生误解的标记或说词。可见，如果平行进口造成了公约规定的不公平竞争，则将遭到禁止。

2. 《与贸易有关的知识产权协议》的规定

TRIPS 协议是 WTO 管辖的全体 WTO 成员方必须遵守的国际协议。《TRIPS 协议》第六条是关于权利穷竭的规定："就本协议的争端解决而言，应当遵守本协议第三条至第四条（国民待遇和最惠国待遇条款），并不得利用本协议的任何条款，去涉及知识产权权利穷竭问题。"即 TRIPS 协议允许成员方自行解决平行进口问题。

3. 《联合国国际货物销售合同公约》的规定

《联合国国际货物销售合同公约》同样没有对商标平行进口作任何规定。但其第四十二条规定"买方所交付的货物，必须是第三方不能根据工业产权或其他知识产权主张任何权利或要求的货物"。就第四十二条规定的权利担保来说，商标平行进口可能会违反该公约。

综上所述，无论是单独的知识产权协调的国际公约，还是知识产权与国际贸易协调的国际性协议，都没有明确地对商标平行进口做出实质性的规定。由于经济发展水平的不一致，各国在国际贸易中都是依据自身的比较优势，从维护本国的国际贸易利益出发来决定对此问题的态度。在当今世界经济发展水平存在巨大差异，各国都以维护本国的经济贸易利益为重的情况下，在全世界各国之间形成一个比较统一的认识是比较困难的，因此，国际性条约对此问题普遍采取了回避态度。

（二）美国的态度

美国对商标平行进口有两种不同的观点，一种观点认为，商标平行进口的商品都是真货，不损害商标权人声誉和消费者利益，因此，商标平行进口行为不违法。另一种观点认为，根据美国有关法律如《税法》《商标法》《商标反淡化法》，商标平行进口构成不公平竞争，根据法律规定应当予以禁止。

1930 年美国颁布的《真货禁止法》规定：国外制造的任何商品只要在产品、标志、印刷品、包装箱或包装容器上带有美国公民或在美国组建设立的公司或社团所拥有的商标，且该商标已由在美国的所有人依法在美国专利与商标局注册，其注册证也已依法向财政部提交，则该商品进口时若无商标权人出具的书面同意证明，一律不得进口。1936 年美国海关又颁布了《关税法》的实施条例，进一步规定：如果美国商标权人和国外的制造商共同为同一公司所拥有时，平行进口就不应当禁止。1993 年 3 月，美国对海关条例进行了修改，制定了禁止侵权商品进口的例外，建立了商品标签管理程序，并要求受限制的灰色市场上商品的标签上必须注明该进口商品未经商标权人授权，如进口商品在品质上与授权进口商品之间有差异，还必须对这种差异做出说明，以告示消费者，不致引起混淆和误解。1946 年美国颁布的《商标法》规定，凡与美国注册商标相同或近似的商标的商品，或带有的商标会使公众将国外制造的商品误认为是美国国内制造的，或将美国国内制造的商品误认为是境外制造的，一般都不得进口美国。除上述法律外，商标淡化法也是处理商标灰色市场纠纷的法律依据之一。

美国上述法律对商标平行进口问题的规定，存在某种程度的互相矛盾。

在美国的司法判例中，对于商标平行进口问题，也没有统一的规律可循。商标权人起诉后，有时胜诉，有时败诉，而且地方法院和联邦法院的认识也不统一。

（三）欧盟对商标平行进口的态度和做法

欧盟实行内外有别的商标平行进口政策：欧盟区域内商标平行进口适用权利区域穷竭原则，对区域外的平行进口则不适用商标权国际穷竭原则。

欧洲经济共同体的《罗马条约》规定，为了促进欧共体范围内货物自由流动，禁止成员国之间的贸易实行数量限制措施以及有同等影响的任何措施。欧洲共同体建立的目标是成员国之间取消货物进出口关税和数量限制以及其他具有相同作用的措施，建立一个以在各成员国之间消除关于商品、人员、服务和资本的自由流动的各种障碍为特征的内部市场。《欧洲联盟条约》规定，联盟的目标是通过建立一个没有内部边界的区域，以此来促进经济和社会的可持续与平衡发展。商标权有时也被认为是对进口的数量限制，因此，《罗马条约》和《欧洲联盟条约》对商标权的权利做出限制，对商标权人试图通过商标权制止平行进口的做法进行了抑制。欧共体在《缩小成员国商标差异的理事会一号指令》中以立法形式明确了共同体范围内商标权利用尽原则。在《共同体商标条例》中提道："鉴于需要通过建立一个运作良好和能提供像国家市场同样条件的欧洲内部市场以促进整个欧共体经济活动的和谐、持续、稳定的发展；鉴于建立这样一个市场并使其日益成为一个统一的市场，不仅必须消除阻碍商品和服务自由流通的障碍，建立一种使竞争不被扭曲的秩序，而且必须创造法律使企业的经济活动，不管是商品制造和流通或服务的提供，能在整个共同体范围内顺利进行；鉴于此，在企业能够不考虑边境并用同一方式在整个欧共体内区别其商品或服务的法律手段中，商标最为合适……特制定本条例。"

欧盟内部商标制度协调的目的是保障和促进成员国之间的商品自由流通和竞争，即它服从区域内自由流动的基本原则，从而也就相应地以立法的形式确定了商标权的区域内用尽原则。

欧盟国家法院的判决也表现出欧盟国家采取商标权区域内部穷竭的原则。1974 年德国法院对贝茨（Betts）诉维尔莫特（Willmott）一案的判决就采用了区域内部的穷竭原则。西班牙和意大利的法院在商标平行进口的案件中也作过类似的判决。

（四）日本对商标平行进口的态度和做法

1970 年以前，日本对商标平行进口完全持反对的态度。日本各法院在处理类似案件时，都严格适用日本商标法的规定，即商标权人有权禁止商标商品的平行进口。但 1976 年的派克（Parker）金笔案的判决，说明日本对商标平行进口的态度有所改变，在该案中日本法院开始采用了"独立商誉原则"。法院认为保护商标权的主要目的是维护商标权人的声誉和维护商业秩序，而不是让商标权人能通过商标权达到垄断和控制市场的目的。

1972 年，日本海关公布了进口条例，该条例与美国的海关条例基本相似。美国海关条例规定：如外国的商标和美国的商标为同一人所拥有时，或者拥有人之间有母子公司的关系，则灰色市场商品进口不应当禁止。日本进口条例也有类似的规定，但比美国海关条例的规定增加了一条：如果是商标权人直接向进口商供货，平行进口也不应禁止。此外，在日本垄断法中还规定了任何有独占经销权利的人，都不得不适当地阻止平行进口，否则即为违法行为。

目前世界各国对商标平行进口问题，大都根据本国国情选择不同的处理方式。美国采取禁止态度，但也有个案例外。欧盟坚持在欧盟区域内承认平行进口的合法性。日本推出了"商标机能理论"，对商标平行进口采取了更为灵活和务实的做法。

许多国家在处理商标平行进口时，往往考虑平行进口行为是否会损害商标权人的声誉以及平行进口行为是否会造成消费者误认等。鉴于平行进口的商品是真货，一般情况下不会损害商标权人的声誉和公众的利益，而实行商标国际穷竭原则能防止商标权人滥用权利，过分控制商品的流通渠道，有利于商品的自由流通，因此，大多数国家认为只要商标平行进口不损害商标权人的声誉和欺骗消费者，不应视为商标侵权。

二、商标平行进口不同原则适用的影响

商标平行进口直接关系到商标权人、进口商和消费者三方利益，同时也

会影响到进口国的国内经济及市场秩序。与专利产品平行进口类似，商标平行进口亦有利有弊。

（一）允许商标平行进口的消极影响

允许商标平行进口的消极影响主要表现为以下两方面：一是允许商标平行进口不利于保护商标权人的合法权益。商标权是商标权人在核定的商品上使用特定商标的独占的权利，若允许平行进口，商标权人及国内的独占被许可使用人的独占经营地位将受到极大威胁。同时，由于同一商标及各国的商标权人所拥有的声誉及信誉不同，"搭便车"行为使得平行进口商可以无偿利用商标权人在该国内已经建立起来的商标声誉，冲击国内商标权人或独占被许可人的市场份额，使他们的利益受到损失。二是对消费者权益也有不利影响。商标权人为实施全球销售战略，通常在不同的国家生产、销售的同种商品上贴上相同的商标标记，但为了适应不同地区消费者的习惯往往实行不同的品质标准，所以即使是同一商标商品，品质也可能存在较大差异，商标平行进口会使国内消费者产生混淆。

（二）允许商标平行进口的积极影响

允许商标平行进口的积极影响主要表现为以下两方面：一是可以防止市场垄断，促进竞争。商标平行进口的积极作用在于可以防止商标权人垄断市场，降低一国特定商品的价格，从而使消费者受益。二是有利于促进自由贸易。平行进口促进商品自由流动，有利于统一市场的形成。在经济全球化的时代，关税逐渐降低，而禁止平行进口却为自由贸易设置了知识产权壁垒。

三、我国应采取的立场

随着我国加入WTO，关税水平不断下降，非关税壁垒日益减少，以前在我国并不突出的平行进口问题也逐渐浮出水面。但我国商标法对此问题缺乏明确规定，各地法院在涉及平行进口的纠纷中也有不同做法。

目前我国法律对商标平行进口尚无明确规定。我国作为一个发展中国家，在国际条约对商标平行进口问题无明确规定的情况下，应根据实际情况，对商标平行进口问题采取适合我国国情的做法。我国可以借鉴国际经验，对商标平行进口采取"一般肯定，个别否定"的原则。原则上不禁止平行进口，但个别情况下例外。

（一）允许平行进口的情况

（1）若平行进口产品的出口国商标权利人与进口国商标权利人是同一主体时，两种商品应视为完全相同，应适用权利国际穷竭原则，权利人的商标权在产品销售后已被用尽。而此时的平行进口既不损害权利人的利益，又不损害公众的利益，应被允许。

（2）当进口国的权利人是商标的普通许可人时，由于其在被许可区域内无法禁止许可人和其他被许可人销售相同产品，故也无权禁止平行进口。

（3）进口国商标产品生产者是独占许可的商标使用人，但如果出口国的生产商与其存在资本或生产控制关系，而双方又都可以从对方的销售行为中获利时，此时的平行进口可以被允许。

在商标平行进口被允许的情况下，进口商应承担相应的标注义务：应在商品的外包装上注明平行进口产品的品质与国内商标权利人使用相同商标的产品存在的不同；在商品及其外包装上明确标明产品来源，并注明销售商是否提供售后服务，以保证消费者的知情权与选择权。

（二）不允许平行进口的情况

如果两国的商标权利人既无法律上的联系又无生产或资本上的控制关系时，由于平行进口的商品与进口国权利人的商品来源不同，会误导消费者，同时由于平行进口产品的品质与国内商标权利人的产品存在实质不同，即使进口商在商品包装上说明了商标持有人与国内的商标持有人不同，仍然会造成市场混淆，且由于进口商品的不良质量会给进口国的商标权利人所使用的商标造成不良影响，损害其商标信誉和商标权人的声誉，因此此种情况下的平行进口应予以禁止。

第四节　版权平行进口

一、版权平行进口的概念

版权平行进口，是指不受某一国版权权利人控制的独立进口商，从境外购买在该地区合法出售的产品，未经本国权利人许可，将该产品进口至本国并再次销售的行为。由于该进口行为与本国版权权利人的正常进口行为相对平行，故称平行进口。

举例来说，如果一个外国的版权所有人通过独占许可协议将其版权转让给我国国内一家公司（A公司，版权受让人），并指定A公司制作的版权商品限于在中国国内市场销售。如果外国的版权所有人又将其版权转让给第三国的一家公司（B公司，也是版权受让人），而我国一家进口商（C公司）又将B公司在第三国制作的版权商品进口到国内市场，就构成了版权商品的平行进口。

平行进口的商品不是假冒、盗版产品，而是带有合法知识产权标记的正宗产品。平行进口的商品所涉及的特定知识产权在进口国已获得法律保护。

相对于专利产品平行进口和商标平行进口，版权平行进口更容易产生。首先，由于版权的自动保护原则，使版权的产生更为容易。一般各国版权法和版权国际公约都规定作者在作品完成或发表、或出版之日起就自动享有版权，一般不需要申请、批准、交费等程序。由于权利的易取得性，因而版权领域出现平行进口问题的概率较大。其次，由于版权保护实行国民待遇原则，如果一个公约成员国国民创作了一部作品，他在所有成员国都享有平行版权；如果一个非成员国国民创作一部作品，并首次发表于一个成员国，则该作品在其本国以及所有公约成员国都享有平行版权；如果一个非成员国国民在某一成员国拥有住所，则其在本国以及所有公约成员国都享有平行版权；因此，版权领域的平行进口情况是很容易发生的。

版权商品的平行进口是一个比较棘手的问题。从贸易角度看，平行进口的商品是合法制作的商品而非假冒的盗版商品，因此对这种商品的进口不应加以禁止；但从版权角度看，受让人享有版权专有权，而这种专有权又可能包括受让人在某一地域销售的独占权，因此平行进口损害了版权受让人的权益，对平行进口应该加以禁止。由于至今尚没有管辖版权平行进口的国际公约，各国都是依据其国内立法及贸易政策来处理版权商品的平行进口问题。

二、版权平行进口的国际立法及司法实践

（一）国际条约的规定

1. TRIPS 协议的规定

TRIPS 协议第六条关于权利穷竭问题的规定，实际上是回避了平行进口问题，授权成员方可以以国内法来解决关于知识产权的平行进口问题。

2. 其他国际公约的规定

一些国际公约如《保护文学和艺术作品伯尔尼公约》也没有具体地涉及版权商品的平行进口问题。而《世界版权公约》仅规定经许可出版的译本复制品可以输入到另一缔约方并在其境内销售，但条件是该方的通用语文与作品的译文是同一种语文，且该方法律对这种复制品的进口和销售不予禁止。可见该公约将版权商品的平行进口问题交由各缔约方按其国内法来处理，这就为各缔约方按照其国内法或双边条约乃至国内贸易政策来处理版权商品的平行进口问题留下了空间。

（二）不同国家的规定

对于版权商品的平行进口问题，在处理方式上，美国和新加坡是两个很有代表性的国家。各国不同的处理方式说明，一个国家对版权商品的平行进口所采取的态度，不仅与其国内立法，而且与其推行的贸易政策有着十分密切的联系。

1. 美国

美国现行《版权法》第 106 条第 3 款规定，版权所有人享有通过出售或

所有权转移等方式，或者通过出租或出借，向公众发行有版权作品的复制件或录音制品的专有权。另外，该法还规定非经版权所有人授权而将在他国取得的某一作品的复制件或录音制品销售到美国者，即是对版权所有者所享有的发行复制件或录音制品的专有权利的侵犯。从中可以看出，在美国版权法中，版权所有人对版权作品的专有权利包括其在美国销售版权作品的复制品的独占权。从这个角度看，版权商品的平行进口是不允许的。

但美国《版权法》第109条关于专有权利的限制中又规定，尽管有第106条第3款的规定，合法制成的特定的复制件或录音制品的所有者，或者经该所有者授权的任何人，无须经版权所有者的许可，仍然有权出售或以其他方式处置该复制件或录音制品。这意味着美国进口商将在他国合法制作的复制件或录音制品进口到美国国内市场是允许的，显然这又与前述规定相矛盾。

美国的判例，如 N intend of American Inc. 诉 Elcon Industris Inc 案（1982年）和 Columbia Broadcasting System Inc. 诉 Scorpio Music Distributor Inc. 案（1983年）都表明，将在他国制作的版权商品进口到美国市场侵犯了美国版权所有人的权益。因此，在美国当时的司法实践中，平行进口仍然被禁止。但后来，Sebastian International Inc. 诉 Consumer Contracts（PTY）L td. 案（1987年）的判决结果又表明美国当局对版权商品平行进口的限制没有以往那样严格，因为在该案的最后判决中法院认为"不论美国的版权所有人在何地出售了其版权作品，他对这种版权作品在美销售的控制权都将用尽"。这种"权利用尽"即美国版权所有人在美销售版权作品复制品的独占权的丧失意味着版权商品的平行进口又是允许的。

在实际的案件审理当中，各地方法院的裁决也不一致。由此看来利用美国的版权法来阻止对美国生产和出口的真货的平行进口也不是绝对不可能的。总之，美国至今尚无完善的规则来处理版权商品的平行进口问题，在司法实践中采取个案处理的方法，但在很多情况下，美国当局认为保护版权比推行自由贸易更重要。

2. 欧盟

版权是欧盟知识产权制度中一体化程度最低的领域。成员国的版权法所规定的版权和传播权的性质与范围存在很大的差异。欧洲法院在有关的判例中将版权区分为狭义的版权和传播权。对于狭义的版权在欧盟内流通适用权利用尽原则，不允许许可人在合同中约定被许可人只能在某一成员国国内市场出售其作品，也不允许版权人因版权使用费的差异自主地选择销售版权产品的区域，只要版权产品一经版权人或其受让人投放市场，它就应不受任何限制地在欧盟内部自由流通。就权利用尽原则而言，传播权是一种例外，用于流通的版权产品中的权利用尽并没有穷竭该作品的传播权，比如版权作品的演出权和出租权并没有因该作品在市场上流通而用尽。

3. 新加坡

新加坡的做法与美国不同。根据新加坡于1987年制定的版权法，版权所有者所享有的独占权不包括版权商品的销售独占权。但该法第142条又规定，已出版的文学、戏剧或者音乐作品、电影影片或者录音的版权所有人可以向本国贸易发展委员会书面提议反对在其提议规定的时间内进口这些未经许可而制作的作品、电影影片或者录音的复制品；任何上述复制品，如果为了销售、出租等目的进口到新加坡，政府应对之扣押或没收。这似乎又说明新加坡的版权所有人享有销售独占权，这对新加坡进口商及其国内消费者来说是不利的。正缘于此，当新加坡高等法院在PP诉TeohAiNee案（1994年）中判定将未经新加坡版权所有人同意而在他国制作的版权商品进口到新加坡是一种违法行为时，国内反响很大。国内消费者及进口商对这一判决持否定态度，他们认为禁止版权商品的平行进口将抑制竞争，导致版权商品的国内价格上升，对消费者不利，也影响到新加坡作为"购物天堂"的地位。为此，1994年2月新加坡专门成立了一个委员会来重新审查国内有关版权商品平行进口的法规政策，以求在为消费者提供廉价商品与为版权所有者提供充分保护之间达到平衡。由于该委员会的努力，新加坡版权法修正案于1994年8月25日通过，修订后的版权法引入了新的条款，即第25条第3款。该款规定只要版权商品是经过版权所有者的许可而制作的，不管制作的版权商品如何销售或进行其他形式的交易，这种商品的销售状况（包括销售市场）可不予考虑。自新加坡在其版权法中添加这一条款之后，版权商品的平行进口就成为被允许的、合法的行为了。新加坡允许版权商品平行进口是其推行自由、开放的贸易政策的体现。

4. 中国

原《中华人民共和国著作权法》没有对版权平行进口做出规定，2001年、2020年中国对《中华人民共和国著作权法》进行了修订，但是对于平行进口问题仍未做任何明确规定。新修订的著作权法中并没有涉及权利耗尽的相关条款，也没有授予版权人以进口权，只是就发行权、出租权、展览权和网络传播权等权利作了规定。因此，中国著作权法对于版权平行进口问题并无明确的规定，对版权平行进口问题采取了回避态度。

三、中国版权平行进口的立法建议

《中华人民共和国著作权法》及《中华人民共和国著作权法实施条例》规定著作权包括使用权，即著作权人可以复制、展览、出售、出租、出版其版权作品。《中华人民共和国著作权法》第二十六条又规定许可使用合同应明确许可使用的权利是专有使用权还是非专有使用权以及许可使用的范围、期间等。因此，可以理解为我国的著作权人或其独占许可受让人，在国内对其版权享有专有使用权，包括销售独占权。因此，版权商品的平行进口应是被禁止的。而我国同美国达成的《关于保护知识产权的谅解备忘录》第3条第4款关于"适用于所有作品和录音制品的独占性发行权包括通过出租提供复制品以及这一专有权利在复制品首次销售后仍然存在"的规定可引申理解为在版权受让人获得独占使用权及其前述一般意义上的权利用尽之后，平行进口仍然是不允许的。

因此，尽管根据"合同仅在当事人间有效"的原则，版权所有人与其受让人所签订的版权转让合同不会对第三者产生约束力，但当国内进口商从他国购进这种版权商品时，国内受让人则可向海关、工商等部门申请查禁、扣押或没收这种进口商品，而非仅仅通过谈判要求国外著作权人的其他受让人勿向中国出口版权商品，因为有时甚至国外受让人自己也很难掌握他制作的版权商品可通过哪一条渠道销往中国国内市场。

按照我国著作权法的规定，具有专有使用权的著作权人及其独占许可受让人在一定地域内享有销售独占权，可以理解为我国原则上禁止版权平行进口，这样有利于保护国内版权人或其被许可人的利益，既鼓励创作，又鼓励作品的传播，对丰富人们的精神文化生活，打击和遏制非法盗版行为和走私行为有重要的意义。版权平行进口是否合法，应取决于进口国受让人是否享有销售独占权，而受让人是否享有销售独占权，应由著作权人与受让人根据版权商品的特点，通过签订版权转让合同来明确。如果合同规定受让人在中国（大陆地区）享有专有使用权（包括销售独占权），则受让人可据此要求国家有关部门制止版权商品的平行进口。若合同未规定受让人享有销售独占权，则版权商品的平行进口应该得到允许。总之，依据版权转让合同来确定版权商品的平行进口许可与否是符合实际的，对维护版权所有人、受让人和消费者权益具有非常重要的意义。

第六章

国际贸易中特殊商标保护问题

第一节　地理标志保护与我国农产品贸易的发展

地理标志又称原产地标志，是知识产权保护的一项重要内容。地理标志的保护与我国农产品贸易的发展息息相关，因此，加强地理标志的保护，完善我国地理标志法律保护体系，具有重要的现实意义。

一、地理标志的含义、特征及其国际保护

地理标志，按照 TRIPS 协议的规定，系指下列标志：其标示出某商品来源于某成员地域内，或来源于该地域中的某地区或某地方，该商品的特定质量、信誉或其他特征，主要与该地理来源相关联。

根据以上定义可以看出地理标志具有下列特征：

首先，地理标志是一种产地标志。它可以标示出产品的来源地。按 TRIPS 协议的规定，它可以包括国名，如法国白葡萄酒；也可能包括一国之内的地区名，如新疆葡萄干；还可能包括某一地区内的更小的地名，如景德镇瓷器。

其次，地理标志是一种质量标志。某一个地理标志所标示的产品必须具有特定的不同于其他地区产品的品质、质量。而且这种特定的质量、信誉或

其他特征必须与该地理来源的地理因素密切相关，包括该地区的自然因素和人文因素。

最后，地理标志是一种重要的知识产权，是一种无形资产。地理标志是该地理区域内某产品生产企业的一项共同的财产权利，能够为相关的生产者带来利益。地理标志作为一种知识产权已得到国际社会的普遍承认。目前国际上已经建立起相关的地理标志保护机制。

最早提出保护地理标志的是 1883 年的《保护工业产权巴黎公约》，该公约第一条第 2 款将原产地名称列为工业产权保护对象之一。第十条提到对标有虚伪原产地名称的商品，可以在进口时予以扣押。第十条第 3 款再次提及虚伪标记，并规定了有关的起诉和救济。1891 年在马德里签订的《制止商品来源虚假或欺骗性标记马德里协定》也做出了类似的规定。《巴黎公约》部分成员方于 1958 年在里斯本缔结的《保护原产地名称及其国际注册里斯本协定》，建立起原产地名称的国际注册制度。

乌拉圭回合 1994 年缔结的 TRIPS 协议是目前对地理标志进行保护的最新的国际公约。它首先明确了地理标志的概念，并规定成员有义务制止地理标志使用者误导公众的行为和不正当竞争行为。该协议第二十二条第 2 款规定，成员应采取法律措施禁止下列行为：（1）无论以任何方式在商品的称谓或表达上，明示或暗示有关商品来源于并非其真正来源地，并足以使公众对该商品来源误认的。（2）依《巴黎公约》第十条第 2 款，构成不正当竞争的。第 3 款规定，成员应对包含有未能表明商品真实原产地的地理标志的商标拒绝注册或使其注册失效。此外 TRIPS 协议还专门强调了对葡萄酒和白酒地理标志的保护。

二、地理标志保护对我国农产品贸易的影响

随着国际贸易的发展，市场准入竞争的加剧，贸易保护主义的泛滥以及消费水平的不断提高，地理标志在国际贸易中特别是在农产品贸易中起着越来越重要的作用。对某些农产品来说，地理标志是决定产品质量的关键因素。因为地理标志这一重要符号，不仅可以表明商品的来源地，还代表着商品的质量和信誉，是消费者识别和选择商品的重要信息。当这些产品从原产地出口到其他国家时，消费者主要是根据地理标志来认购商品的。所以地理标志除了保护生产者的利益，也保护消费者的利益。

地理标志保护涉及的产品主要是农产品。我国是农业大国，历史悠久，资源丰富，地理环境和气候的多样性，决定了我国有特色品质的农产品的丰富性。随着我国加入 WTO，我国及国际农产品关税逐渐降低，中国农产品在国内外市场面临的竞争更加激烈。因此积极对农产品实施地理标志保护，对我国农产品贸易有着特殊重要的意义。

（一）在国内取得通关便利

获得地理标志保护的产品，在我国国内可申请"绿色通道"待遇，我国《原产地标记管理规定》明确规定，对已列入原产地标记保护的产品，在检验检疫、海关放行等方面给予方便。这有利于加快农产品的流通速度，提高贸易效率和经济效益。

（二）可保护产品不受假冒伪劣产品的困扰

由于多年来我国对地理标志的保护重视不够，致使很多民族品牌遭到了来自国内外的各种假冒产品的侵害。如碧螺春是世界闻名的绿茶品牌，产自苏州吴县洞庭"湖水相映，茶果间作"的地域，但市场上产自四面八方的碧螺春多如牛毛，对于正宗碧螺春消费者却无从识别。又如绍兴酒，其海外市场的 2/3 份额被产自日本等国家的非正宗的绍兴酒占有，这些严重侵害了生产者与消费者的利益，扰乱了市场秩序，破坏了民族精品的质量、信誉。

对农产品实施地理标志保护，可提高产品知名度，增强消费者辨别商品的能力，有效防止他人仿制、假冒。TRIPS 协议要求成员对地理标志进行共同的保护，对假冒地理标志的产品予以扣押或采取其他法律措施。在我国，对于假冒地理标志的产品，质检局可以主动出面打假，企业可以节省很多精力，假冒地理标志产品的企业或个人将面临巨额罚款或更严重的法律制裁。

（三）有利于打破国外的贸易壁垒

我国农产品是世界上遭遇国外非关税壁垒最多的国家。发达国家经常以保护人类、动物安全，保护自然环境为借口，对我国出口的农产品制定严格的技术标准或实施临时进口限制。如我国很多蔬菜水果因农药残留量过多遭遇壁垒，动物性产品因检验检疫不合格或被疑似感染疾病而遭到国外拒绝。

如今发达国家种类繁多的非关税壁垒尤其是技术性贸易壁垒已经成为我国农产品出口的一个重要障碍。

取得地理标志保护的产品，其产品质量要受到严格的监控，生产企业的生产规模、卫生条件、内外部管理都必须达到一个很高的水平。因此，地理标志是产品质量形象的重要标志，容易得到国内外消费者的认可，可以有效地打破国外的技术性贸易壁垒。如我国的一些经过认证的绿色无公害产品非常受国外消费者的欢迎。加贴地理标志的农产品在国外入境通关或市场准入方面比原产地证明更加快捷。地理标志犹如是产品的通行证，大大加快了产品的流通速度。事实上，我国的很多农产品在取得地理标志保护后，出口比以前更加顺畅，出口额和出口价格都得到大幅度提高。

（四）有利于打造农产品品牌

品牌是产品开拓国际市场的重要武器。优秀的品牌是重要的无形资产，可以为企业带来巨大的商业利益。国际市场上的名优产品是依靠商品的标识和标志来维系的。地理标志和商标都是产品的商业性标识，都可以标示特定商品的质量和信誉，都可以起到识别商品、促进商品销售的作用。

地理标志和商标也有明显的区别，商标是企业为把自己的产品与他人产品相区别而人为创造的一种标识，是企业的一种私权。地理标志则是一个确切的地名，它是由国家主管机关认定并监督使用的一种标志。在特定的地理范围内，所有生产者生产的产品如达到相关标准，都可使用地理标志。地理标志产品的质量和信誉是由国家认定并担保的，因而更容易得到认可和信赖。地理标志为特定区域内的某种产品的生产企业提供了一个实施品牌战略的高位平台，这是特定区域内相关企业共有的优势，但是企业仍需努力在地理标志的基础上实施品牌战略，创造出地理标志保护中的名牌，如法国干邑酒有上千种，其中人头马、轩尼诗是广为人知的品牌。

三、加强地理标志的保护，促进农产品贸易的发展

（一）我国对地理标志的保护现状

20 世纪 80 年代，国家工商总局商标局就丹麦牛油曲奇、龙口粉丝、法国

香槟酒案例的处理，开创了我国保护地理标志的先例。

1993 年，《商标法实施细则》第六条规定，经商标局核准注册的集体商标、证明商标受法律保护。1994 年，国家工商行政管理局制定了《集体商标、证明商标注册和管理办法》，其中第二条规定，原产地名称可以作为证明商标注册，从而在我国首次明确了以证明商标的形式来保护地理标志。

1999 年，国家质量技术检验检疫总局发布《原产地域产品保护规定》，规定原产地域产品由国家质量技术监督局保护。2005 年，质检总局颁布了《地理标志产品保护规定》，将原产地域产品改称为地理标志产品，并公布了地理标志产品专用标志。

2001 年 10 月，我国对《中华人民共和国商标法》进行修订，其中第三条规定，证明商标用以证明商品的原产地、原料、制造方法、质量或其他特定品质。第十六条规定，商标中有商品的地理标志，而该商品并非来源于该标志所标示的地区，误导公众的，不予注册并禁止使用，但是已经善意取得注册的继续有效。

2002 年 8 月，国务院颁布《中华人民共和国商标法实施条例》（以下简称《商标法实施条例》），第六条规定地理标志可以作为证明商标或集体商标申请注册。

2007 年 2 月，国家工商总局公布地理标志产品专用标志，同时发布《地理标志产品专用标志管理办法》。

2007 年 12 月，农业部发布了《农产品地理标志管理办法》，并随后开始接受申请并颁发了农业部的"农产品地理标志"专用标志。

原国家工商总局、原国家质检总局、原农业部对地理标志的保护客观上导致我国地理标志保护较为混乱的局面。几种注册登记制度可能会造成行政管理部门之间管理权限的冲突和碰撞。不同的审批程序往往造成所有人权利冲突，如原质检局注册的地理标志产品标志大多与已注册的商标相冲突，形成同一标志所有人不同，形成市场使用中的冲突。2018 年 3 月，国家将工商行政管理总局的职责整合，将其商标管理职责包括地理标志的保护职责，归入国家知识产权局。

（二）完善我国地理标志法律保护体系

为最大限度地保护地理标志，促进我国农产品贸易及农业产业的发展，我国应尽快完善地理标志的法律保护制度。从保护国家利益、企业利益出发，统一地理标志的保护方式，明确地理标志保护的主管机关。

1. 规范法律用语

明确规定原产地标志，即是地理标志，即指 TIRPS 协议对地理标志的定义。其他用语如原产地标记，原产国标记不具有地理标志的特征。

2. 明确规定地理标志的审批标准

既然地理标志是一种重要的知识产权，是企业的一种无形资产，其质量和信誉受到国家担保，因此，对哪些商品可以获得地理标志保护必须有严格的规定，并不是所有的商品都适合用地理标志加以保护。首先，对可以获得地理标志保护的产品必须有严格的审批标准。如产品的质量标准，可由国家会同行业协会制定一套严格的质量标准，申请注册地理标志产品的生产企业必须提供一套完善的质量监督体系，由主管部门进行严格审查符合质量标准后方可注册。其次，还应要求把产品的知名度及企业生产此种产品的时间作为审批条件。可要求企业提供最初生产此种商品的证明，企业为产品进行宣传、推广、促销的证明。最后，主管机关必须仔细审查产品质量和地域之间是否存在必然的联系。申请注册地理标志的产品的质量必须完全或主要取决于该地理环境。地理环境包括自然因素和人文因素。我国商标法应对质量联系及人文因素做出明确具体的规定。

3. 制定独立的地理标志保护法，明确地理标志的保护部门

鉴于地理标志是 WTO《与贸易有关的知识产权协议》要求成员保护的重要知识产权，而保护地理标志又对我国农产品贸易意义重大，因此，可采取高于行政法规效力的立法形式加以保护，如可制定统一的《地理标志法》，并由国家知识产权局对地理标志进行统一保护。

4. 合理解决地理标志与地名商标的冲突

我国商标法第十条规定，地名商标已经取得注册的继续有效，地名具有其他含义的除外。此规定使现实中有相当多的地理名称被作为商标注册，成为某企业专用的商标权，如茅台酒、青岛啤酒等。为了保护这些名牌商品在市场上的销路，这些地理名称不能再被注册为证明商标，这对同一地区其他

同类企业明显不公平，由此产生了地理标志和地名商标的冲突。根据我国法律规定，地名商标的商标权人不能绝对排斥他人对该地名的合理使用，但何为合理使用，法律没有明确的规定，给司法审判带来了困难，因此对地名商标中的地名合理使用问题法律应做出明确规定。此外，应限制新地名商标的注册。对何为地名具有其他含义应做出明确的规定；对县级以下行政区划的地名也应禁止注册为地名商标，因为很多县级以下地名具有地理标志的性质，因此禁止其注册为地名商标，更利于地理标志的保护。最后，对一些不当注册的地名商标可依法律规定予以撤销。

第二节　驰名商标的特殊保护

一、驰名商标的概念和特征

（一）驰名商标的概念

驰名商标用英文表述为"Well-Known Marks"，可译为知名商标、周知商标或著名商标等。《巴黎公约》和 TRIPS 协议都没有对驰名商标给出明确的定义，很多国家也对驰名商标不给出明确的定义，只规定驰名商标的具体认定标准。我国比较例外，2003 年我国工商行政管理总局颁布了《驰名商标认定和保护规定》（简称《保护规定》）（2014 年 7 月修订），其中第二条规定：驰名商标是在中国为相关公众所熟知的商标。

（二）驰名商标的特征

1. 驰名商标具有地域性

与任何其他知识产权一样，驰名商标同样具有地域性的特征。一国认定的驰名商标仅在本国法律管辖范围内有效。商标在我国境内是否驰名，只要求在我国境内判断，至于在他国是否驰名，是否为他国公众周知，不影响驰名商标在我国的判断。因此在外国驰名的商标在我国并不是当然的驰名商标，是否驰名要在我国境内重新认定。

2. 驰名商标要为相关公众所熟知

驰名是指商标通过传播而具有较高的知名度，这种较高的知名度不要求一国境内的所有公众都知道这种商标，而仅要求相关公众知晓。根据我国《驰名商标认定和保护规定》第二条的规定，相关公众包括与使用商标所标示的某类商品或者服务有关的消费者，生产前述商品或者提供服务的其他经营者以及经销渠道中所涉及的销售者和相关人员等。

《北美自由贸易区协定》第1708条规定：在确认某个商标是否驰名时，应考虑有关领域公众对该商标的知晓程度，包括在一国地域内通过宣传促销而使公众知晓的程度，但贸易区成员国不应要求该商标在与有关商品或服务毫无关联的公众中也具有知名度。

3. 驰名商标应享有较高声誉

驰名商标除了要为相关公众广为知晓外，还要享有较高声誉。即驰名商标所有者除了要为消费者提供质量可靠的产品，提供为消费者满意的售前、售中、售后服务外，还要在环境保护、社会公益事业等方面做出企业应有的贡献，树立良好的社会形象。一个企业的商标要成为驰名商标，需要长期的培养过程。企业可以通过有效的营销组合策略，向消费者提供满意的产品或服务，从而获得良好的社会评价，培养大批忠诚的客户，获得稳定的市场占有率。

二、驰名商标保护的意义

驰名商标能够为企业带来巨大的经济效益，有利于企业在市场经济中巩固地位。某一商标如果被认定为驰名商标，会为企业带来巨大的效益。大部分消费者都有购买名牌的心理和习惯，因为名牌商品的质量是信得过的，消费者购买名牌可以节省交易成本，节省购买商品的精力、体力、时间成本。因此，驰名商标对企业和消费者来说都有重要的意义。

驰名商标的保护范围通常要大于一般注册商标的保护范围。根据各国法律及国际条约的规定，驰名商标的所有人可以有效地阻止他人将驰名商标用于同类或不同类商品上，维护驰名商标的声誉和地位，有利于企业依法解决恶意抢注、不同商品的相似商标影响等一系列问题。

目前我国很多知名商标在国外被抢注，对国内企业的国际化经营和出口贸易造成障碍。原国家工商管理总局提供的数据显示，20 世纪 80 年代至 2010 年，我国出口商品商标被抢注的事件有 2000 多起，每年造成直接经济损失在 10 亿元之上。五粮液在韩国、康佳在美国、海信在德国、科龙在新加坡等相继遭遇了商标被抢注的命运。每年商标国外抢注案件超过 100 起，涉及化妆品、饮料、家电、服装、文化等多个行业。

根据商标保护地域性的规定，商标一旦抢注成功，被抢注商标的企业就不得在该国或该区域内使用此商标，否则就会构成侵权。因此，不论被抢注商标的企业放弃原商标另创品牌，或是高价回购，抑或是通过法律途径撤销被抢注的商标，都将增加企业的经营成本，延缓其产品占据市场的时间，降低市场份额。因此，商标保护意识的淡薄应引起中国企业警醒。

自欧美国家和地区对中国企业实施大规模的反倾销以来，通过商标抢注制造知识产权纠纷，已开始成为某些跨国公司为中国企业进入欧美市场设置贸易壁垒的一种新趋势。中国企业尤其是那些准备走出去发展的企业，必须对此高度重视并保持高度警惕。

面对商标在国外被抢注，企业应做好预防措施，及早注册商标。如发现国内知名商标在国外被抢注，应在国外积极申请驰名商标的认定，以求得对驰名商标的特殊保护，撤销国外抢注人对驰名商标的注册，维护驰名商标的利益。

如我国著名商标"同仁堂"商标所有人欲在日本注册"同仁堂"时，发现早在 1983 年"同仁堂"就在日本被他人抢注了。为保护自己的利益，"同仁堂"商标所有人向中国国家商标局提出认定驰名商标申请，1989 年 11 月，中国商标局认定"同仁堂"商标为我国驰名商标。"同仁堂"商标所有人据此向日本商标局提出日本"同仁堂"商标争议，按照《保护工业产权巴黎公约》保护驰名商标的相关规定，日本商标局撤销了日本"同仁堂"商标抢注人抢注的"同仁堂"商标专用权，中国"同仁堂"商标所有人得以在日本注册"同仁堂"商标，获得法律保护。

三、驰名商标的认定标准

我国认定驰名商标时，主要是依据《中华人民共和国商标法》（以下简称

《商标法》）第十四条的规定进行审查，同时参考原国家工商行政管理总局发布的《驰名商标认定和保护规定》的相关内容。根据我国《商标法》第十四条的规定，认定驰名商标应当考虑下列因素：（1）相关公众对该商标的知晓程度；（2）该商标使用的持续时间；（3）该商标的任何宣传工作的持续时间、程度和地理范围；（4）该商标作为驰名商标受保护的记录；（5）该商标驰名的其他因素。

商标局、商标评审委员会在认定驰名商标时，应当综合考虑以上各项因素，但不以该商标必须满足该条规定的全部因素为前提。可以作为证明商标驰名的证据材料包括：证明相关公众对该商标知晓程度的有关材料；证明该商标使用持续时间的有关材料，包括该商标使用、注册的历史和范围的有关材料；证明该商标的任何宣传工作的持续时间、程度和地理范围的有关材料，包括广告宣传和促销活动的方式、地域范围、宣传媒体的种类以及广告投放量等有关材料；证明该商标作为驰名商标受保护记录的有关材料，包括该商标曾在中国或者其他国家和地区作为驰名商标受保护的有关材料；证明该商标驰名的其他证据材料，包括使用该商标的主要商品近三年的产量、销售量、销售收入、利税、销售区域等有关材料。

《商标法》所列举的5项考虑因素中，第1项是结合驰名商标定义的内在的基本要求，其他4项则主要作为不同方面反映商标在相关公众中享有较高知名度的证明。对这5方面因素进行考虑时，应当以第1项规定为基础，对5项因素进行综合考虑，但不需以满足全部条件为限。在具体案例处理时，应针对不同商标所使用商品或服务的特点进行具体确认。如一些传统品牌，其商标持续使用的时间已经很长，有固定的销售渠道网络和消费人群，已不再需要进行广告宣传或进行较小的投入即享有较高的知名度；而一些新投入使用的商标，借助现代化的传播手段，利用各类媒体，铺天盖地，短时间内也可产生很高的知名度；还有一些商标借助现代销售手段和网络，在一定时间段内借助大量铺货或以低价位占领市场，但其质量或售后服务等方面不能满足社会公众需求，不能形成良好评价，即使其产销量占据同行前列，也难以被认定为驰名商标。

驰名商标具有地域性特征，在认定时应以该商标在中国领域内驰名为限，即为中国相关公众广为知晓，但在审查时并不以该商标在中国实际使用为限或权利人所提交的证据必须产生在中国。如许多国际品牌，在认定是否驰名时有许多证据有可能并不在国内产生，特别是涉及其商标使用和宣传工作等的延续时间；也有些商标可能并未在国内实际使用，但由于其较高的知名度，也可能为我国相关公众所普遍知晓，也可认定为驰名商标。

四、驰名商标保护的模式

传统上驰名商标保护有两种模式：主动认定、全面保护；被动认定、个案保护。

（1）主动认定、全面保护，是指在未发生权利纠纷的情况下，行政机构或司法机关主动或应商标所有人的请求，为预防可能发生的纠纷或更好地发挥商标的作用，对商标是否驰名进行认定，对认定的驰名商标给予扩大范围的保护。

（2）被动认定、个案保护，是指已经发生权利纠纷的情况下，有关部门依据商标所有人的请求，对其商标是否驰名能否给予扩大范围的保护做出认定。

驰名商标的法律保护，是国际上两种不同商标保护制度——注册在先原则和使用在先原则相协调的产物。即当国际上商标的注册原则与使用原则的保护出现冲突时，《巴黎公约》给予商标先使用人倾斜性保护，要求成员国对未注册的驰名商标也给予保护。WTO 的 TRIPS 协议将驰名商标保护扩大到在非类似商品中的使用。但两个国际条约给予驰名商标的保护都是被动认定、个案保护，当发生了侵权纠纷、权利人的合法权益受到侵犯时，权利人可以请求认定驰名商标从而获得特殊保护。

2003 年《驰名商标认定和保护规定》颁布前，对于驰名商标的认定，我国实行"主动认定为主，被动认定为辅"的保护模式。主动认定是由原国家工商行政管理总局商标局着眼于预防可能发生的纠纷，每年从现实大量存在的商标之中认定驰名商标。根据 1996 年 8 月公布的《驰名商标认定和管理暂行规定》第五条的规定，从七个方面进行认定：（1）使用该商标的商品在中国的销售量及销售区域；（2）使用该商标的商品近 3 年来的主要经济指标（年产量、销售额、利润、市场占有率等）及在中国同行业中的排名；（3）使用该商标的商品在外国或地区的销售量及区域；（4）该商标的广告发布情况；（5）该商标最先使用及其连续使用的时间；（6）该商标在中国及外国或地区的注册情况；（7）该商标驰名的其他证明文件。主动认定驰名商标可以为驰名商标所有人提供事先的法律保护，使权利人一旦察觉、发现有侵犯其权利的现象，就可以立即拿起法律武器，保护自己的合法权益。被动认定是由人民法院在审理案件、处理纠纷时，对个案中的商标是否驰名进行认定。它以2001年《商标法》第十四条的规定作为认定标准。

"主动认定为主，被动认定为辅"的保护模式有一定的局限性，它无法解决驰名商标认定中存在的时间和空间的问题。某一商标在刚刚进入市场时并不驰名，但伴随着市场化运作一定时间后，事实上成为驰名商标。某一驰名商标也完全可能由于商标所有人使用商标不当或商标被淡化而形象发生扭曲或产品逐步淡出市场而不再是驰名商标。一个商标成为驰名商标，它不可能同时在世界上所有地方或者是一个国家的所有地区都驰名，都为相关公众所熟知。例如，"可口可乐"可谓世界名牌，但对于经济落后地区的人们而言，其可能是从未听说过的。如果某一商标被认定为驰名商标，但在侵权地可能并不驰名。此时，对商标是否还给予驰名商标的保护是这种保护模式无法解决的问题。

这种驰名商标认定保护模式还存在着较多的主观因素，即认定驰名商标时，受主观因素干扰较多。这种保护模式下的驰名商标容易被企业理解成一种荣誉，认为有了这种荣誉，就可以带来巨大的收益。因此，企业在利益的驱使下，可能会为了追逐这种荣誉而采取一些不正当竞争手段，不注重提高产品的质量和服务，而是盲目地投入人力、物力、财力去追逐驰名商标这一荣誉，也容易使行政机关产生道德风险问题。

我国加入WTO后，为了使我国知识产权方面的相关法律全面与国际条约及国际惯例接轨，2003年颁布《驰名商标认定和保护规定》，将驰名商标的保护模式改为被动认定、个案保护。被动认定是由人民法院或行政机关在发生商标侵权纠纷时，根据商标所有人的申请，按照《商标法》第十四条的规定，对所诉商标是否是驰名商标做出认定。驰名商标认定的效力仅及于个案，一旦案件结束，驰名商标复归于普通商标，本次被认定驰名商标的记录可以作为下次维权时曾经作为驰名商标保护的记录。驰名商标实行被动认定，个案保护的原则符合国际惯例及国际条约的要求，可以有效地解决驰名商标认定中存在的时间和空间的问题。

五、驰名商标的认定主体

根据我国《商标法》《商标法实施条例》《驰名商标认定和保护规定》对

驰名商标认定的规定，目前我国实行行政主管部门与人民法院均可认定驰名商标的双轨制，但须以当事人提出申请或请求为前提，并且该申请或请求必须建立在相关权益受损的基础上。

（一）行政认定

一直以来，中国驰名商标大部分都是通过工商行政管理部门认定的，与人民法院相比，其认定的驰名商标所占比例较大。在商标注册审查、复审与使用过程中产生争议时，工商行政管理部门、商标局、商标评审委员会可以根据当事人的请求，依据具体事实认定其商标是否构成驰名商标。

1. 通过工商行政管理部门认定

涉及驰名商标保护的商标违法案件，当事人请求工商行政管理部门查处商标违法行为，并依照《商标法》第十三条规定请求驰名商标保护的，可以向违法行为发生地的市（地、州）级以上工商行政管理部门进行投诉，并提出驰名商标保护的书面请求，提交证明其商标构成驰名商标的证据材料。

2. 通过商标局、商标评审委员会认定

依照商标法及驰名商标认定和保护规定，在商标注册审查及商标争议处理过程中产生争议时，有关当事人认为其商标构成驰名商标的，可以向商标局、商标评审委员会请求认定驰名商标，此时有关当事人应当依法提交其商标构成驰名商标的证据材料。

（二）司法认定

人民法院在审理商标纠纷案件中，根据当事人的请求和案件的具体情况，可以对涉及的商标是否驰名依法做出认定。

《最高人民法院关于审理涉及计算机网络域名民事纠纷案件适用法律若干问题的解释》及《最高人民法院关于审理商标民事纠纷案件适用法律若干问题的解释》的出台，为人民法院认定驰名商标提供了充分的法律依据。目前，许多企业纷纷将其商标通过司法这一新兴方式认定为驰名商标，反映了企业

商标意识、品牌意识的增强，对于企业的知识产权维权具有积极意义。司法认定方式可以在地方中级人民法院完成。

六、驰名商标的特殊保护

（一）《巴黎公约》对驰名商标的保护

《保护工业产权巴黎公约》最早涉及驰名商标的保护问题，但在 1883 年签订的最初文本中并没有出现关于驰名商标保护的规定，直到 1911 年，法国最先意识到并率先提出驰名商标的保护问题，但是由于部分国家反对法国的建议，最终未通过。1925 年荷兰和保护工业产权联合国际局再次提出了保护驰名商标的建议，经过激烈讨论，在公约中增加了专门保护驰名商标的条款，即第六条之二。

《巴黎公约》第六条第二款规定：（1）各成员方如本国法律允许，应依职权，或依有关当事人的请求，对商标注册国或使用国主管机关认为在该国已经驰名、属于有权享受本公约利益的人所有、并且用于相同或类似商品的商标构成复制、仿制或翻译，易于产生混淆的商标，拒绝或撤销注册，并禁止使用。这些规定，在商标的主要部分构成对上述驰名商标的复制或仿制，易于产生混淆时，也应适用。（2）自注册之日起至少 5 年的时间内，应允许提出撤销这种商标的请求，本联盟各方可以规定一个期间，在这期间内必须提出禁止使用的请求。（3）对于依恶意取得注册或使用的商标提出取消注册或禁止使用的请求，不应规定时间限制。

《巴黎公约》规定的驰名商标既可以是注册商标，也可以是未注册商标。对驰名商标的保护限于同类保护，即驰名商标所有人可以阻止他人在相同或类似商品上使用与自己的驰名商标相同或类似的商标。

（二）TRIPS 协议对驰名商标的保护

《TRIPS 协议》第十六条第 2 款规定：《巴黎公约》1967 年文本第六条之二，原则上适用于服务。确认某商标是否系驰名商标，应顾及有关公众对其知晓程度，包括在该成员地域内因宣传该商标而使公众知晓的程度。第 3 款规定:《巴黎公约》1967 年文本第六条之二,原则上适用于与已注册商标所标示的商品或服务不类似的商品或服务,只要一旦在不类似的商品或服务上使用该商标,即会暗示该商品或服务与注册商标所有人存在某种联系,从而注册商标所有人的利益可能因此受损。

TRIPS 协议扩大了对驰名商标的保护范围,对驰名商标给予了跨类保护,即驰名商标所有人不仅可以阻止他人在同类或类似商品上使用自己的驰名商标,也可以阻止他人在不相同或不类似的商品上使用自己的驰名商标。

(三) 我国对驰名商标的保护

我国《商标法》对驰名商标的保护区分未注册驰名商标和已注册驰名商标。对未注册的驰名商标给予同类保护,对已注册的驰名商标给予跨类保护,并禁止将他人驰名商标作为企业名称登记。

我国《商标法》第十三条规定:(1) 就相同或者类似商品申请注册的商标是复制、摹仿或者翻译他人未在中国注册的驰名商标,容易导致混淆的,不予注册并禁止使用。(2) 就不相同或者不相类似商品申请注册的商标是复制、摹仿或者翻译他人已经在中国注册的驰名商标,误导公众,致使该驰名商标注册人的利益可能受到损害的,不予注册并禁止使用。

《驰名商标认定和保护规定》第十三条规定:当事人认为他人将其驰名商标作为企业名称登记,可能欺骗公众或者对公众造成误解的,可以向企业名称登记主管机关申请撤销该企业名称登记,企业名称登记主管机关应当依照《企业名称登记管理规定》处理。

七、我国驰名商标保护制度的完善

我国于 1982 年实施第一部《商标法》,该法并未规定驰名商标的保护问题。我国对驰名商标的保护始于 1985 年加入《巴黎公约》之后。当时国内法律尚无有关驰名商标保护的规定,在实践中,国家商标主管部门直接以《巴黎公约》的有关规定为依据,保护过一些外国的驰名商标。在随后的几年间,我国通过调查问卷和商标主管机关的个案认定等方式认定了一批驰名商标。为加强对驰名商标的保护力度,维护公平竞争秩序,国家工商行政管理部门根据商标法及其实施细则的有关规定，于 1996 年 8 月发布了《驰名商标认定和管理暂行规定》（以下简称《暂行规定》），1998 年 12 月国家工商行政管理局对《暂行规定》作了修改。这是我国第一部专门调整驰名商标认定和管理的行政规章，初步确立了驰名商标的保护制度。

21 世纪为履行我国加入世贸组织所作的承诺，我国对商标保护制度进行了全面的修订，其中根据《巴黎公约》和 TRIPS 协议的规定，对驰名商标保护制度也作了修改补充。2003 年国家工商总局颁布了《驰名商标认定和保护规定》，该规定于 2003 年 6 月 1 日实施。《暂行规定》同时废止。2014 年 7 月我国对《驰名商标认定和保护规定》（以下简称《保护规定》）进行了修订。《保护规定》对驰名商标的认定一改以往的"主动认定，批量认定"的做法，而采取"被动认定，个案保护"的做法。这一国际通行做法的规定，使我国驰名商标的保护体系得到进一步完善。

《商标法》及其实施条例、《保护规定》共同构成了我国现阶段驰名商标法律保护体系。但驰名商标的法律保护实践在我国发展的历史较短，法律体系也存在需进一步完善的地方。目前须考虑完善的方面主要有：

（一）严格贯彻一次认定，一次有效的原则

《驰名商标认定和保护规定》第十六条规定，当事人要求依据《商标法》第 13 条对其商标予以保护时，可以提供该商标曾被我国有关主管机关作为驰名商标予以保护的记录。所受理的案件与已被作为驰名商标予以保护的案件的保护范围基本相同，且对方当事人对该商标驰名无异议，或者虽有异议，但不能提供该商标不驰名的证据材料的，受理案件的工商行政管理部门可以依据该保护记录的结论，对案件做出裁定或者处理。

根据这一规定，在对驰名商标进行再次认定时，证明该商标是否仍然驰名的责任由对方当事人来承担。这种举证责任倒置的规定无疑是该驰名商标首次认定效力得以延续的结果，而严格的个案保护原则上并不承认这种认定效力的延续。

目前，我国仍然有很多企业在媒体上做广告时使用"驰名商标"或"中国驰名商标"字样。既然我国已建立起驰名商标被动认定，个案保护的原则，就不存在任何时空上都驰名的商标，企业就不能称自己的商标为中国驰名商标，驰名商标不是一种可以随便使用的名词，而是一个有明确法律意义的术

语。因此我国应出台相应的规定，禁止在宣传中或者产品包装上使用"驰名商标"或"中国驰名商标"字样。

（二）商标驰名的地域应限于国家的一个区域或几个区域

根据《驰名商标认定和保护规定》，驰名商标是指在中国为相关公众所熟知的商标。"在中国"可以有两种理解，一种是指在全中国（此处不涉及港澳台地区），即被全国32个省、市、自治区的相关公众所熟知；另一种是中国的某个区域，只要是被中国的某个区域的相关公众所熟知就足以认定驰名，究竟是哪种含义《保护规定》没有做详细解释。根据有关国际条约及中国企业的实际情况，目前应理解为后一种较为合理，原因如下：

第一，符合《巴黎公约》和TRIPS协议的精神。1999年保护工业产权巴黎联盟大会和世界知识产权组织大会通过的《关于保护驰名商标的规定的联合建议》第2条规定：如果某一商标被确定至少为某成员方中的一部分相关公众所熟知，该商标即应被该成员方认定为驰名商标。这"一部分"应该包括商标为聚集在某一区域的相关公众广泛知晓的情况。我国作为WTO成员方，遵守国际公约是我国的职责，因此，将《保护规定》中关于"在中国"的含义，理解为中国境内任何一区域更加符合国际公约的精神。

第二，符合企业产品市场推广的需要，有利于企业的发展。我国幅员辽阔，一种产品要想占领全国的市场，需要投入大量的人力、物力和财力，而且需要承担较大的风险。企业由于资金缺乏、规避风险等方面的问题，在产品推广初期，往往先集中精力占领某一区域的市场，然后逐步占领全国的市场。市场推广的过程中，会使得商标在我国一部分区域内十分驰名，而在其他地区则默默无闻，如果不给予其驰名商标的特殊保护，对于企业将来的发展十分不利，有碍于民族品牌的培植。

（三）禁止和限制驰名商标的淡化行为

市场竞争中，驰名商标一直是不法侵权者侵犯的主要对象。驰名商标的弱化、污损、退化等侵害驰名商标的行为，严重损害了驰名商标的信誉，削弱了驰名商标的识别性。因此我国应探讨建立驰名商标反淡化保护的规定。对驰名商标所有人为获取更多利益进行的商标自我淡化行为也应严格限制。

驰名商标自我淡化是指驰名商标所有人自己将其所拥有的驰名商标不经任何法定程序任意使用于自己生产的其他商品上。驰名商标所有人的这种自己"搭便车"的行为，使其轻而易举地占有市场，是排挤同类营业者的不正当竞争行为。这种现象也在一定程度上扰乱了市场秩序，会破坏商标同初始商品或服务的自动联系，以及同广告创造的有利形象的联系，并最终损害消费者利益。驰名商标所有人自我淡化的行为常常会误导消费者，使其误以为新产品亦属于驰名商标的商品，或者商品与驰名商标所有人之间存在关联，从而导致消费者误购，而误购的商品有可能是质量低劣的产品。

因此，对于驰名商标的自我淡化行为，法律应当做出明确的规定，对此种行为加以限制和禁止。根据《商标法》的规定，注册商标的使用严格限制在核准注册的标志和核定使用的商品或服务上，商标注册申请人在同一类别的其他商品上使用的，应当另行提出注册申请。驰名商标需要注册在其他商品上的，法律应规定对其另行提出的申请进行严格审查，并予以量化限制，规定另行注册的商品不能超过一定的范围和类别。

（四）对驰名商标的许可使用和转让做出严格的规定

根据《商标法》的规定，商标注册人可以转让注册商标，受让人应当保证使用该注册商标的商品质量。商标注册人可以许可他人使用其注册商标，许可人应当监督被许可人使用其注册商标的商品质量，被许可人应当保证使用该注册商标的商品质量。

《商标法》虽规定了商品质量控制的条款，但对驰名商标的转让和许可使用并未规定更严格的质量要求，即对被许可人和受让人的产品质量应达到何种程度未做出规定。与普通商标相比，驰名商标的商品质量一般较高，知名度和信誉也高于普通商标。如注册驰名商标许可他人使用，有可能出现同一驰名商标，商品质量有别的现象。如驰名商标转让给他人，就可能出现该驰名商标的商品质量降低的情况。而被许可使用人或受让人未经过任何认定程序，就轻而易举地使其产品享受驰名商标待遇，显然不符合市场平等竞争法则。因此法律应做出规定，只有受让人或被许可人的产品质量达到与驰名商标商品相当的程度，转让合同或许可使用合同才有效，否则应确认为无效。同时对驰名商标使用许可合同的备案和转让合同的核准手续，也应做出更严格的规定。

第七章

国际贸易中的主要知识产权壁垒

第一节 专利技术壁垒的效应及应对

随着国际知识产权保护水平的提高，专利技术壁垒作为知识产权壁垒的一种重要表现形式，成为实施贸易保护主义的重要手段。专利技术壁垒是在知识产权法律保护状态下衍生的，具有表面合法性，又与国家利益密切相关，因此，专利技术壁垒相比其他贸易壁垒威力更强，影响更大，更能起到限制进口的作用。

一、专利技术壁垒的表现形式

（一）专利与标准结合构成的技术性壁垒

传统的技术标准是人们公知、公用、无偿使用的技术。但是在高新技术领域制定技术标准时没有成熟的公知技术可供使用。高新技术领域的技术成果几乎都被专利技术覆盖。一些标准化组织为了制定法定标准，要与专利权人谈判，签订合同，使权利人得到利益的同时，对权利做出一定的限制，如专利权人应对使用者提供不可撤销的权利许可等。此外，还有大量的高技术发明者，有足够的垄断能力，不希望成为法定标准，而凭自己的技术优势形成事实标准。事实标准中的专利权就完全是专利权人自己的私权了，对自己的专利技术是否许可给他人使用以及使用费的确定，他人都无权干涉。可见，与专利技术相结合的技术标准比传统的技术标准更具杀伤力，发展中国家为发展高新技术产业，往往要不可避免地向权利人支付高额的使用费，极大地限制了高技术产品的自由流通。

目前，我国很多企业的出口已经受到国际市场专利技术壁垒的影响。华为、中兴、康佳、创维、TCL 等多家知名企业在拓展海外市场时都曾遭遇专利技术壁垒。其产品进入国外市场时往往被要求取得多达十几项的认证，有些标准相互交叉重合，而办理一项国际认证至少需要半年时间，致使产品出口成本骤增。

（二）运用专利战略构筑专利壁垒

1. 在发展中国家大规模申请专利

跨国公司为维护自身技术优势，充分发挥技术的效益，在发展中国家通常采用"产品未到，技术先行"的办法，先在发展中国家大规模申请专利，之后再进行投资。20 世纪 90 年代以后，跨国公司在华专利申请量以平均每年 30% 的速度高速增长。跨国公司的专利攻势集中于通信、计算机、家电、医药、汽车等领域。从历年我国的发明专利授权数量上看，外国的授权都占一半以上（见表 7 - 1）。2007 年我国授权的发明专利中，国内 31945 件，占发明专利授权总量的 47.0%，国外 36003 件，占发明专利授权总量的 53.0%。2008 年我国授权的发明专利中，国内 46590 件，占发明专利授权总量的 49.7%，国外 47116 件，占发明专利授权总量的 50.3%。2009 年，我国国内发明授权数量开始超过国外发明专利授权数量。2009 年，国内发明专利授权数量 65391 件，国外授权数量 63098 件。但直到 2010 年，从我国发明专利授权总量上看，国外授权总量仍大于国内授权总量。1985 ~ 2010 年，我国共授予发明专利权 721753 件，国内发明专利授权总量为 336134 件，占比 46.57%，国外发明专利授权总量为 385619 件，占比 53.43%。2011 年以后，国内发明专利授权总量才逐渐超过国外发明专利授权总量。

表 7 - 1　　　　　　　　1985～2020 年国内外三种专利授权状况　　　　　　单位：件

年份	国内				国外			
	合计	发明	实用新型	外观设计	合计	发明	实用新型	外观设计
总累计	1488747	112442	831638	544667	248757	184061	6590	58106
1985～2002	792352	37015	508879	246458	90683	61883	2816	25984
2003	149588	11404	68291	69893	32638	35750	615	6273
2004	151328	18241	70019	63068	38910	31119	604	7187
2005	171619	20705	78137	72777	42384	32600	1212	8572
2006	223860	25077	106312	92471	44142	32709	1343	10090
2007	301632	31945	148391	121296	50150	36003	1645	12502
2008	352406	46590	175169	130647	59576	47116	1506	10954
2009	501786	65391	202113	234282	80206	63098	1689	15419
2010	740620	79767	342256	318597	74205	55343	2216	16646
1985～2010	3384472	336134	1699465	1348873	512887	385619	13641	113627
2011	883861	112347	405086	366428	76652	59766	3024	13862
1985～2011	4268333	448481	2104551	1715301	589539	445385	16665	127489
2012	1163226	143847	566750	452629	91912	73258	4425	14229
2013	1228413	143535	686208	398670	84587	64153	6637	13797
2014	1209402	162680	699971	346751	93285	70548	7912	14825
2015	1596977	263436	868734	464807	121215	95880	7483	17852
2016	1628881	302136	897035	429710	124882	102072	6385	16425
2017	1720828	326970	967416	426442	115606	93174	5878	16554
2018	2335411	345959	1471759	517693	112049	86188	7303	18558
2019	2474406	360919	1574205	539282	117201	91885	8069	17247
2020	3639268	530127	2377223	731918	118367	89436	8572	20359

资料来源：国家知识产权局统计信息。

国外公司凭借自己的知识产权优势，不仅依靠基础专利占据市场，而且将后续改进技术和外围相关技术都申请专利，形成专利池，使竞争对手难以突破。

2. 专利侵权择时起诉

跨国公司在对我国企业进行侵权指控时非常注意时机。在中国企业侵权之初，往往不起诉，等中国国内市场成长起来后再起诉中国企业，迫使其或退出市场或支付巨额专利使用费。我国目前遭遇的专利技术壁垒典型案件——温州打火机案、DVD 专利使用费案、思科诉华为案等都是这种情况。

3. 专利恶意诉讼

跨国公司利用自己的知识产权优势，选择在国际市场上与自己具有竞争优势的我国企业为目标，无中生有，恶意起诉。由于知识产权诉讼时间长，两三年不结案属于正常情况，在这期间，跨国公司往往还利用媒体力量，制造舆论，错误引导消费者，使被诉公司背着侵权的名声，市场大受影响。虽然最后跨国公司会败诉，但其目的已经达到。

（三）发达国家国内的贸易法案

某些发达国家的国内贸易法由于其对贸易构成某种限制，因而也被认为是一种知识产权壁垒。如美国在国内法中将知识产权与贸易结合在一起。其中以超级 301 条款和 337 条款最具代表性。超级 301 条款规定美国将对其认为对其出口商品知识产权保护不充分的国家进行报复。337 条款主要对外国输入美国的侵犯美国知识产权的产品进行管制。337 条款调查的案由中，88% 涉及专利。因此，可将 337 条款理解为一种专利技术壁垒。

随着中国制造业的发展和对美国贸易数量和品种的不断增长，337 条款调查已经成为美国市场阻止中国企业的一道知识产权壁垒。近年来，美国对中国企业进行 337 条款调查的案件直线上升，中国已成为美国 337 条款调查的主要对象和最大受害国。由于诉讼时间短、成本高、过程复杂，花费高昂，多数中国企业因缺席而被判自动败诉，被迫退出美国市场。

截至 2021 年 2 月 16 日，美国对我国发起 337 条款调查共达 331 件，我国是遭遇 337 条款调查最多的国家。同期，日本达 154 件，韩国达 117 件，加拿大达 84 件，德国达 66 件，英国达 43 件，墨西哥达 37 件。

二、专利技术壁垒的效应分析

专利技术壁垒的实施可分为两种情况：一是企业产品技术标准不变，产品被征收专利使用费；二是使用专利技术标准后，产品技术标准提高而增加企业成本。其具体影响如下。

（一）企业产品技术标准不变，产品被征收专利使用费

跨国公司的专利择时起诉及 337 条款的适用结果，通常使国内生产企业向专利权人支付高额专利使用费，从而增加了产品的成本，减少了企业的利润。以下分析此种情况下，企业被征收专利使用费对出口企业及进口国市场的影响。

根据出口企业力量的大小以及是否能影响国际市场价格可分为两种情况。

1. 出口国是出口小国，企业出口数量的变动不能改变国际市场价格

通常遭遇被征收专利使用费的国家往往是发展中国家的生产企业，这些企业往往力量弱小，不能左右国际市场价格，是国际市场价格的接受者。企业被征收专利使用费后，其对出口企业和进口国市场的影响，如图 7－1 所示。

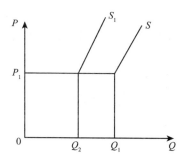

图 7－1　技术水平不变，市场价格不变条件下的专利壁垒效应

被征收专利使用费之前，出口企业在进口国的供给曲线为 S，需求曲线为价格线，企业的出口量为 Q_1，价格为 P_1；被征收专利使用费后，出口企业的生产成本上升，而出口价格依然为 P_1，因此出口量降低为 Q_2。生产者剩余减少，出口企业利益受到影响。进口国消费者剩余也减少，社会福利净损失。

2. 出口国是出口大国，企业出口量的变动可以影响当地市场价格

如图 7－2 所示，在出口企业未被征收专利使用费之前，出口企业在进口

国市场的供给曲线为 S，需求曲线为 D，企业出口量为 Q_1，价格为 P_1；出口企业被征收专利使用费后，企业成本提高，供给曲线左移至 S_1，供给的减少导致价格提高，价格提高导致消费者需求减少，需求曲线下移至 D_1，最后，导致此种商品的价格提高至 P_2，出口量减少至 Q_2。进口国消费者剩余减少。出口国生产者剩余也减少，社会福利净损失。

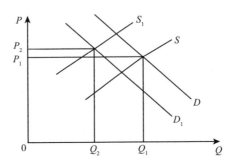

图 7 - 2 技术水平不变，价格提高条件下的专利壁垒效应

综上所述，企业被征收专利使用费后，导致企业出口数量下降，利益受损。对进出口国消费者而言，其利益也受到损害。

（二）使用专利技术标准后，产品技术标准提高而增加企业成本

当产品的技术标准提升为含有专利技术的标准时，出口企业为达到技术标准，必须使用专利技术，必须支付高额专利使用费，从而使企业的成本提高。但同时企业的技术水平提高，产品的质量和档次相应提高，因此产品价格也有一定程度提高。此种情况对出口企业和进口国市场的影响可分为两种情况：

1. 出口国是出口小国，出口企业出口量变动不能改变国际市场价格

如图 7 - 3 所示，提高技术标准前，企业在进口国的供给曲线为 S，需求曲线为价格线 P_1，企业的出口量为 Q_1，出口价格为 P_1；提高技术标准后，企业生产成本上升，供给曲线左移至 S_1，如果提高技术标准后的产品的国际市场价格为 P_2，则企业仍可维持原有国际市场出口量，如果国际市场价格仅提升为 P_3，则企业的出口量降至 Q_3。如果企业由于提高技术水平而使成本提高过大，而国际市场价格又涨幅很小的情况下，可能出现企业在任何出口量上，

价格都不足以弥补平均可变成本，这时企业就会停止出口。

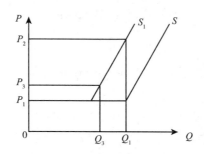

图 7 – 3　技术标准提高，市场价格不变条件下的专利壁垒效应

2. 出口国是出口大国，出口企业出口量变动可以改变国际市场价格

如图 7 – 4 所示，提高技术标准前，企业在进口国市场的供给曲线为 S，需求曲线为 D，出口量为 Q_1，价格为 P_1；提高技术标准后，企业的成本提高，供给曲线上移至 S_1，价格上升，出口量减少。但由于产品质量提高，需求曲线也上移至 D_1，企业的出口量仍维持在 Q_1，价格提高至 P_2。当但需求增加的幅度不大，如需求曲线右移至 D_2，则出口量下降至 Q_3，价格提高为 P_3。

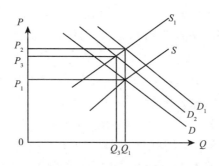

图 7 – 4　技术标准提高，市场价格提高条件下的专利壁垒效应

综上分析，实施专利技术壁垒，出口企业被征收专利使用费或提高技术标准后，成本上升，出口数量减少，或有些企业可能会退出进口国市场，影响企业的出口收益，给出口企业带来严重的利益损失。同时，专利技术壁垒的实施，会损害进出口国消费者的利益，降低进出口国消费者的福利水平。实施专利技术壁垒的唯一受益者是专利持有人。

三、企业应对专利技术壁垒的措施

我国是世界第一大贸易国，2020 年进出口总额 46462.6 亿美元，世界排名第 1，出口总额 25906.5 亿美元，世界排名第 1，进口总额 20556.1 亿美元，世界排名第 2，中国制造在世界贸易中的影响逐步扩大。但是以数量扩张为主的增长方式也带来诸多不平衡，导致在日益频繁的贸易摩擦中，美日欧等围绕专利问题对我国企业提起的诉讼案件接连不断。面对专利技术壁垒，出口企业应制定符合自身条件的专利战略，设立专利管理部门，对企业的技术研发、专利申请、专利技术运用及专利纠纷等问题进行统一管理。

（一）企业应加大研发投入，提高自主创新能力

首先，企业应加大科研经费投入，加强专利开发。企业应努力使研发投入占销售总额的比例达到 5% 以上。如我国的华为公司把知识产权战略作为企业发展战略之首，其核心是专利战略。从华为成立之初就有了把销售收入的 10% 用于研发的规定和传统。

企业应建立专利信息中心，收集专利信息，对与本企业产品相关的专利作分类管理。据世界知识产权组织有关统计资料表明，全世界每年 90% ~ 95% 的发明创造成果都可以在专利文献中查到，其中约有 70% 的发明成果从未在其他非专利文献上发表过。因此，企业通过查阅专利文献，不仅可以提高科研项目的研究起点和水平，而且还可以节约 60% 左右的研究时间和 40% 左右的研究经费。企业可以不断地更新专利资料库，使企业的研发人员了解本行业的技术发展趋势，为创新项目提供方向，保持研究开发中的合法性。

企业要充分利用前人成果，通过使用已公开公知的技术，在研究利用国内外先进专利技术的基础上开发自主专利技术。企业可以通过本土化的创新设计和组合，将对方的核心专利改进为更适合本土市场的新的创新；对每一项创新方案都申请专利，并在基本专利的周围设置大量原理基本相同的不同权利要求范围的专利；通过交叉许可，取得发展的空间，增加与跨国公司讨价还价的能力。

其次，对技术创新型企业进行兼并、收购也是企业成为专利技术领袖的

一种方式。对于已由国外公司成功研发并已申请专利的核心技术，采取跨国收购的方式，将竞争对手的专利权全部购买下来以独占市场。比如明基收购西门子手机业务，从而获得了西门子手机在第二代移动通信技术手机方面的核心专利。2001 年华立控股（美国）公司正式收购飞利浦集团所属的在美国圣荷塞的码分多址的无线通信技术（CDMA）手机芯片及手机整体解决方案设计部门，飞利浦将相关的设备、资产和手机参考设计所涉及的知识产权全部转让给华立，此外华立还获得飞利浦半导体开发的 CDMA 协议软件的独家授权，从而使华立集团率先成为国内完整掌握 IT 产业中核心技术的企业。因此，采购型的专利部署活动也会给企业的进一步发展缔造坚实的知识产权基础。

中国公司也可采取技术跟随的战略，作为后来者，紧盯市场上新的技术动向，密切注意竞争对手的技术产品的研发路线，并在短时间内研发出产品，或把原创者购买过来迅速占领市场，都能够省去大量的研发经费及人力和时间，有效地避免了投资失误。

中小企业由于人力和财力的限制，不可能从事大规模的基础研究，应当有选择、有目的地针对自己所欲进入的行业技术发展特点选择突破口，达到成本最低、收益最高的宗旨。另外，中小企业在进入市场之前应当做好调查研究，如果某一个国家存在有效专利技术的话，最好就不要再生产或者向该国出口该类产品，而转而向其他没有在该国申请专利保护的市场销售产品。

我国企业不仅应在国内开展专利技术开发、保护，还要在全球范围内及时注册和保护自己的专利技术。企业可通过专利合作条约（PCT）进行专利国际申请，也可在目标市场国单独进行注册，从而使竞争对手无机可乘。

（二）积极应对专利权侵权诉讼

外贸企业出口前要认真开展知识产权调查，以防无意中侵犯他人的知识产权。如果经调查存在侵权可能，则可及时对产品和工艺进行修改，或更换非专利方法来避开侵权，也可从专利权人那里取得使用许可，或者与进口商取得协议，由进口商对侵权行为承担责任。

面对涉外侵权诉讼，企业应深入了解并研究国际贸易规则及主要国家知识产权法的立法及实践，搜集相关信息，建立知识产权预警机制尤其专利技术壁垒预警机制，避免陷入专利技术壁垒而造成损失。当遭遇国外侵权起诉时，企业应通过行业协会等组织，配合商务部等国家部门积极主动应对。如针对近年来美国对我国企业频繁进行的 337 条款调查，我国企业应采取积极应诉措施，避免被缺席判决。当遭到专利侵权指控时，企业应认真分析被诉侵权产品的制造工艺或技术方法，寻求抗辩着眼点，阻止竞争对手的专利进攻。行业协会应建立行业应诉基金，以解决企业应诉资金的不足。

（三）组建行业联盟，采取联合行动

面对专利标准化、标准垄断化的趋势，特别是随着国外公司专利技术的垄断以及协同作战，我国相关企业应以行业或相关技术为基础，组建专利联盟，使有限的专利技术能够在更大的范围内实现共享，以打破跨国公司的技术垄断，增强与跨国公司谈判的力量。另外，组建专利联盟还有助于推动我国技术标准的建立，增强我国在未来国际产业标准中的话语权，打破跨国公司的标准垄断。在遭遇国外知识产权诉讼时，可联合应诉以降低每个企业的应诉成本，分散风险。

第二节　知识产权边境措施新规则与应对

知识产权边境措施（或称知识产权边境保护）是世界贸易组织《与贸易有关的知识产权协议》要求成员方海关对进出口货物侵犯知识产权的行为采取的措施。边境措施通常由各国海关执行。TRIPS 协议生效以来，成员方纷纷加强了对进出口货物的知识产权保护。

随着科技进步的加快，各国知识产权保护意识的加强，发达国家迫切希望提高知识产权的保护水平，加大对侵犯知识产权行为的惩戒力度。而由于WTO 多哈回合谈判长期陷入僵局，TRIPS 协议的修订进展缓慢。成员方尤其是发达成员方开始谋求通过在签订的区域 FTA（自由贸易协议）中规定高于TRIPS 协议保护水平的知识产权条款来实现加强知识产权保护的目的。在这些区域自由贸易协议（FTA）知识产权条款中包含的知识产权边境措施的规定也明显高于 TRIPS 协议的要求。更加严格的知识产权边境措施规则与 WTO倡导的自由贸易，WTO 成员方所签署的《贸易便利化协议》的目标背道而驰，会对像我国这样的发展中国家的国际贸易产生严重的负面影响。更加严格的边境措施成为国际贸易中一种知识产权壁垒。

一、区域自由贸易协议知识产权边境措施新规则的表现

（一）知识保护对象范围扩大

《TRIPS 协议》第五十一条要求各国对假冒商标的商品及盗版商品实施保护。而大部分区域 FTA 协议都扩大了知识产权边境措施的保护范围，将保护范围扩大到专利权、外观设计、集成电路布图设计、相似商标、商号等。如欧韩 FTA 中规定知识产权的保护范围都是边境措施的保护范围，具体包括版权及相关权利、专利权、商标、服务商标、外观设计、集成电路布图设计、地理标志、植物品种、未披露信息。[①]

中韩 FTA 规定，边境措施的对象包括假冒商标的货物，盗版货物、侵犯专利、植物多样性、已注册的外观设计或者地理标志权利的货物。[②] 我国知识产权海关保护条例第二条也规定：对受我国法律、行政法规保护的商标专用权、著作权和与著作权有关的权利、专利权实施海关保护。除此之外，我国还对奥林匹克标志专有权、世界博览会标志专有权提供海关保护。欧韩 FTA 中规定版权及相关权利、专利权、商标、服务商标、外观设计、集成电路布图设计、地理标志、植物品种、未披露信息等都是边境措施的保护对象。

美国签署的 FTA 大都规定"混淆性相似"商标商品也是边境保护的范围。如欧韩 FTA 规定，权利人可以向主管当局请求对怀疑假冒、混淆相似商品、盗版商品，暂停放行进入流通领域。[③] 美澳 FTA 规定：成员方应规定权利持有人可以对怀疑假冒商标、混淆性相似商标商品、盗版商品，向主管当局申请暂停放行货物进入流通领域。[④] 美韩 FTA、美国秘鲁 FTA 在知识产权边

---

① Free Trade Agreement between the European Union and the Republic of Korea, Article 10. 2, Article 10. 67. 1.

② 中韩自由贸易协议，第 15 章 26 条第 1 款。

③ Free Trade Agreement between the European Union and the Republic of Korea, Article 18. 10. 19.

④ Free Trade Agreement between the United Stated of America and the Australia, Article 17. 11. 9.

境措施中也做了类似的规定。TPP（跨太平洋伙伴关系协定）中混淆性相似商标也是边境措施的适用范围。① 易混淆的相似性商标是一个抽象的概念，而对何为混淆性相似上述规定中并没有明确的解释。美国海关法规定，海关可以对可能引起混淆、误导或欺骗的行为采取扣留、没收货物的行动。令人混淆的类似是指与海关备案的美国注册商标或海关备案商号产生令人混淆的相似的进口货物。而在实践中，对混淆性相似的判断存在过多的主观因素。

（二）启动边境措施门槛降低

《TRIPS 协议》第五十八条规定成员方可以而不是应当赋予海关依职权启动边境措施的权利，且启动措施的条件必须是海关已获得初步证据表明有关商品侵犯知识产权。

美式 FTA 及跨太平洋战略经济伙伴协定（TPP）大都规定成员方应当赋予主管当局依职权采取边境措施的权利，且启动边境措施的条件是基于海关的怀疑，甚至不要求权利人提供其他证据及保证金或向法院起诉。如美韩FTA 规定：每一方应规定其主管当局如果怀疑进口、出口、过境、存在的保税区内的商品是使用假冒或易混淆相似商标的商品或盗版商品，可以启动边境措施。② 美国秘鲁 FTA 规定：每个成员方应规定其主管当局可以依职权对进口、出口、过境商品启动边境措施，而不需要经过权利人的申请。使用这些措施时，应有理由相信或怀疑这样的商品是假冒或盗版。③ 美澳 FTA 也做了类似的规定。TPP 规定，每个成员方应规定主管当局可以对怀疑假冒商标或盗版的进口、出口、过境商品启动边境措施。依职权对上述货物置于海关控制之下。④ 欧韩 FTA 规定：成员方应该规定，在采取行动的过程中及权利人或其授权人提出申请之前，如果海关当局有充分理由怀疑货物侵犯知识产权时，可以暂停放行货物或扣留货物，以便使权利人能够提交对侵权货物采取行动的申请。⑤ 上述 FTA 中的规定使主管当局启动边境措施的门槛大大降

---

① Trans-Pacific Partnership, Article 18. 76. 1.

② Free Trade Agreement between the United Stated of America and the Republic of Korea, Article 18. 10. 22.

③ Free Trade Agreement between the United Stated of America and the Peru, Article 16. 11. 23.

④ Trans-Pacific Partnership, Article 18. 76. 5.

⑤ Free Trade Agreement between the European Union and the Republic of Korea, Article 10. 67. 2.

低。由于启动门槛降低，各国查处知识产权侵权案件明显增多。

（三）适用商品范围扩大

《TRIPS 协议》第五十一条规定成员国应当对假冒商标的商品或盗版商品的进口采取措施。成员还可以提供相应的程序，对于意图从其境内出口的侵权商品，由海关当局中止放行。据此，理解为 WTO 要求成员方对进口商品是否侵犯本国知识产权人的权利负有检查业务，但对出口商品是否进行知识产权检查可以自由选择。而诸多区域贸易安排中都规定对知识产权保护的边境措施都适用于出口商品。我国在 1995 年实施了对进出口商品的知识产权保护，实际做法超越了 TRIPS 的规定。尽管有学者指出为减少海关负担，避免对出口商品实施过多的程序或造成不必要的延迟，我国应取消对出口商品的知识产权检查，但根据知识产权边境保护的国际趋势似乎并无取消可能。

TRIPS 协议规定的边境措施主要是针对进口商品，也可涉及出口商品，但并未涉及过境商品。但近年诸多区域贸易协议及一些国家和地区的规定涉及过境商品的知识产权边境措施问题。如美国与诸多国家的协议都涉及过境商品的边境措施问题。如美韩自由贸易协议规定，对过境与自贸区存放的商品，如被怀疑假冒、带有混淆性相似商品或盗版，主管机关应有权依职权采取边境措施。假冒与盗版依据进口国法律判定。美国智利 FTA 规定：成员方应规定，主管当局应该被允许依职权启动边境措施，无须经权利人的申诉。使用这样的措施时，应有合理理由相信或怀疑进口、注定要出口、过境中的货物是假冒或盗版商品。[1] 美国秘鲁 FTA、美澳 FTA 也做了类似的规定。欧韩自贸协议也规定将过境货物适用于知识产权边境措施。欧韩 FTA 规定：成员方应该采取措施以便使有有效理由怀疑进口、出口、转口、过境、转运的货物，在保税区存放的可疑货物，存放在保税仓库的货物侵犯其知识产权的权利人，可以向主管当局、行政或司法机关提出申请，要求海关暂停侵权货物进入流通领域或扣留侵权货物。[2] TPP 规定，原则上边境措施适用于过境货物，但也允许成员国用海关信息合作的方式来替代直接采取边境措施。如欧盟各国长期以来对过境的药品、纺织品、电子产品（未进入欧盟市场，欧盟

---

① Free Trade Agreement between the United Stated of America and the Chile, Article 17. 11. 20.

② Free Trade Agreement between the European Union and the Republic of Korea, Article 10. 67. 1.

市场存在有效的专利权）等产品实施扣留措施。其中，药品主要来自印度，纺织品、电子产品主要来自中国。

二、区域 FTA 知识产权边境措施新规则对国际贸易及我国的影响

发达国家主导的区域贸易协议中对边境措施的新规定，给 WTO 所倡导的自由贸易和贸易便利化带来极大的挑战和障碍。

（一） 加大了各国海关的负担、成本及费用

知识产权侵权问题的认定尤其是关于专利权侵权的认定是一项复杂的、专业性很强的活动。因此，TIRPS 协议规定知识产权边境措施仅适用于假冒商标和盗版商品。知识产权边境措施保护范围的扩大（扩大到专利权、相似性商标等），一方面会增加海关的负担、成本和费用；另一方面会降低海关的工作效率，影响货物的通关速度。如关于专利权的认定，由于海关通常缺乏必要的专业人才资源，要求海关对专利侵权做出实质性审查是不可能的，而做一般形式审查，海关处罚的依据可能会遭到怀疑。[①] 因此，实践中各国海关通常需要有关国家专利行政部门来协助认定专利侵权问题，这一过程需要一定时间，如最终认定并未侵权，会极大地影响货物的正常流通。

此外，易混淆相似性商标商品也被列入边境措施的适用对象，何为混淆性相似是一个模糊的概念，实践中各国司法机关和商标权管理机构会根据实际情况做出判断，而由海关还判断是否是混淆性相似不仅会增加海关负担，也会由于其非专业性而导致更多的货物被误扣或由于主观性过多导致边境措施被滥用，从而影响相关合法贸易商品的正常流转，增加了贸易的风险和不确定性。

（二） 边境措施启动门槛降低，滥用可能性大大增加

TRIPS 协议要求海关依职权启动边境措施应以初步证据为前提，依申请

---

① 张雪梅. 知识产权海关保护与贸易便利化 [J]. 开放导报，2012（8）：47.

启动边境措施，应要求权利人提供充分证据及担保。我国海关知识产权保护条例规定，海关发现进出口货物有侵犯备案知识产权嫌疑的，应当立即书面通知知识产权权利人。经权利人在 3 天内提出申请，并经权利人提供充分证据证明侵权，并提供担保后，海关应当扣留侵权嫌疑货物。

目前，相关 FTA 协议中的边境措施都赋予海关可以仅凭怀疑而启动边境措施的权利，可能会使 TRIPS 协议要求的初步证据、充分证据及担保的程序被省略，边境措施被滥用的可能性大大增加。① 海关可以主观地对其希望采取边境措施的任何商品进行怀疑，从而启动边境措施，进而可能导致大量货物被错扣、误扣。即使经发货人及收货人证明货物并未侵权，在调查协调的过程中也会延缓货物进入流通渠道的速度，增加相关利益方成本。

（三）对过境货物实施边境措施违背知识产权地域性原则

区域贸易协议中规定对过境货物采取边境措施明显违背国际知识产权保护制度规定并经 WTO 所承认的权利地域性原则。过境商品不进入过境国国内，不在过境国国内流通和销售，侵权与否（无论判断侵权的标准是程序启动国还是进口国）与过境国的权利人和消费者都没有任何关联。因此，过境国并不具备对过境商品采取措施的合法基础。过境货物最终要进入目的地进口国，商品侵权与否应由进口国海关根据本国法律来判断是否侵犯本国的知识产权，其他国家并没有管辖的基础和必要。因此，对过境商品进行管理的可能目的在于对特定国家特定进出口商的商品存在特定管理的需要。

如美韩贸易协议规定，对过境商品可采取边境措施，并依进口国法律判定。这里存在三个问题：其一，过境国依进口国法律判断，过境国海关是否能清晰准确了解进口国法律并准确运用是不确定的事情；其二，进口国是否希望过境国对其将进口的商品进行管理；其三，出口国对过境国进行知识产权管理合法性的质疑。欧韩 FTA、TPP 还规定，对过境货物启动边境措施可依据程序启动国法律来进行，即依据过境国法律判断过境商品是否侵犯过境国知识产权。② 如上述分析，商品不进入过境国，因此，过境国并无检查的基

① 杨鸿. 贸易区域化中知识产权边境执法措施新问题及其应对 [J]. 环球法律评论，2016（1）：177.

② 杨鸿. 贸易区域化中知识产权边境执法措施新问题及其应对 [J]. 环球法律评论，2016（1）：176.

础和必要。另外，过境货物按照过境国法律判断可能是侵权商品，但按进口国法律判断，可能并不侵权。过境国对不侵犯进口国知识产权的商品采取边境措施显然缺乏合理性，会给相关国家的商品流通及其之间的国际贸易造成障碍。

过境货物遭遇非法扣押的典型案例是著名的莱帝博士药业通用名药品过境案。2008 年，印度莱帝博士药业公司生产的通用名药品氯沙坦钾从印度出口至巴西，在荷兰转运时被荷兰海关扣留。理由是这些药品被怀疑侵犯了荷兰某公司的药品专利权。这批药品被扣押 36 天后，被退还给印度货主。此案中的药品氯沙坦钾在出口国（印度）和进口国（巴西），均不存在任何专利记录。从莱帝博士药业通用名药品过境案开始，荷兰、德国等国海关以怀疑侵犯欧盟境内的专利为由，扣押在欧盟港口过境的仿制药品 20 余批。这些药品原产于印度，将运往诸如巴西、秘鲁、尼日利亚等南美洲和非洲的发展中国家。这些仿制药品在原产国（出口国）和目的国（进口国）都没有获得相关的知识产权保护。因此，对过境货物采取边境措施违背了国际知识产权保护的地域性原则，对相关国家的国际贸易造成了障碍，对发展中国家的公共健康带来了严重的负面影响。

（四）知识产权边境措施新规则对我国的影响

我国是被美国等国家经常指责对知识产权保护不力的国家，因此，美欧等国家和地区对中国保护知识产权问题，对中国货物是否侵犯其知识产权问题特别关注。区域贸易协议中知识产权边境措施保护对象范围、适用商品范围的扩大，措施启动门槛的降低，必将对像我国这样的发展中国家的贸易造成更多的不确定性。

欧美韩等是我国主要贸易对象，也是实施新边境措施的主要国家和地区。非洲、拉丁美洲等市场也是我国实施市场多元化的主要地区。我国货物运到这些国家和地区通常需要途径欧洲、拉丁美洲等地，而这些国家和地区也通常是与美国、欧洲等缔结超越 TRIPS 协议规则边境措施的贸易协议的参与国。因此，我国的货物在国际贸易中将会遭遇更多的国家尤其是过境国海关的边境措施。如我国一些仿制药品、仿制服装纺织品、电子产品等在进出口国家都不涉及侵权问题，但可能被过境国海关扣押。我国知名商标可能在过境国被抢注，而该商标商品在出口运输过程中，可能被过境国海关认为侵犯该国商标权而被扣押。

三、我国的应对之策

（一）政府对策

1. 推动 WTO 多边贸易体制谈判，抵制违反 TRIPS 协议的知识产权保护规定

WTO 的 TRIPS 协议是成员方实施与贸易有关的知识产权保护的基础条约，因此，在 WTO 框架内，各方所签署的区域贸易协议如涉及知识产权问题，应不能与 TRIPS 协议的规定及精神相违背。我国作为 WTO 发展中成员，应积极参与 WTO 框架内的多边谈判，推动知识产权保护问题包括边境措施问题在 WTO 框架内取得成果；并应在其中联合广大发展中国家，维护自身权益；坚决抵制一些国家在区域 FTA 协议中规定与 TRIPS 协议相违背的边境知识产权措施，并将其付诸实施。TRIPS 协议的目的在于加强对知识产权的保护包括边境保护，同时为防止知识产权保护的滥用，也对边境措施的使用规定了严格的限制条件，以免对合法贸易造成障碍。一些区域 FTA 中规定的海关启动边境措施仅仅基于怀疑而不需提供确定证据的做法，对于过境货物可基于过境国法律来判断是否侵权并采取行动的规定，违背了 TIRPS 协议认可的知识产权保护应顾及权利人与公众利益平衡的原则、知识产权地域性原则。因此，在实践中应坚决抵制。遇到相关国家违背 TRIPS 规则的做法，可以诉诸 WTO 争端解决机制，寻求在 WTO 框架内的合理解释。

2. 在 FTA 谈判中加强边境合作，明确对过境货物的管理

我国作为世界贸易大国和世界第一大发展中国家，近年来也致力于与相关国家进行区域贸易合作。目前我国已与新西兰、澳大利亚、冰岛、瑞士等发达国家，与东盟、巴基斯坦、智利、秘鲁、哥斯达黎加等发展中国家和地区，与韩国、新加坡等新兴国家签订了自由贸易协议。这些协议也多涉及关于知识产权的保护规定，鉴于与对象国合作的实际情况及与国际惯例接轨的需要，在知识产权的保护对象方面也做出了一些超越 TRIPS 协议的规定，如在中澳 FTA 中，明确规定非可视性的商标可以作为注册商标使用。

我国目前正在进行与日本、韩国的自贸易区谈判，并正在研究与印度、哥伦比亚、非洲一些国家的自贸区谈判。在今后的 FTA 谈判中，在知识产权边境措施的谈判方面，我国应加强与相关对象国的海关合作。明确知识产权的地域性，对不进入本国领土的过境货物原则上不实施知识产权边境检查。但如果有明确证据证明过境货物将会进入过境国领土，则可以将边境货物列入检查范围。此外，过境货物虽不进入过境国境内，但如果有海关合作关系的国家（货物目的地国）能够证明该批货物最终将进入该国家，并且提供了该批货物存在明显的侵犯该国专利权、商标权的确切证据，则可根据该国海关的申请，协助对过境货物进行检查，并采取相应的措施。

3. 将地理标志纳入知识产权边境保护范围

尽管从国际趋势上看，知识产权边境保护的范围会超越 WTO 所确立的假冒商标商品和盗版商品而不断扩大到专利权、著作权及其相关权、外观设计、集成电路布图设计、地理标志等。但从发展中国家的立场出发及我国海关知识产权保护的实际情况来看，我国应慎重扩大知识产权边境措施的保护范围。专利权的认定是专业性极强的工作，仅从商品外观难以判断是否侵权；著作权及其相关权权利人客体庞大，对是否构成侵权的认定也比较复杂，因此诸多学者提出由海关对进出口货物提供专利权、著作权及其相关权保护是不适当的。但目前我国已将专利权、著作权及其相关权纳入边境保护范围。集成电路产业在我国刚刚起步，立法基础不完备，目前不适合纳入边境保护的范围。

现阶段，我国可先将地理标志纳入知识产权边境保护范围。我国地域辽阔，气候多样，具有地理标志保护的商品品种多样。而我国诸多历史悠久的具有地理标志保护的产品在国外市场遭遇假冒商品侵扰较多，因此，由海关在出口环节对出口商品实施地理标志保护，阻止假冒地理标志的产品出口至国际市场，既可以保护地理标志合法使用者的权益，也可以维护中国商品的国际形象。

4. 政府可对企业申请自主知识产权给予必要的资金支持

企业要保护自身知识产权并在进出口贸易中取得海关知识产权保护，应主动在各国海关进行备案。在海关备案的前提条件是企业已经取得在各国有效的知识产权，长期以来，我国企业在国外申请专利权的积极性较低，其原因主要在于专利申请费和专利维持费过高。以发明专利的年费为例，发明专利保护期限为 20 年，按照现行的中国收费标准，专利所有者共需交约 8.23 万元人民币，若企业到国外去申请专利，费用更是惊人。在日本申请一项专利需交纳约 2 万美元，美国约 1.7 万美元，欧盟约 2 万美元，高昂的费用往往使国内企业难以承受。因此，在我国企业普遍缺乏自主知识产权，尚未走上技术创新的良性循环之前，由政府实施优惠政策和专项基金，支持企业在国内和国外取得具有技术创新性质的知识产权就成为一种可行的选择。

（二）企业对策

1. 进出口企业应避免侵犯他人知识产权

我国是世界贸易大国，知识产权规则是世界贸易的基本规则。因此，从事进出口的企业应明确知识产权保护规则，了解国际知识产权保护的规则和动态，避免侵犯他人知识产权，避免成为贸易对象国及过境国边境措施的执行对象。

作为出口企业，如出口自主专利技术产品，应向已经取得知识产权注册的国家出口，否则知识产权在目的国得不到法律保护，产品容易被模仿，权利人无法保护自身权利。出口企业如果以被许可人的身份生产并出口产品，应查明权利人是否在拟出口对象国已注册有效的知识产权。如没有注册，一般不能出口（产品得不到当地法律保护）；如果权利人已在目的国注册知识产权，由于目前越来越多的国家禁止知识产权产品平行进口，因此，出口企业应查明进口商是否已获得权利人的授权取得进口专利产品、商标产品资格。

作为进口企业，在进口前应查明拟进口商品在国内是否存在有效的知识产权。如存在有效的知识产权（即使该产品在国外并不存在有效的知识产权），应取得国内相关权利人的授权，才能进口相应的知识产权产品。例如，2016 年，我国昆明一企业从澳大利亚进口一批 UGG 棉拖鞋（UGG 在澳大利亚属于商品通用名称），准备为员工发放福利。该批商品被昆明海关查扣，理由是美国德克斯公司在我国注册了 UGG 商标专用权，昆明进口企业未取得商标所有人同意即进口了该商标商品，违反了我国海关知识产权保护条例。由于商标权的地域性，即使一商标在国外可能是通用标识，不存在有效的知识产权，但并不影响商标在我国的有效性。因此，进口商应特别注意进口商品商标是否侵犯国内商标人的权利。

从事加工贸易的企业，在接受外贸订单进行贴牌生产时，对国外客户指定的商标应特别注意是否侵犯他人商标权问题。企业应要求委托方提供知识产权证明文件，并对相关的商标注册证、授权书等的合法性进行有效审核，以避免侵犯他人知识产权，造成不必要的损失，给企业的声誉带来负面影响。此外，企业应向相关出口海关查实，确保本企业作为合法使用知识产权的企业已经由权利人在海关进行备案登记。如不能确定是否侵权，应在合同中明确规定知识产权免责条款，规定外方指定的商标如涉及侵权问题由外方负责交涉，如果因知识产权侵权而遭受索赔、处罚等损失的，由委托方承担全部责任。

2. 研究贸易对象国加入 FTA 的规定，主动配合各国海关提供相应的知识产权证明文件

我国的主要贸易对象为美国、日本、欧盟、韩国、东盟等国家和地区。目前，美韩、欧韩、美国与拉丁美洲国家的 FTA 中均规定了比较严格的知识产权边境保护措施，而这些协议所涉及的国家和地区都是我国的主要贸易对象。因此，我国外贸企业应对这些协议进行专门研究，熟悉其中的规定和要求，主动配合各国海关提供相应的知识产权证明及授权文件，并对这些国家的专利文献、商标权情况进行充分的调查，避免侵权，从而落入海关知识产权的检查重点对象。

3. 权利人应积极在各国海关备案，防止他人侵权

在海关对自身知识产权进行备案是权利人配合海关进行知识产权保护的有效方法。如权利人知识产权已经在海关备案，海关就可以对进出口货物是否侵犯国内知识产权人权利进行主动监测，发现侵权嫌疑，就可以采取主动查扣行动。如权利人知识产权没有在海关备案，海关便不能依职权主动采取保护措施。我国的知识产权权利人首先应在我国海关总署进行知识产权备案；此外，还应在主要贸易对象国进行知识产权备案，以防止在他国被侵权，取得保护自身知识产权的主动权。

另外，权利人的权利事项如发生变更，包括权利人的名称、权利的有效期、被许可人的名称等发生变化，应及时向海关办理备案变更或注销，以便使海关对知识产权能进行正确有效的保护，防止对失效的知识产权进行错误保护，对合法进出口货物造成误扣等，防止对已经失去合法授权的进出口商

货物的放行和对新取得授权的合法进出口商货物的误扣等。

权利人应该及时向海关做出备案变更，以防止海关知识产权保护出现疏漏。我国海关知识产权保护条例第十一条规定：知识产权备案情况发生改变的，知识产权权利人应当自知识产权权利事项发生改变之日起30个工作日内，向海关总署办理备案变更或者注销手续。未及时办理或注销的，海关总署可以根据利害关系人的申请撤销或注销有关备案。此处，30个工作日过长，在此期间可能造成保护疏漏或错误保护，给相关当事人造成损失。因此，建议缩短权利变更备案或注销期限为5~10个工作日。另外，如权利人没有及时进行变更备案，可能使合法贸易被误认为侵权贸易而遭到扣押，影响通关进程和贸易流转速度，给当事人造成损失。因此，应规定，由于权利人没有及时变更备案而造成的损失应由权利人进行损害赔偿。

4. 加强对专利权、商标权的保护，在更多国家注册商标权，申请专利权

随着我国在改革开放后建立起知识产权制度，我国政府高度重视建立健全的知识产权法律制度，并注重提高全民知识产权意识。目前我国企业的专利意识、商标意识已经逐步树立起来，但仍需加强。企业不仅应注重知识产权的创造，更应注重对知识产权的保护和使用。企业在海关备案的前提是企业已经在相关国家获得有效的知识产权。因此，企业不仅应在我国申请专利权，注册商标权，还应在主要目标市场加强知识产权保护，如在拟开拓的国际市场国家注册商标权、申请专利权。长期以来，由于在国外申请商标权、专利权的成本较高，以及缺乏相应的意识，我国企业在国外申请专利权、注册商标权的数量比较少。

在专利保护方面，企业除在国内申请专利权外，也应注重在目标市场国申请专利权，注意保留在国内申请专利权的凭证，以便在WTO成员方申请专利权时要求在申请日上的优先权。企业可通过我国加入的国际条约——《专利合作条约》（PCT）进行专利国际注册以节约相关的手续费，并节省时间。目前，我国通过PCT进行国际申请的专利数量排在世界前列。据世界知识产权组织（WIPO）统计，近年来我国企业PCT的国际申请数量快速增长。2018年，美国的申请人提交了56142件PCT国际专利申请，其次是中国，提交专利申请53345件，居第二位。中国的华为技术有限公司是2018年位列榜首的公司申请人，拥有已公布的PCT国际专利申请5405件，中国中兴通讯2080件，位列第5位，同比减少29.8%，连续第二年下降。

2019 年，中国超越美国成为通过 PCT 申请国际专利最多的国家（中国
58990 件，美国 57840 件），中国华为技术有限公司申请数量依然位列企业第
1 位（4411 件），进入排名前 10 位的还有中国广东欧珀移动通信有限公司
（1927 件，第 5 位）、京东方科技集团股份有限公司（1864 件，第 6 位）和平
安科技（深圳）有限公司（1691 件，第 8 位）。

近年来，我国 PCT 国际申请量虽然增长较快，但与美日相比，在申请的
领域、质量上还有待扩展和提高。我国只有华为等个别企业表现良好，大部
分企业申请国际专利权的意识还有待加强。

在商标保护方面，企业应根据自身情况，设置独特标志，及时申请商标
注册。除在国内注册联合商标和防御商标以保护商标在国内市场的利益外，
还应立足长远发展，及时到企业有意发展的国外市场注册商标。企业可根据
我国已加入的国际条约——《商标国际注册马德里协定》，进行国际注册，也
可到目标国家逐一注册，避免自己有一定知名度的商标在国外被抢注。在实
行商标先使用原则的国家，如美国、英国、澳大利亚、加拿大、新加坡等国，
应尽早使用商标，并注意收集保存商标在这些国家使用的证据，包括合同、
广告、宣传材料等。如果该商标被人抢注，可以通过商标异议程序或者诉
讼程序夺回商标。在实行先注册原则的国家，如日本、韩国、西班牙、意
大利等国，应尽早申请注册。此外企业应注重培养自己的名牌产品，并注
意利用国际条约及各国商标法对驰名商标保护的规定，对自身知名商标进
行保护。

四、结论

知识产权边境措施（保护）是 TRIPS 协议为加强知识产权执法力度而要
求成员方实施的一项措施。在发达国家对发展中国家（包括我国）知识产权
保护执法力度极为不满的情况下，通过在区域 FTA 中规定强化知识产权保护
包括加强边境措施的条款，来打击国际贸易中的假冒侵权现象，从而全面加
强对自身知识产权的保护。

目前我国的主要贸易对象国如美国、韩国、澳大利亚、欧盟、拉美等国
家和地区普遍签署了包含知识产权保护条款的 FTA 协议。这些知识产权条款
中关于边境措施的规定普遍扩大了知识产权的保护范围，如在 TRIPS 协议规

定的假冒商标、盗版之外，将专利权、外观设计、相似商标、商号、集成电路布图设计等也纳入边境措施的保护范围；边境措施涉及商品不仅包括进口商品，还包括出口商品和过境商品；并普遍赋予成员方海关可以依职权仅凭怀疑即可启动边境措施程序，降低了边境措施的启动门槛。上述区域 FTA 中超出 TRIPS 协议的边境措施新规则对国际贸易自由化造成了负面影响。边境措施保对象及范围的扩大加大了各国海关的负担和费用，启动门槛的降低加大了货物被错扣误扣的可能性，增加了贸易成本。对过境货物采取边境措施，违背了知识产权地域性原则，使发展中国家大量在进出口国都不侵权的货物在过境国被扣押，造成了巨大损失，对中国、印度、巴西、非洲等发展中国家和地区的国际贸易及公共健康造成了损害。

我国是发展中国家，针对区域 FTA 知识产权边境措施加强的新趋势，我国应审时度势，采取积极应对措施。我国政府应努力在 WTO 框架内积极推进知识产权问题包括边境措施问题在 TRIPS 协议框架内解决，坚决抵制违反 TRIPS 规则的规定和做法。在区域 FTA 谈判中，努力将我国有优势的地理标志纳入边境措施的保护对象范围，加强与相关成员国的海关合作，明确对过境货物的管理。对有确切证据将进入我国市场的过境货物或经有海关合作的货物目的国请求并提供证据将进入目的国的过境货物，可采取必要的检查和相应的措施。

我国各类外贸企业应对进出口货物做好事前知识产权调查工作，避免成为有关国家知识产权边境措施的执法对象。出口专利产品的企业应确保进口商已经取得权利人授予的合法进口资格后方能出口。进口企业应查明进口商品在国内是否存在有效的知识产权，如存在有效知识产权应取得权利人的授权后方能进口。从事加工贸易的企业应查明国外客户指定的商标是否侵犯国内商标权人的商标权并要求对方提供有效的证明文件。我国企业还应加强对自身知识产权的保护，积极参与 PCT 国际专利申请，及时在贸易对象国注册商标权，防止知名商标被抢注，并在各国海关备案，防止被他人侵权。

第三节　美国 337 条款

337 条款最早源于美国 1922 年《关税法》第 316 条，主要内容是，对于进口贸易中的不公平竞争方法和不公平做法，法律授权总统可以做出提高违法商品的关税，或禁止违法商品进入美国国内市场的决定。美国1930年《关税法》将第316条的内容编入第337条，337条款由此得名。

美国国会在1974年《贸易法》中对337条款进行了重点修改，将337条款的执行机关由关税委员会改为美国国际贸易委员会，并对337条款的适用规定了时间限制，要求国际贸易委员会必须在1年之内完成申诉人关于337条款的指控调查，提高了调查的效率。

1988年，美国在《综合关税与竞争法》中对其进行了再次修订，将侵犯美国知识产权的行为纳入不公平竞争方法和不公平做法，同时，放宽了对与知识产权有关的不公平贸易作法进行起诉的条件，不要求以损害后果为条件，不要求证明损害存在，只要求申诉人在美国有与被侵犯的知识产权相关的产业。

1987年，欧洲经济共同体认为美国337条款违反了GATT关于国民待遇的规定，并将其诉诸GATT争端解决机制。1988年，GATT专家组发布报告，支持欧共体的请求，要求美国修改337条款。1994年，美国国会通过了《乌拉圭回合协议实施法》，对337条款进行若干修改，但没有从根本上改变对外国产品的不公平待遇。该条款成为美国重要的贸易保护手段之一，也被视为国际贸易中一种主要的知识产权壁垒。

一、337 条款的主要内容

337条款规定：美国国际贸易委员会如发现货物所有者、进口商或承销商及其代理人将货物进口到美国或在美国销售时使用不公平竞争方法和不公平行为，威胁或效果是摧毁或严重损害美国国内产业，或阻碍该产业的建立，或限制或垄断了美国的贸易和商业；或者将货物进口到美国、或为进口到美国而销售，或进口到美国后销售，而该种货物侵犯了美国已经登记的有效且可执行的专利权、商标权、版权或半导体芯片模板权，并且与这四项权利有关的产品有已经存在或在建立过程中的国内产业，则这些不公平竞争方法将被视为非法，美国应予以处理。

以上规定根据不公平行为的性质设立了以下两套标准：

（1）如果不公平贸易行为侵犯了美国法律保护的版权、专利权、商标权、半导体芯片模板权，则申诉方只需证明美国存在相关的产业或正在建立该产业，有关不公平贸易行为即构成非法，而不是以其对美国产业造成损害为要件。在判定美国是否存在该产业时，337 条款规定的标准是：在厂房和设备方面的大量投资；劳动力或资本的大量投入；在产业开发方面的大量投资，包括工程、研发或许可。

（2）如果不公平贸易行为未侵犯上述四项权利，则申诉方必须证明：第一，美国存在相关产业或该产业正在建立过程中；第二，此种不公平贸易行为的影响或趋势是摧毁或实质性损害该国内产业或阻碍了产业建立，或是限制或垄断了美国的贸易和商业。

337 条款将美国进口中的不正当贸易分为两类：一般不正当贸易和有关知识产权的不正当贸易。

（1）一般不正当贸易做法指所有人、进口商或承销商将产品进口到美国，或进口后销售过程中的不正当竞争方法和不正当行为。但其构成非法须满足两个条件：一是美国存在相关行业或该行业正在建立过程中；二是其损害达到了一定程度。

（2）有关知识产权的不正当贸易指所有人、进口商或承销商向美国进口，为进口而买卖或进口后在美国销售属于侵犯了美国法律保护的版权、专利权、商标权、集成电路布图设计权的产品的行为。只要美国存在与该产业相关的行业或正在建立该行业，有关知识产权的不正当贸易做法即构成非法，而不以对美国产业造成损害为要件。

美国 1930 年《关税法》337 条款的立法目的在于防止美国产业因进口产品的不公平的竞争而遭受损害，特别是在知识产权方面。从 337 条款实践来看，绝大多数案件都涉及知识产权而非一般的不公平贸易行为。美国 337 条款调查可以由厂商向 ITC（美国国际贸易委员会）提起，也可以由 ITC 自行发动。遭遇 337 调查的企业一旦被裁决侵犯了申请人在美国有效的知识产权，被诉企业将面临驱逐令和制止令。

适用 337 条款的实体要件包括：

（1）法定保护对象：版权、专利权、商标权、半导体芯片模板权。

（2）这些不公平竞争方法或者不公平做法的主体既包括所有人、进口商或者承销人，也包括上述主体的代理人。

（3）存在相关的美国产业。

（4）存在不公平竞争方法或者不公平做法。

（5）对美国的相关产业或贸易造成了破坏或破坏的威胁。

二、337 条款调查的程序

（一）立 案

美国国际贸易委员会通常根据申诉决定立案，很少自行决定立案。收到申诉后，美国国际贸易委员会将指定不公平进口调查办公室（Office of Unfair Import Investigations，OUII）中的内部律师调查申诉背景并决定申诉是否符合美国国际贸易委员会的程序性规定。美国国际贸易委员会官员还可以与被诉方进行联系以确定在调查中是否可以从被诉方处获得信息以及申诉方的诉求是否有事实根据。这一过程时限为 30 天。一旦美国国际贸易委员会决定立案，将发布公告并将申诉书和公告副本送达起诉方所指的被告，随后美国国际贸易委员会将委派一名行政法官负责案件调查和初步裁决并提出救济措施的建议。同时，不公平进口调查办公室的一名内部律师也将作为单独一方，代表公共利益全程参加调查。

立案后的 45 日内必须确定终裁的目标时间，美国国际贸易委员会应在尽可能短的时间内完成调查，通常案件需要在 1 年内作出终裁。

（二）应 诉

美国国际贸易委员会发布启动调查公告起 20 日内为应诉时间，应诉方以书面方式应诉。需要注意的是，如果起诉方在起诉中同时提出了采取临时救济措施的申请，则被诉方必须在申请送达 10 日内对此作出反应并正式应诉，否则视为同意此申请。如无正当理由未能按应诉规定应诉则被视为放弃抗辩，美国国际贸易委员会可以应起诉方要求立即采取救济措施。

（三）披 露

披露程序也就是各当事方获得信息、收集证据的过程，披露方式包括书面证词、书面质询、出示书证、请求承认等。由于此类调查的时间比较紧，如果调查过程为 1 年，整个披露程序必须在 5 个月内完成。披露过程中，行政法官可召开会议，处理各种申请事项或要求获得更多信息。对于不按要求提供信息的，美国国际贸易委员会可给予制裁。

（四）听证

披露阶段结束后的 1 个月为听证准备阶段，听证会可持续 1 天至几个星期。

（五）裁决

听证会后，各方有最多 1 个月的时间准备供行政法官裁决时考虑的证据和材料。行政法官有约 60 天时间对听证会当中提交的文件和证据进行考虑并准备作出初步裁定上报美国国际贸易委员会。行政法官的裁决包括被诉方是否违反了 337 条款，并规定被诉方如希望在总统审查期间继续进口需缴纳的保证金数量。如果案件不涉及上述四种知识产权，行政法官还须裁决国内产业是否受到了损害。同时，行政法官还会就救济措施提出建议。

各方可以就行政法官的裁决提出申诉，请求美国国际贸易委员会进行复审。美国国际贸易委员会可以接受或拒绝复审申请，也可主动决定复审。不提出复审申请则意味着放弃今后任何上诉的权利。如果美国国际贸易委员会决定对裁决进行复审，将会就复审范围和问题做出具体规定。如果美国国际贸易委员会不进行复审，则行政法官的裁决在上报美国国际贸易委员会 45 日后成为美国国际贸易委员会的裁决。

如果美国国际贸易委员会裁定有违反 337 条款的行为，会将其裁决及其依据呈交总统。总统可以在 60 日内出于政策原因否决美国国际贸易委员会的裁决。一旦总统同意，则美国国际贸易委员会的裁决成为最终裁定。

（六）上诉

对于最终裁定的上诉由联邦巡回上诉法院负责审理，各方必须在作出最终裁定 60 日内提出上诉。

三、救济措施

（一）排除令（in rem exclusion orders）

337 条款最主要的救济方法就是排除令，即禁止货物进口到美国。这种排除令可以仅针对被诉方的产品，也可以针对所有侵权产品，非当事方生产的也不例外。此种救济方式只对终裁后进口的货物有效。如果进口商不顾美国国际贸易委员会的书面警告继续试图进口该产品，美国国际贸易委员会可以发布命令，扣留并没收货物。

（二）临时排除令（temporary exclusion orders，TEOs）

在调查期间，如果美国国际贸易委员会认定有理由相信存在违反 337 条款的行为，可以发出临时排除令。临时排除令应在立案后 90 日内发出，特殊情况下可延长 60 天。临时排除令在实践当中很少使用，因为美国国际贸易委员会对此有很高的证据要求，为防止滥用，美国国际贸易委员会还要求起诉方在得到临时救济前必须缴纳保证金。

（三）停止令（cease and desist orders）

停止令可以替代排除令或临时排除令，或与前者同时采取。停止令的目的是在不禁止产品进口的情况下打击某些不公平行为。禁止令要求被诉方改变被裁定为非法的行为或做法，并且在某些情况下禁止令可以用于在美国国际贸易委员会裁定违反 337 条款之前进口的产品。美国国际贸易委员会曾发布过要求公司停止侵犯知识产权、停止某种营销手段以及停止某些反竞争行为的命令。

美国国际贸易委员会还有权对未遵守停止令的被诉方进行民事处罚，罚金最高额为 10 万美元/日或进口产品国内价值的 2 倍。这种措施也很少采用。在可擦除编程只读存储器（EPROMs）案中，美国国际贸易委员会对违反停止令的被诉方罚款高达 260 万美元。另外，如当事方之间达成和解，美国国际贸易委员会将发出允许令并保留执行协议的权利。在含墨携带材料案件中，美国国际贸易委员会对违反允许令处以了10万美元的罚款。美国国际贸易委员会给予金钱处罚的权利成为保证美国国际贸易委员会指令得到执行的有力工具。

四、应对美国337条款的策略

截至2021年2月16日，美国共发起337调查879起，其中正在调查195起，终止调查684起；337调查涉案的行业主要有电子工业、电气工业、通用设备、专用设备、医药工业、化学原料和制品工业、汽车工业、仪器仪表工业；美国337调查中绝大多数都是针对亚洲国家（地区），尤其是中国大陆、中国台湾、日本、韩国和中国香港，中国大陆共涉案331起，中国台湾涉案173起，中国香港涉案88起。2021年美国发起337调查51起，其中26起针对中国，2020年发起337调查49起，其中26起针对中国，2019年发起337调查47起，其中26起针对中国。[①] 从以上数字可以看出，我国已成为美国337条款最大的受害者。

我国出口产品易遭337调查，主要是因为我国对美国出口以劳动密集型加工产品为主，主要包括织品、服装、鞋、玩具、家用电器和箱包等，这些商品容易在商标权、专利权方面侵权。另外，我国很多企业是从事加工贸易生产的，这些贴牌产品也容易侵犯国外商标权。另外，美国企业为打击中国出口企业，也不断利用337条款作为一种贸易壁垒制造贸易障碍。

应对337条款，国内企业可以从以下三个方面着手，保护自身利益，避免遭受损失。

1. 提高对337条款的认识和理解，避免侵权，防范风险

出口企业应避免侵犯他人的知识产权，尤其是以加工贸易方式出口的外贸企业，应注意国外委托方是否拥有委托生产产品的商标、专利、著作权等权利的证明文件或有合法使用上述知识产权的授权。若外商既非权利人又无适当的授权证明文件，应在合同中订立任何有关侵犯知识产权的情况都应由

---

① 数据来源：中华人民共和国商务部网站。

该外商负责交涉并赔偿己方损失的条款。

2. 一旦涉案，要积极及时应诉

在被美国厂商起诉时，我国企业应及时、主动应诉。从长远考虑，聘请在商标和专利权方面有特长的美国律师和国内律师，积极搜集证据，参加应诉，积极抗辩，如证明对方知识产权无效或不构成侵权等，以争取胜诉，维护既定市场份额。

3. 寻求达成和解

为避免失去美国市场的损失，在权衡利弊的情况下，必要时可考虑支付赔偿金与美国企业达成和解。

第八章

区 域 贸 易 协 议 中 的 知 识 产 权 条 款

第一节　美式区域贸易协议中的
知识产权条款

多边贸易体制谈判陷入困境之后，美国致力于通过双边贸易谈判，签订双边贸易协议来规定知识产权条款，提高知识产权的保护力度。目前，美国已与以色列、智利、巴拿马、秘鲁、新加坡、澳大利亚、新西兰、摩洛哥、巴林、阿曼、韩国、约旦等国签订了双边自由贸易协议。

在双边贸易谈判中，知识产权是一个重要的议题。除较早生效的美国以色列 FTA，美国约旦 FTA 外，其他 FTA 协议的知识产权条款几乎都超越了 TRIPS 协议的规定。

美国智利 FTA、美国新加坡 FTA 于 2004 年生效，知识产权条款分别代表美国与拉丁美洲、美国与亚洲国家签订的 FTA。美韩 FTA 是 2019 年签订的，体现了美式 FTA 知识产权保护的最新发展趋势。

一、专利权保护

1. 专利权的保护范围

美国一直重视专利权的保护，强调所有技术领域的新发明都可以获得专利权的保护。美国要求其贸易伙伴对生命形式给予保护。美新、美智、美韩FTA 均要求对动植物品种提供专利保护。美韩 FTA 还要求对已知产品的新用途或新使用方法提供专利保护。

2. 专利保护期限

美式 FTA 有延长专利保护期限的趋势。如美智 FTA 规定，自申请提交之日起，专利批准超过 5 年的，或者审查申请超过 3 年的，专利期限可延长。美新 FTA 规定，如果一方专利的授予以另一国家对发明的审查为准，则如果另一国已经因为延误而延长了专利的保护期，那么应权利人的要求，一方也可以延长最长 5 年的专利保护期进行弥补。

3. 强制许可和平行进口

规定专利强制许可制度的作用在于防止专利权人滥用专利权，平衡专利权人和公众利益。TRIPS 协议授权成员方可以对专利权人实施强制许可。美智 FTA 规定，可以对专利权人实施强制许可，由缔约方自行决定是否允许专利产品的平行进口。

美新 FTA 规定，强制许可的使用，限于国家出现紧急情况，禁止以专利权人不实施专利或专利产品生产不足或专利产品定价过高为由对专利权人实施强制许可。专利权人可以通过合同的方式阻止专利产品的平行进口，包括专利药品。美新 FTA 的这一规定，有利于保护专利权人的利益，尤其是药品专利权人的利益，对公众健康产生不利影响，与 TRIPS 协议的规定相违背。

4. 药品和化学品实验数据的排他权

药品和化学品实验数据作为一种披露信息，TRIPS 协议为防止不公平的商业使用和泄露为目的，仅给予有限的保护。美国是世界上最大的药品生产国，为维护本国制药企业的利益，美式 FTA 确立了对药品和化学品实验数据的专利保护，将专利保护与市场准入联系起来，规定在药品和化学品专利到期前，未经专利权人许可，不得授予任何第三方市场准入许可。

如美新 FTA 规定，如果一方要求药品和农用化学品在获得市场准入前必须提交关于产品安全性和有效性的信息，则在药品获得市场之日起 5 年内，农用化学品至少 10 年内，该方不得许可第三方未经信息提交方同意，以其提交的市场许可的数据信息为基础销售同样或相似的产品。此项规定与专利强制许可结合在一起，使发展中国家利用专利强制许可条件生产专利药品的可能性降到最低，影响药品供应，阻止了药品制造能力缺乏的发展中国家进口药品，严重影响发展中国家的公众利益。

二、商标权的保护

1. 地理标志保护

美式 FTA 将地理标志纳入商标权保护范围，而不是独立保护。如美智 FTA 规定，商标权保护的客体包括集体标志和声音标志，地理标志和气味标志也可以成为商标权保护的客体。美新 FTA 也有类似规定。美智 FTA 规定，注册商标所有人享有专有权以阻止第三方未经该所有人同意在贸易过程中对与已注册商标的货物或服务的相同或类似货物或服务使用相同或类似的标志，包括地理标志，如此类使用会导致混淆的可能性。

2. 驰名商标的保护

对于驰名商标的保护，大多数美式 FTA 对驰名商标提供了特殊保护。对于驰名商标的认定，美智 FTA 规定，一缔约方不得要求该商标的声誉为其所在领域以外的公众所认知。

对于驰名商标的保护，美智 FTA 规定，《巴黎公约》第六条之二款应适用于与驰名商标（无论注册与否）认证的货物或服务不相同或不相类似的货物或服务。只要该商标在对那些货物或服务的使用方面可表明这些货物或服务与该商标所有权人之间存在联系，且此类使用有可能损害该商标所有权人的利益。

三、版权与相关权

1. 保护期限

美式双边 FTA 普遍延长了版权的保护期限。如美韩 FTA 规定，自然人的作品保护期限为作者有生之年及其死亡后 70 年，不以自然人生命为基础的，保护期限为作品发表后或完成后 70 年。

2. 复制权的范围

美式双边 FTA 扩展了传统复制权的范围，将临时复制纳入复制权的范围。如美智 FTA 规定，缔约方应规定表演者和录音录像制作者有权授权或禁止以任何方式或形式永久性或临时性地复制表演或录音录像制品的任何复制品。同时规定了临时复制的例外，不具有经济价值的复制或合法复制不视为侵权。美新 FTA 没有对临时复制做出例外规定。

3. 技术措施的保护

美式 FTA 规定对技术措施进行保护。美智 FTA 规定，缔约方在适当的情况下对规避技术措施行为适用刑事责任。缔约方可自行选择进行刑事保护的方式。既可将规避技术措施看成是一种独立的侵权行为，也可看作侵犯版权的加重情节。美韩 FTA 规定，缔约方应对任何规避技术措施或为规避技术措施提供设备或服务的行为进行民事和刑事处罚。刑事处罚适用于除图书馆、档案馆、教育机构等非商业性团体之外的为商业利益为目的的主体。

四、知识产权执法

1. 预先确定的损害赔偿制度

美式双边 FTA 中，确定了预先确定的民事损害赔偿制度。美智 FTA 规定，在民事程序中，缔约方至少应对于版权或相关权保护的作品和遭遇假冒的商标确立预先确定的损害赔偿。美韩 FTA 规定，在民事程序中，缔约方应至少对于版权或相关权保护的作品、音像制品和表演以及遭遇假冒的商标确立持续的预先确定的损害赔偿制度。预先确定的损害赔偿在数额上应足以构成对未来侵权的阻吓，并能充分赔偿被侵权人的损失。

2. 边境措施

TRIPS 协议规定，缔约方海关应当对盗版和假冒商标的进口商品实施中止放行的强制性措施，可以对侵权出口货物采取措施，即缔约方并无义务对出口侵权货物采取措施。美智 FTA 扩大了海关边境措施的适用范围，规定海关强制性措施可以适用于出口侵权货物，或过境货物。

3. 刑事执法范围

TRIPS 协议规定，缔约方应对具有商业规模的蓄意假冒商标和盗版案件适用刑事程序和处罚。美式双边 FTA 将适用刑事程序和处罚的范围扩大至受版权或相关权保护的作品、表演或录音录像制品，且不要求具有商业规模。如美智 FTA 规定，缔约方应确保刑事处罚和程序适用于以产生商业优势或经济利益为目的的蓄意侵犯版权或相关权案件。美韩 FTA 规定，缔约方应对蓄意进口或出口假冒或盗版货物行为适用刑事处罚，应对在录音制品、计算机程序或文学作品的复制、电影或音像制品的复制以及上述版权商品的包装、说明材料上使用伪造或非法标签的行为适用刑事程序和处罚。

第二节　中澳 FTA 知识产权保护条款
简析及应对

TRIPS 协议签订以来，知识产权规则成为世界经济运行的基本规则。而近年来，由美欧等发达国家主导的跨太平洋伙伴关系协议（TPP）等正着力确定新的包括知识产权在内的国际规则，这些规则所确定的标准大多高于WTO 所确定的规则标准。中澳 FTA 是在美欧大国积极确立和引领新贸易规则的形势下，我国与发达大国确立合作新模式，尝试高水平开放，建立高标准自由贸易区的重要举措。

知识产权保护条款是中澳 FTA 的重要内容，体现了两国保护知识产权的共同意愿。中澳 FTA 知识产权保护条款以 TRIPS 协议为基础，但其诸多条款超出了 TRIPS 协议的要求和标准，反映了我国作为发展中国家与发达国家共同提高知识产权保护水平所做出的努力和承诺。

一、中澳 FTA 知识产权保护条款扩大了知识产权的保护范围

（一）商业方法的可专利性成为隐含条款

中澳 FTA 知识产权保护条款第一条目的与原则中指出，双方认识到知识

产权保护促进经济社会发展，并能减少对国际贸易的扭曲和阻碍；第二十一条执法规定，各方承诺采取有效的知识产权执法体系，以消除侵犯知识产权的货物贸易和服务贸易。

传统上认为加强国际知识产权保护能为国际技术贸易、包含知识产权技术的货物贸易提供稳定的制度环境，促进这些贸易活动的展开，而服务贸易受知识产权影响较小。服务业对于自身技术方法、客户关系等知识资产主要通过保密等非法律、非正式的方法保护。随着计算机技术的发展，在服务领域应用较多的商业方法专利在美国、日本、澳大利亚等国家获得承认和鼓励。商业方法专利是指将商业活动的一般经营、管理规则与信息网络技术、计算机软件、硬件相结合申请的专利。如企业的客户关系管理系统，银行业的信用卡管理系统，产品销售系统，网络支付方法等可成为商业方法专利的对象。

在国际大趋势影响下，2003 年我国批准了花旗银行等企业的商业方法专利。2005 年之后，我国一些企业开始申请商业方法专利，但数量较小，年申请量 400 件左右，且增长速度缓慢，直到 2014 年，申请数量大增，达到 1800 件左右。但我国商业方法发明专利的申请主体主要为国家电网、各省电力公司，中国建设银行等国有企业，其他各类服务业如保险、证券、医疗、教育等行业申请专利较少。发明专利的有效申请数量所占比例偏低。据专利搜索引擎（SOOPAT）专利检索结果显示，30 年来中国商业方法专利有效申请率为 39.44%，美国为 91.58%，日本为 100%。

澳大利亚是鼓励商业方法专利的国家，在中澳自由贸易区的建设过程中，双方会进一步讨论明确商业方法专利保护的范围、审查的标准等。澳方会更多地在中国申请商业方法专利权，商业方法专利可能覆盖各类服务业的管理和服务领域。我国企业如不及早加强服务方法的创造和保护，将会陷入发达国家跨国公司部署的商业方法专利陷阱。如支付宝、财富通曾遭日本电通公司起诉侵犯其网络结算专利权。

（二）扩大了可作为商标注册的标识范围

TRIPS 协议规定，各成员方可要求，作为注册的条件，标志在视觉上是可以感知的。该协议从保护消费者的角度出发，倡导成员国使用可视性的商标。中澳 FTA 知识产权保护条款第十二条商标的标识类型规定：双方同意就可作为商标的标识类型的保护方式开展合作，包括视觉和声音标识。该条款明确规定，商标标识包括视觉和声音标识，即明确非可视性标识如声音、气味等也可注册为商标。

2013 年我国商标法第 4 次修订删除了要求商标标识具有可视性的规定，允许非可视性标识作为商标注册。澳大利亚商标法也明确规定，商标包括以下或以下内容的任意组合：字母、文字、名称、签名、数字、图案、品牌、标题、标签、包装设计、形状、颜色、声音或气味。

事实上，我国在实践中从未接受过非可视性商标标识的注册。但随着市场竞争的加剧，竞争的多元化，传统商标的构成要素在凸显商标鲜明个性方面已出现局限性，具有独特性的声音、气味等非可视性商标同样可以成为消费者识别产源的标志以及承载商誉的媒介。同时，非传统商标的运用可以满足消费者追求个性化、多样化生活的心理，并可以满足一些特殊群体如盲人的需要。

因此，在中澳自由贸易区的建设中，非可视性标识的商标注册在我国将成为吸引消费者的新事物、新现象，抢注非可视性商标将成为企业竞争新法宝。我国企业应抓住机遇创新企业标识特征，关注非可视性标识。

（三）未披露信息的保护水平高于我国

中澳 FTA 知识产权保护条款第十八条未披露信息的保护规定，一项信息只要是秘密的，因其秘密而具有商业价值；并且已由其合法控制人采取合理措施以保持其秘密性，该信息即应获得保护。该条款规定的未披露信息的保护条件与 TRIPS 协议相同，即秘密性、价值性和采取了合理的保护措施。

未披露信息（商业秘密）一般包括设计、程序、产品配方、制作工艺、制作方法、管理诀窍、客户名单、货源情报、产销策略等信息。与专利的范畴相比，商业秘密超出了技术知识范畴，扩展到客户和供应商名单、业务计划或市场调研和信息策略等商业数据。我国反不正当竞争法对商业秘密的保护条件是秘密性、实用性和合理的保护措施。其中实用性的要求与 TRIPS 协议及中澳 FTA 价值性的要求不一致。实用性的规定将尚处于理论研究阶段的开发资料排除在外，缩小了商业秘密的保护范围。实践中，我国很多企业商业秘密保护意识差，对商业秘密缺乏严密保护措施；人才流动引起商业秘密流失现象较为普遍；一些企业采取不正当手段刺探竞争者经营信息、猎取人才等侵犯他人商业秘密的行为也时有发生。

中澳 FTA 强调对未披露信息的保护，我国今后在立法及实际执法中，对秘密信息保护的要求会与国际惯例及有关国际条约接轨，即具备潜在商业价值的信息也可获得保护。商业秘密保护范围的扩大及执法力度的加强，将促使我国企业提高商业秘密保护意识。

（四）植物新品种的保护范围将扩大

中澳 FTA 知识产权条款第十六条植物育种者权利规定：双方应通过其主管部门进行合作，鼓励和便利对植物育种者权利的保护和开发，以期更好地协调双方有关植物育种者权利的监管体系，包括加强对共同关注物种的保护，进行信息交换；减少植物育种者权利审查体系间不必要的重复程序；并且推动改革和进一步完善国际间有关植物育种者权利的法律、标准和实践，包括在东南亚地区内。该条款不仅规定，双方应合作推动、完善保护育种者权利的法律、标准、程序，还规定在东南亚地区进行合作。此条款扩大了对植物育种者的保护范围、力度和地区。

目前，我国植物新品种保护法规还不完善，品种权保护意识还比较淡泊。有效的授权品种数量较少，品种权结构比较单一，主要集中在大田作物，约占总量的 90%，经济作物如蔬菜、花卉、果树、牧草等领域的申请量和授权数量很少。而日本大田作物占 6% 左右，园艺类占 70% 左右。企业品种权创新和申请动力不足，科研和教学单位是品种权申请与授权的主体，占 60% 左右，企业占 32% 左右，而日本企业占 57% 左右，这显示我国品种权商业化能力较差。

我国是国际植物新品种保护联盟（VPOV）1978 成员方，与其他国家与地区相比，我国现阶段给予保护的植物群数量较少（目前对 9 批植物品种 92 种植物提供保护，现正准备对第 10 批植物品种共 45 个品种给予保护）。澳大利亚是 UPOV1991 成员国，当前国际社会也极力要求中国加入 1991 文本。而 UPOV1991 与 1978 文本相比，扩大了品种权的保护范围，保护对象从繁殖材料延伸到收获材料，从产品本身扩展到实质性派生品种。如果中国加入 UP-OV1991，则必须在加入时起五年后为所有植物提供品种权保护。澳大利亚是农业大国，自然资源保护较好，植物品种资源丰富，在粮食、林木、花卉等品种研发方面能力较强。中澳 FTA 的签订，将极大地促进中国加入 UP-OV1991 的进程。届时包括澳大利亚在内的外国申请者将更容易地在中国新开放的植物群中占据优势，我国在这些领域的植物育种创新将会更加艰难，商业种子生产成本会进一步增加，国内种业将面临更大的竞争压力。

二、知识产权保护执法更加严格

（一）知识产权保护执法体系将更加完善

中澳 FTA 知识产权保护条款第二十一条规定，各方承诺采取有效的知识产权执法体系，以消除侵犯知识产权的货物贸易和服务贸易。第二十三条规定，双方同意就有关知识产权管理和执法的信息进行交流，并考虑在知识产权执法方面展开合作。

完善的知识产权执法体系应包括立法、司法、知识产权行政管理部门包括海关等各方的有效配合。我国目前对知识产权的保护也采取司法保护和行政保护两条途径。但目前我国的知识产权行政执法力量不足，一些地方政府未设立知识产权行政部门及专门的执法部门，大部分执法人员缺乏专业培训，人员素质不能满足知识产权行政执法的要求。行政保护和司法保护不能有效衔接，行政部门对侵权案件缺乏主动查处，司法部门对知识产权犯罪案件缺乏主动侦查，知识产权案件审理周期较长，效率较低，导致权利人的利益不能得到有效保护。

中澳 FTA 签订后，双方将建立更严密、更有效、更主动的知识产权保护执法体系。我国不仅应在法律法规的制定上体现加强知识产权执法的力度，在实际执法时，行政部门和司法部门、各地区保护知识产权部门也应加强协调。行政部门应主动查处知识产权侵权案件、司法部门应主动侦查知识产权犯罪案件，提高办案人员的专业水平，实施知识产权案件专家陪审制度，提高案件的审查速度。在诉讼程序中应注意对企业商业秘密的保护，如可规定有条件参与听证会、非公开庭审程序，选择性公布非秘密内容的司法裁决等。

（二）透明度的要求更加明确

中澳 FTA 知识产权保护条款第六条规定：为提升知识产权制度运作的透明度，各方应使其已授权或已注册的发明专利、实用新型、工业设计、植物品种保护、地理标识和商标数据库在互联网上可获得。另外，各方应努力公开发明专利、商标、植物品种保护和地理标识申请，并使其在互联网上可获得。并在第十一条规定了各方应自发明专利申请日起满 18 个月后公布并且通过互联网向公众提供该申请。据此规定，中澳双方任何重要权利的申请和已授权或已注册的权利都应在互联网上公布。根据中澳 FTA 知识产权条款透明度的规定，中澳双方都将使本国知识产权申请和授权状况的披露更加彻底，以满足协议关于透明度的要求。各方政府和企业、个人都将可以更容易地通过互联网查询、获得对方的知识产权申请和授权状况。

（三）对商标和版权侵权行为规定刑事责任

中澳 FTA 知识产权保护条款第二十一条规定：各方至少应对具有商业规模的恶意假冒商标或版权盗版行为规定刑事程序和处罚。可使用的救济应包括足以起到威慑作用的监禁和（或）罚金，并应与适用于同等严重犯罪所受到的处罚水平一致。该条款要求双方应在各自法律中对恶意假冒商标和版权盗版行为规定刑事责任，意在加强对商标和版权的保护，防止侵权行为给权利人造成重大损害。

我国商标法和著作权法中关于侵权的惩罚责任具体规定了侵权人应承担的民事责任，没有规定构成犯罪的具体情形及应承担的具体刑事责任。澳大利亚版权产业发达，版权立法完善，对版权侵权的刑事立法严格，规定明知或应知是侵权复制品而进口、为商业目的而持有侵权复制品、未经许可在公共场所公开播放或表演他人作品均是犯罪行为。

可以预见，我国在未来的商标法和著作权法修订中将加强对权利人权利的保护，规定构成犯罪的具体情形及应承担的具体刑事责任。中澳双方也都将加强保护商标和版权的执法力度，主管机关将加大对侵权行为的主动查处力度。我国企业应切实转变观念，树立商标和版权意识，摒弃未经授权的复制仿制做法，避免侵犯他人知识产权。

（四）加大了主管部门保护知识产权的责任

中澳 FTA 知识产权保护条款第二十二条第四款规定：各方应确保其法律、法规或政策允许相关主管部门在接到信息或投诉时根据其法律采取措施，防止假冒商标商品或盗版商品出口。该条款规定加大了对权利人利益的保护，能够有力地阻止侵权商品的出口。

我国根据 TRIPS 协议的建议，实施了海关知识产权出口检查，规定海关对于出口的侵权商品可以给予扣押并禁止出口，但以往法律中并未明确规定除海关之外的其他机构在接到信息或投诉时可以采取措施，防止侵权商品出口。澳大利亚传统上对于商标权的保护更多地采取司法保护的方法，对版权的保护主要靠各种集体管理组织以及司法裁决，但近年来澳大利亚逐步强化了行政保护，赋予了联邦警察及海关一定的权限，如联邦警察可以在紧急案件中采取行动，海关可以在权利人提出请求并提供合法证据和材料后扣押侵权商品。

海关知识产权检查要求权利人在海关进行权利备案，若权利人没有及时在海关备案，则海关知识产权检查便无从进行。中澳 FTA 关于主管部门可以阻止侵权商品出口的规定，使没有及时备案的知识产权权利人的利益也能得到及时保护，反映了两国意在加强知识产权行政保护、赋予行政机关更多执法权限、规范两国贸易秩序的共识。

三、我国的应对之策

（一）政府应完善立法及相关政策，加大知识产权执法力度

1. 完善立法及相关政策

中澳 FTA 体现了中国强化知识产权保护的趋势，因此，我国必须在知识产权保护的立法上加强与国际条约接轨。如在专利法或在实施细则中明确规定商业方法的可专利性及其具体范畴，建立完善严格的商业方法专利审查标准；在商业秘密的保护条件中将实用性改为价值性；明确植物新品种的保护范围等。具体规定知识产权的侵权情节及责任，尤其是侵犯专利权、商标权、商业秘密的民事赔偿责任及刑事责任。在政策方面，我国应加强对弱势知识产权项目的支持力度，如应加强对植物新品种研究的支持力度，对植物新品种研究给予直接补贴，加强植物品种的创新、保护和应用，以提高我国农业及农产品的国际竞争力。

2. 加大知识产权执法力度

根据中澳 FTA 加强知识产权执法的要求，我国政府将在知识产权申请、审查、授权、查处侵权等各环节完善执法措施。针对当前情况，我国应增加知识产权审查人员数量，提高审查人员的专业化程度；在查处侵权环节，可规定临时措施和市场纠正措施；对于侵权行为，可规定在保障各方应有诉讼权利及申请人提供足够担保的情况下，司法机关或行政机关可以直接、快速的方式叫停侵权行为；对于侵权货物进入市场，可规定经权利人申请，司法机关、行政机关应及时采取适当措施防止侵权货物投放到市场，或将已投放市场的侵权货物尽快从市场上撤离。同时，我国政府应与澳大利亚政府协商，对侵权的货物贸易活动或其他行为加以制止的方法和手段。

（二）企业应提高知识产权保护意识，关注知识产权保护新要素

1. 企业应提高知识产权保护意识

从中澳 FTA 知识产权条款的规定及近年我国对知识产权法律的修订中可以看出，从立法到实践上，我国知识产权的保护水平会不断提高，知识产权的执法力度会不断加强。因此，我国企业应加强知识产权意识，生产企业应加大对技术创新的投资，根据成果特点，对创新成果积极申请专利权或采取保密方式保护。同时尊重他人知识产权，对生产、销售的产品，应查明是否侵犯他人知识产权。从事加工贸易的企业，在接受国外订单时，对外方指定的商标不应不加审查盲目照做，而应谨慎核对该商标在国内及进口国是否存在有效的知识产权，并在合同中规定，如出现产品侵犯他人知识产权的情况，应由委托方负责交涉。

2. 关注知识产权保护新要素

（1）注重商业方法创新及保护。

商业方法专利权保护在澳大利亚、英国、法国、美国等国已有比较成熟的实践。中澳 FTA 知识产权条款中虽未明确规定保护商业方法专利，但两国已把消除由于知识产权侵权造成的服务贸易活动作为双方的共识。而随着我国服务贸易市场准入的逐步拓宽，包括澳大利亚等国的发达国家对中国服务

贸易领域的投资必会不断增多。外资服务业的商业服务方法及管理经验比较先进，而其又善于创新和寻求保护。因此，随着中澳自由贸易区建设的逐步深入，澳大利亚服务企业及其他发达国家服务企业必会在中国寻求商业方法的保护。

因此，我国企业应加强本行业领域服务方法的创新，通过各国政府公布的网络联系点，注意检索各国专利文献，追踪发达国家在商业方法上已申请的专利权和正在申请中的权利，在已有权利基础上谋求创新，避免重复劳动。同时，中国企业可就商业方法在澳大利亚申请专利权以寻求法律保护。企业在澳大利亚投资经营时，也应关注澳洲商业方法专利权，避免陷入知识产权侵权纠纷。

（2）关注商标新要素。

鉴于中澳商标法、中澳 FTA 知识产权条款均规定非可视性标识可以注册为商标，我国企业应转变意识，创新商标注册标识的新思维。根据产品特点，创造独特的并易于为消费者识别和记忆的声音或气味，并将其和特定产品联系起来。对非传统商标如何突出显著性，如何能更容易地被消费者识别等方面，企业还应特别关注。注册后企业还应加强对这些商标的培养宣传，若遭遇他人侵权，还可申请驰名商标保护。

根据澳大利亚、中国香港等地的法律实践，非可视性商标仍需以书面形式或图像形式表达出来。企业应根据中澳两国商标注册的具体要求，注意对此类标识的描述和表达。如申请注册声音商标时，除在申请书中予以声明，还应以五线谱或简谱表示。如果声音无法用五线谱或简谱表示，也可用文字描述声音商标，并配以象声词（配声调）为声音商标作书面表达，并附带存储该声音的光盘、录音带或其他设备。在申请注册气味商标时，除在申请书中予以声明，还应以化学方式来表示。若气味无法用化学方式表示，也可用文字描述气味商标，同时附带存载该气味的气源。

3. 重视地理标志保护

地理标志是 TRIPS 协议明确要求保护的知识产权，中澳 FTA 知识产权条款中双方也同意通过证明商标等形式保护地理标志。我国地域辽阔，气候多样，适合用地理标志保护的产品很多。目前，我国法律规定可以用注册证明商标和集体商标的形式保护地理标志，也可以到农业农村部农产品质量安全中心，根据《农产品地理标志管理办法》取得登记保护。

澳大利亚是地理标志弱保护国家，因此，我国相关企业不仅应在我国注册地理标志，也应注意在澳大利亚申请将地理标志注册为证明商标，以在澳大利亚寻求保护。

第三节　中日韩 FTA 知识产权规则趋势及应对

在全球经济一体化速度放慢，多边贸易谈判进展缓慢的形势下，参与区域经济合作，组建区域经济一体化组织是世界各国深入参与经济全球化，加快本国经济发展的重要形式。中日韩三国是近邻，组建自贸区的呼声由来已久。但由于各国在经济发展水平、历史纠葛及领土、政治等方面的原因，2012 年中日韩自贸区方开始进入官方正式谈判阶段，至 2019 年三方开展了 16 轮谈判，建设步伐有望加快。

自 2002 年建设中日韩自贸区的设想提出以来，中日韩自贸区的建设得到广泛关注，学者们就中日韩自贸区条款应如何谈判做了广泛的探讨，从货物贸易、服务贸易、投资合作、知识产权条款等方面提出了谈判的框架及建议。

中日韩既有的知识产权制度及知识产权贸易竞争力差距悬殊，日韩两国是知识产权保护水平较高的国家，从知识产权保护范围、保护期限、执法措施等方面来看，知识产权保护水平高于中国，且高于 TIRPS 协议的规定。在中日韩自贸区知识产权条款中，日韩将会坚持高标准的知识产权保护。我国是发展中大国，知识产权保护制度虽相对完善，但不是知识产权强国，因此中国在谈判中应坚持发展中国家立场，注重强调各国知识产权的合作，以国际条约为基础确立保护水平。

综合日韩两国的知识产权制度及其对外签订的自贸区协议，日韩两国会在中日韩自贸区谈判中坚持高水平知识产权保护，中日韩自贸区条款或将会出现诸多超出 TRIPS 协议的知识产权条款，将会对企业的发展提出更高的要求，企业应研究中日韩自贸区知识产权保护趋势的变化，善于创造智力成果以利用高水平保护维护自身知识产权权益，同时应避免侵权。

本节将分析中日韩 FTA 知识产权条款背景现状，介绍中日韩各自国内及其参加的 FTA 知识产权条款现状，分析中日韩 FTA 知识产权规则的趋势，提出我国在中日韩 FTA 谈判中知识产权条款的谈判策略，并指出企业应对中日韩 FTA 知识产权规则应注意的问题。

一、中日韩及其参加的 FTA 知识产权保护现状

（一）中国及其参加的 FTA 知识产权保护现状

20 世纪 80 年代后，我国建立了较为完善的知识产权法律保护体系。专利法、商标法、著作权法、著作权软件保护条例、反不正当竞争法、民法、刑法等，分别对专利权、商标权、著作权及其相关权、商业秘密等提供法律保护。民法、刑法中也规定了涉及知识产权侵权行为的民事及刑事责任。目前我国也对药品、植物新品种提供特殊保护。

近几年中国参加的 FTA 中大多包含知识产权保护条款，2015 年中国与澳大利亚、韩国签订的 FTA 中知识产权保护条款体现了中国积极参与国际知识产权保护，并愿意提高知识产权保护水平，加强知识产权执法力度的立场。以下以中澳、中韩 FTA 知识产权条款为例，说明中国参加的 FTA 知识产权保护加强的趋势。

1. 保护范围

中澳 FTA 指出，知识产权是指《与贸易有关的知识产权协议》中定义和描述的版权及相关权利，以及关于商标、地理标识、工业设计、专利和集成电路布图设计（拓扑图）、植物品种和未披露信息的权利。中韩 FTA 指出，知识产权特别包括版权及相关权、商品和服务的商标、工业品外观设计、专利、实用新型、植物新品种以及未披露信息。

以上规定的知识产权保护范围包括了 TRIPS 协议规定的所有类型的知识产权，除此，中澳、中韩 FTA 知识产权条款还包含了一些超出 TRIPS 协议保护范围的条款。

（1）对植物育种者提供专利保护。如中澳 FTA 规定，为鼓励和便利对植物育种者权利的保护和开发，双方应通过其主管部门进行合作，加强对共同关注物种的保护，进行信息交换；减少植物育种者权利审查体系间不必要的重复程序；推动改革和进一步完善国际间有关植物育种者权利的法律、标准

和实践，包括在东南亚地区内。中韩 FTA 规定，缔约双方对植物新品种提供保护，并对植物新品种育种者给予充分和有效的保护。TIRPS 协议规定的保护范围未提及植物育种者。

（2）商业商法成为专利保护对象。中澳 FTA 规定双方保护知识产权，旨在清除货物贸易和服务贸易中的知识产权侵权行为，商业服务方法成为隐含的专利保护的范围。TRIPS 协议未提及对商业商法进行专利保护。

（3）不以商标可视性作为商标注册条件。TRIPS 协议规定缔约方可以规定商标注册以可视性为前提条件。中澳 FTA 规定商标的标识类型包括视觉和声音标识。中韩 FTA 规定，缔约任何一方都不得将标记必须视觉上可以感知作为一项注册条件，也不得仅以标记由声音构成为由而拒绝注册一项商标。

为方便商标注册，中韩 FTA 还规定缔约方应提供商标的电子申请、处理、注册及维持机制及向公众公开的有关商标申请和注册的电子数据库，包括在线数据库。

（4）规定了对技术措施进行保护。中韩 FTA 特别强调对技术措施给予保护，规定各缔约方应规定适当的法律保护和有效的法律救济，制止对任何有效的技术措施进行规避，这种规避是相关人员在明知或有合理理由应知其在追求这种目标的情况下仍实施的行为。技术措施是指在正常的操作过程中，为了禁止或限制在作品、表演或录音制品方面未经各缔约方国内立法所规定的版权和相关权权利人授权的行为而设计的任何技术、设备或零件，包括阻止或限制访问互联网上的作品的访问控制措施。此项规定对仿制品、反向操作、破解保护密码等行为进行了有效限制，TIRPS 协议及我国尚未规定对技术措施进行保护。

（5）关于保护遗传资源、传统知识和民间文艺方面，中澳、中韩 FTA 主要规定了各国可以加强此方面的合作。中澳 FTA 规定，双方可以采取适当措施保护遗传资源、传统知识和民间文艺。双方同意根据多边协定和各自国内法律未来的发展，进一步讨论遗传资源、传统知识和民间文艺的相关问题。中韩 FTA 规定，对于遗传资源、传统知识和民间文艺，缔约双方认识到遗传资源、传统知识和民间文艺对科学、文化和经济发展做出的贡献，承认并且重申于 1992 年 6 月 5 日通过的《生物多样性公约》中确立的原则，尊重《生物多样性公约关于获取遗传资源和公平公正分享其利用所产生惠益的名古屋议定书》的要求，特别是有关事先知情同意和公平、公正分享惠益的要求。

就遗传资源和传统知识，缔约双方鼓励为促进 TRIPS 协定和公约之间互相支持的关系做出努力。双方可采取或者保持促进生物多样性保存以及公平分享利用遗传资源和传统知识所产生的惠益的措施。双方同意进一步讨论遗传资源事宜。

我国在遗传资源、传统知识和民间文艺方面具有传统优势，应进一步促进在 FTA 国家倡导对遗传资源、传统知识和民间文艺的保护。

2. 知识产权执法的民事和刑事程序

（1）民事程序确定了预先确定损害赔偿制度。

中澳 FTA 规定，各方承诺采取有效的知识产权执法体系，以消除侵犯知识产权的货物贸易和服务贸易。中韩 FTA 规定，在民事司法程序中，各缔约方至少应当针对受版权或相关权保护的作品、录音制品和表演以及针对商标假冒，建立或维持预先确定的损害赔偿金，其可由权利人选择。预先确定的损害赔偿金数额应当足以对未来的侵权行为构成威慑，并且足以完全弥补侵权行为对权利人所造成的损害。

（2）刑事程序和救济范围扩大到复制电影院放映的电影作品。

中澳 FTA 规定至少应对具有商业规模的恶意假冒商标或版权盗版行为规定刑事程序和处罚。中韩 FTA 规定，各缔约方应当规定刑事程序和处罚，至少适用于具有商业规模的故意假冒商标或者盗版案件。各缔约方应当根据国内法律法规，规定适用于具有商业规模的故意未经授权复制电影院放映的电影作品或其部分内容的刑事程序和处罚。

3. 知识产权执法边境措施保护范围扩大

知识产权执法边境措施源于 TRIPS 协定对各成员的要求，TRIPS 协议规定各成员应当对进口货物进行知识产权检查，并可以对出口货物进行海关知识产权检查。检查的范围限于假冒商标和盗版。而大多数国家对边境措施的执行超越了 TRIPS 协议的规定，对进出口货物都进行海关知识产权检查，并且检查的范围由商标、著作权扩大到著作权相关权、专利权、外观设计、实用新型。

中澳 FTA 规定，当其主管部门认定货物为假冒商标商品或盗版商品（或者已扣留可疑货物），各方应规定其主管部门有权至少将发货人、收货人的姓名、地址，以及涉案货物数量告知权利人；各方应规定其海关对于进口或出口的涉嫌假冒商标的商品或盗版商品可依职权启动边境措施；各方应确保其法律、法规或政策允许相关主管部门在接到信息或投诉时根据其法律采取措施，防止假冒商标商品或盗版商品出口。

中韩 FTA 规定，各缔约方应当根据国内法规定，采取程序使有正当理由怀疑在一个自由贸易区进口、出口、转运、存放及在保税仓库存放侵犯知识产权货物的行为有可能发生的权利人，能够向行政或司法主管机关提出书面申请，要求海关中止放行此类货物进入自由流通或者扣留此类货物；各缔约方应当根据国内法预先规定，在进口、出口、转运以及进入包括自由贸易区在内的保税区环节，如提供足够的信息（例如涉嫌侵权的进口商或出口商、涉嫌侵权的货物的识别方法），权利人可以请求海关保护其权利。如海关发现与权利人请求保护的权利相关的涉嫌侵权货物，可以告知权利人包括出口商和进口商名称、进口商地址、产品说明、数量和申报价格等在内的细节，并可给予权利人申请启动中止放行货物程序的机会；各缔约方应当规定，其主管机关应当有权要求申请中止放行涉嫌侵权货物程序的权利人提供足以保护被告和主管机关并防止滥用的合理保证金或同等担保。各缔约方应当规定，保证金或同等担保不得不合理地妨碍诉诸此类程序；各缔约方应当规定，如存在货物正在侵犯知识产权的明显证据，其主管机关可在没有私人或者权利人正式申诉的情况下依职权中止放行货物。

以上对从自由贸易区进口、出口、转运、存放及在保税仓库存放侵犯知识产权货物采取边境措施的规定，与知识产权地域性的原则相违背。如商品不进入一国境内，仅在该国自由贸易区内转运、存放或在海关仓库存放，对该国知识产权人并无影响，该国并无采取强制措施的必要。

（二）日本及其参加的 FTA 知识产权保护现状

日本涉及知识产权保护的主要法律法规包括《专利法》《实用新型法》《商标法》《外观设计法》《著作权法》《不正当竞争防止法》等。日本经济产业省特许厅负责制定相关政策并实施管理。日本知识产权法律注重对权利人和公众利益的平衡，对权利的限制比较严格。如规定专利权人 2 年内不使用专利权，可实施强制许可。这些规定对权利人的权利进行了约束，有利于专利技术及时用于生产过程。

在日本参加的 FTA 中，能够比较典型代表日本知识产权保护趋势的是最新签订的日欧经济伙伴关系协定（日欧 EPA，2019 年 1 月 31 日签订）、扩展的跨太平洋伙伴关系协议（CP-TPP，2018 年签订）、日澳经济伙伴关系协议（日澳 EPA，2015 年签订）。

1. 保护范围

关于对商标的保护，日欧 EPA 将商标的保护范围扩大，规定对包装标签给予保护，规定不得使用与已注册商标商品相同或近似的包装标签。CP-TPP规定一方不得要求注册商标是可视的，商标可由声音、气味构成。日澳 EPA规定商标可以是任何标记，包括个人名字、字母、数字、图形、三维标志或颜色组合。商标应能够将不同企业生产的产品或服务区别开来。如果标识本身不具有区别产品或服务的能力，但通过使用获得了显著性特征，也应使此类标识获得合格的商标注册。

对于商业秘密，日欧 EPA 规定，未披露的试验数据或其他数据，只要具有商业价值，都给予保护。CP-TPP、日澳 EPA 都做了类似的规定。

2. 多种知识产权保护期限高于 TRIPS 协议

日本《专利法》规定，专利保护期原则上从申请之日起 20 年。因药品审查等原因，专利发明可实施期限被缩短的情况下，最多可申请延长 5 年保护期。《商标法》规定商标保护期为 10 年，在有效期内可多次更新。《外观设计法》规定外观设计有效保护期为 20 年，在保护期间为维持注册须每年支付注册费，20 年后权利消失，但仍受到反不当竞争法的保护。著作权法规定著作权在著作人死亡或第一次出版之日起 50 年内受到保护。电影著作权在公布后70 年内受到保护。

日欧 EPA 规定，文艺作品保护期为作者有生之年及其死亡之后 70 年。法人其他组织的作品，保护期为发表后 70 年，不发表的作品，保护期为创作完成后 70 年。录音作品保护期不少于 70 年。工业品外观设计保护期不低于 20年。未注册产品外观至少应保护 3 年。药品专利、农业化学品专利延长保护期，因国内市场程序无法实施的，给予 5 年补偿保护期。

CP-TPP 规定，作者的作品保护期为不少于作者有生之年及其死亡之后 70年。不以自然人生命为基础的作品的保护期，录音录像作品的保护期不少于发表之后 70 年。没有发表的作品、录音录像作品 25 年内没发表的，保护期为不少于自作品创作之后 70 年。

3. 知识产权侵权惩罚力度大

日本规定，对专利权、商标权和外观设计权或其使用权、著作权、出版权或著作权邻接权侵权者，情节严重，可处以 10 年以下、1000 万日元以下罚款；对实用新型权或其使用权侵权者处以 5 年以下、500 万日元以内罚款；对作者人格权或演出者人格权的侵犯者处以 5 年以下、500 万日元以内罚款。

4. 知识产权边境措施保护范围扩大

日欧 EPA 规定，对于进出口货物，权利人可提出申请，要求暂停释放涉嫌侵犯商标、著作权及有关权利、地理标志、专利、实用新型、工业设计、植物品种权的商品。海关当局可以自行决定扣押侵权商品。日澳 EPA 规定，每一方应提供（规定）海关依职权对侵犯商标、版权及其相关权、专利权、工业品外观设计、植物新品种权的进出口货物，实施暂停释放的程序。

（三）韩国及韩国参加的 FTA 知识产权保护现状

1. 保护范围扩大

韩国对专利权、商标权、实用新型、外观设计、半导体电路布图设计、商业秘密、互联网地址资源、互联网数字内容、植物品种都给予保护。韩国政府重视新兴知识产权，如对高新科技的著作权、产业著作权、信息知识产权、地理标识、网络域名、香味等特殊商标都予保护。

美韩 FTA 规定，任何一方不能要求商标注册的条件是可视的，也不能因为商标是由声音、气味构成的，而拒绝其注册；不注册商标也可成为驰名商标；缔约方应提供电子申请注册渠道。欧韩 FTA 规定，所有色彩或色彩组合都可注册商标，全息商标、动态商标都受到保护。

2. 保护期限延长

美韩 FTA 规定，关于版权及相关权，自然人的作品保护期不少于作者去世后 70 年；不以自然人生命为基础的作品的保护期、录音录像作品的保护期不少于发表之后 70 年；没有发表的作品、录音录像作品 25 年内没发表的，保护期为不少于自作品创作之后 70 年。

3. 侵权处罚较为严厉

韩国国内法规定，从行业分类看，如果罪行严重，对专利和商标权的侵害可以处以 7 年以下有期徒刑或 1 亿韩元以下罚款；如果是对著作权财产权的侵害，可以处以 5 年以下有期徒刑或 5000 万韩元以下的罚款，侵害著作人格权则可以处以 3 年以下有期徒刑或者 3000 万韩元以下的罚款；如果是不正当竞争行为（除了网络域名抢注以及形态模仿行为），则可以处以 3 年以下有期徒刑或者 3000 万韩元以下的罚款；如果是商业秘密侵害行为，则可以处以 5 年（国内）或 7 年（国外）以下有期徒刑或因侵权行为获利的 2 ~ 10 倍罚款。韩国还设立专门网站，方便民众举报假冒商品和侵权行为。

4. 对权利人权利的限制

韩国规定商标注册人 1 年内必须使用商标，此规定避免了一些商标注册人不使用商标，只为交易目的而恶意抢注商标的情况。

5. 边境措施保护范围扩大

美韩 FTA 规定，对疑似盗版或侵权的进出口货物、过境货物，或在自由贸易区的货物，主管当局可依职权启动边境措施。欧韩 FTA 规定，海关在无人申请的情况下，可以扣留疑似侵权货物，并对其进行调查。

二、中日韩 FTA 知识产权规则发展趋势

综合上述对中日韩各自及其参与的 FTA 知识产权保护状况的分析，可以从保护范围、保护期限、执法力度、海关边境措施等方面分析中日韩 FTA 知识产权规则的发展趋势。

（一）知识产权保护的范围可能扩大

日韩知识产权保护程度较高，范围较大。目前我国参加的一些 FTA 知识产权条约保护范围也逐步扩大。预计中日韩知识产权条约对药品、植物新品种、商标新要素（动态商标、全息商标、声音商标、气味商标）、技术措施、具有潜在价值的秘密信息，都有可能成为中日韩 FTA 知识产权保护的对象。

（二）保护期限可能延长

根据 TRIPS 协议的规定，专利权的保护期不低于 20 年，商标的首期注册不低于 10 年，工业品外观设计不低于 10 年。但日韩及其相关的 FTA 都规定，对著作权作品的保护期为作者有生之前及其死亡后 70 年，或作品发表后 70 年或完成后 70 年。延长著作权保护期限成为一种趋势。另外，对于药品和农业化学品的专利保护期，日韩给予延长 5 年的保护期，由于其在药品和化学品领域技术处于领先地位，在中日韩 FTA 中，也可能要求比较长的保护期。日韩也强调对外观设计的保护，如日本对外观设计保护 20 年，在中日韩 FTA 中也可能要求提高外观设计的保护期。

（三）知识产权惩罚力度可能加大

日韩对侵犯知识产权的行为处罚比较严厉。日本规定对侵犯专利、商标、著作权的犯罪行为最高可处 10 年以下有期徒刑，韩国规定可处 7 年以下有期徒刑。而中国对知识产权侵权的处罚相对较轻，知识产权侵权成本相对较低，因此，日韩可能在 FTA 中要求成员加大对侵犯知识产权行为的惩罚力度。

（四）知识产权边境措施将更加严格

日本加入的 FTA、EPA 普遍规定，海关可依职权对疑似侵权的进出口货物采取扣留措施。韩国加入的 FTA 规定，对过境货物、自由贸易区的货物也可启动边境措施。此种规定，超越了 TRIPS 协议的规定，并对发展中国家的仿制货物在国际贸易中的流通构成了极大的障碍。中日韩 FTA 中如规定对过境货物及自由贸易区内的货物可以实施边境措施，将对中国生产的商品经由日韩过境出口至其他国家造成影响。

三、中国在中日韩 FTA 中关于知识产权条款的谈判策略

我国是发展中国家，知识产权保护起步较晚，技术水平及知识产权保护意识既与发达国家日本存在较大差距，也和韩国存在差距。但我国在较短

时间内，经过制定完善法律、加强知识产权执法，也在保护知识产权领域取得了较快的进展，知识产权保护的相关制度已经基本符合 TRIPS 协议的规定。在我国所签订的 FTA 中，尤其是与澳大利亚、韩国的 FTA 中也规定了一些超TRIPS 协议的条款，表明在与包括发达国家在内的共建 FTA 的过程中，我国提高知识产权保护水平的趋势。但我国作为发展中国家，无论与发达国家还是与发展中国家签订 FTA，都应考虑我国的科学技术发展水平、经济发展的实际情况，考量我国知识产权保护的应有水平，坚持发展中国家的身份和地位，不能做出超越我国实际经济发展的高水平保护承诺。在中日韩 FTA 知识产权条款谈判中，我国也应同样遵守这一原则。

1. 保护范围可适当扩大

关于知识产权的保护范围，我国的法律制度及我国参加的一些国际知识产权保护条约、参加的 FTA 中包括了知识产权领域的绝大多数类别，如近几年新出现的商业方法专利、声音商标、气味商标、技术措施等。但对于日韩知识产权法中出现的商品标签、动态商标、全息商标，我国尚未在法律文件中体现。鉴于在国际贸易中，在各国贸易实践中，使用动态商标、全息商标已是企业保护其商标权的重要手段和趋势。我国在中日韩 FTA 谈判中，也可同意保护动态商标、全息商标、商品标签等新要素。

鉴于我国实际情况，我国在地理标志和传统文化、遗传基因等方面具有优势，因此，在中日韩谈判中，应积极主张对地理标志的保护，主张规定对侵犯地理标志权，误导消费者的行为应给予民事和刑事上的惩罚。对传统文化，可规定在申请传统文化保护时，应提交传统文化的历史渊源、现在的发展状况及保护的意义等文件。在遗传基因保护方面，对植物新品种、种子专利的申请，应要求申请者说明遗传基因的来源，如不能说明遗传基因的来源或遗传基因并非来源于申请者所在的特定国家，可不予保护。

2. 坚持发展中国家保护标准，保护期限不能延长

关于保护期限，我国严格遵循 TRIPS 协议，规定专利权保护期 20 年，实用新型、外观设计保护期限 10 年，商标首期注册保护期 10 年，著作权保护期为作者死亡后 50 年或作品发表、完成后 50 年。日韩的知识产权制度及其参加的条约，有延长各种专利权保护的趋势。我国作为发展中国家，更应考虑到知识产权权利人利益与公众利益的平衡。在保护期方面，应坚持在 TIRPS

协议规定的范围内，规定知识产权的保护期。不能顺应日韩潮流，不能同意著作权保护期由作者死亡、发表、完成后 50 年延长至 70 年，不能同意将外观设计保护期由 10 年延长至 20 年，不能同意将药品和农用化学品的保护期由 20 年延长至 25 年。

3. 可以接受在 FTA 中规定促进知识产权使用的相关条款

在日韩法律制度中，在促进知识产权成果使用方面，体现了注重知识产权权利人和公众利益的平衡。如日本规定，专利权人 2 年不实施专利，可以实施强制许可。韩国规定，商标权人 1 年不使用商标，可以撤销。在我国，一些专利权人申请专利权的目的可能不是使用，而是其他目的，专利权获批后，并不致力于将专利技术用于生产过程。因此，为加快专利技术尽快应用，我国也可在谈判中同意促进专利人实施专利权的强制许可规定，如可接受规定可以对专利权人实施强制许可的时间期限由申请日后满 4 年并授权后满 3 年，缩短至授权后满 1 年或 2 年。

在我国有些商标权人注册商标不是为了用在产品上，而是为了抢注或阻止他人注册，或恶意抢注后进行交易。商标法保护商标权的意义在于，一方面鼓励权利人通过注册商标、专有使用商标，使商标赋有与其他同类生产者不同的意义；另一方面能够使消费者通过商标辨别商品和生产者。如果注册商标都是为了抢注，商标权的保护便无法实现其目的。因此，为了促进商标的使用，我国可以规定，商标的注册人一段时间不使用商标，商标局可以撤销其注册商标。我国《商标法》规定，3 年内商标权人不使用商标的，商标权可以被撤销，但不是必须撤销。3 年的期限可以缩短，"可以"可以改为"应当"。在 FTA 知识产权谈判中，我国也可以适当同意为加快商标使用的目的，规定权利人在一定的期限内必须将商标付诸使用。如规定，商标注册后 1 年或 2 年不使用，商标局有权撤销注册商标。

4. 抵制超 TRIPS 协议的知识产权边境措施

日韩知识产权制度及其参加的 FTA 或 EPA，对海关边境措施的规定几乎都超出了 TRIPS 协议的规定，要求授权海关可以依职权主动对侵权进出口商品实施扣留，并规定对过境货物、存放在自贸区内的货物也可以实施海关措施。根据此类规定，国际贸易中的货物经由日本或韩国过境或者在其自由贸易区存放，如侵犯了日韩国内知识产权人的权利，这类货物也将被扣留。而这类货物是不进入日韩国内市场的，并不对国内市场构成任何影响。此类规定违背了 WTO 承认的知识产权地域性原则，会对发展中国家的仿制品出口构成严重影响。我国作为发展中国家应抵制在 FTA 协议中签订此种违背 TRIPS 协议基本原则的对发展中国家明显不利的条款。

5. 可适当接受更为严格的知识产权惩戒措施

目前，国际上关于知识产权侵权的惩戒措施有普遍严格的趋势，各国和各类区域性条约都体现了此种趋势。相对于日韩较严厉的知识产权惩戒措施，我国对于侵权行为的惩戒力度相对较弱，知识产权执法相对不够严格。2014 年、2019 年我国商标法的修订及我国近年参加的 FTA 协议体现了加大知识产权执法力度的趋势。因此，我国在谈判中可适当接受更为严格的知识产权惩戒措施，如可规定对于侵权行为，成员国应采取行政或司法行动予以制止，并给予民事或刑事制裁，但不适合规定具体的民事（如预先损害赔偿）及刑罚措施力度。

对于我国具有比较优势的地理标志，应坚持规定成员对损害地理标志的行为与其他侵权行为一样提供必要的民事及刑事保护措施，并应同样适用于知识产权边境措施，海关对于假冒地理标志的产品也应采取必要的措施。

四、我国企业应注意的问题

我国与日韩是近邻，日韩是我国重要的贸易市场及投资来源地。"一带一路"背景下，我国企业在日韩市场投资也渐趋增多。中日韩自贸区 FTA 谈判步伐的加快，将有力地促进中日韩的经贸往来。知识产权规则是国际贸易、世界经济运行的基本规则，中日韩 FTA 签订后，中国与日韩有经贸往来的企业应充分研究中日韩 FTA 知识产权规则，遵守并运用规则，做好知识产权注册、登记、保护、运用工作，并避免侵犯他人知识产权。

（一）及时申请注册、使用商标

1. 及时申请注册商标

对于自身设计使用的商标，企业应及时在日韩市场申请注册，防止商标被他人抢注。在日韩注册商标，可通过《商标国际注册马德里协定》申请注册，同时也可在其他主要目标市场申请注册。企业在设计商标标识时，应关注商标新要素，可以考虑用声音、气味注册商标。为有效保护商标，可以注册动态商标和全息商标。

2. 商标注册后应及时投入使用

企业在设计注册商标标识时，应审慎考虑商标所适用的商品，商标注册后应及时投入使用，避免因不使用而被主管机构撤销。注册商标时，应避免抢注网络词语或其他社会流行词语，因为这些词语可能会被商标局认为没有显著性或有其他不良影响而不予审定，即使注册成功，也可能会被指控侵权，或没有好的市场认可度。商标如在既定时间内没有使用，可能会被商标局撤销。

3. 注意保护驰名商标

对于已经有一定知名度的驰名商标，企业应注意保护。如发现有其他人恶意抢注或模仿驰名商标的包装装潢等，应及时向当地行政或司法部门申请认定驰名商标，利用各国及区域 FTA 关于驰名商标保护的规定，主张恶意抢注的商标无效。

（二）及时申请外观设计权，以取得对外观设计的保护

日韩等国十分重视外观设计权，虽然外观设计技术进步的成分不如发明专利权，但给企业带来的利益可能并不低于发明专利权，因此，企业应特别重视。如对于服装的款式、包装的设计等，企业都应及时申请注册，以便产品能及时进入市场并获得专有性的保护。企业对于他人的外观设计也应注意观察并定期检索，对于有专有权的外观设计，应避免模仿或制作类似产品以防止侵犯他人知识产权。

（三）申请专利权应注意实用性

企业在进行专利技术开发时，应注意专利技术的实用性，注意技术是否有市场前景，是否有需求。如没有实用性、没有市场需求或无法实施、不方便实施，专利权会由于不实用而丧失价值，还可能会被实施强制许可。

对于药品专利和农业化学品专利，企业如使用他人专利权，应注意这些

专利的保护期是否被延长，如有效期延长，企业应注意在保护期内不能仿制专利药品和化学品。

（四）注意著作权保护期限是否延长

从日韩国内的法律制度及其参加的 FTA 来看，两国对著作权的保护期限有延长的趋势。企业使用受著作权保护的作品，应特别注意其保护期，如拟使用作品在保护期内，使用作品应取得著作权人同意，并支付报酬。企业在注册商标时，应注意拟注册的商标标识是否侵犯他人的著作权，如标识是受到著作权保护的作品，应注意是否超过作者死亡后 70 年，或作品发表或完成后 70 年，否则商标注册可能侵犯他人的著作权。

营业性机构在营业时如需使用音乐作品作为背景音乐，应注意是否侵犯了相关作词、作曲、表演者的著作权，并注意其保护期。在保护期内的音乐作品，未经相关著作权人同意，不能用于营业目的。社会教育机构使用教学资料，应注意是否侵犯著作权，因为未经许可复印、使用他人享有著作权的作品是侵权行为。

（五）及时在日韩海关备案知识产权，防止别人侵权并避免侵犯他人权利

企业进行生产经营活动、开展国际贸易活动，应充分研究各国知识产权保护规定及其参加的国际条约的规定。从事对日韩贸易的企业，应充分研究日韩知识产权制度及日韩参加的 FTA 条约。对于即将签署的中日韩 FTA，企业也应特别关注。从事对日韩贸易的企业及在日韩经营的企业，对于自身拥有的专利权、商标权、著作权、地理标志等知识产权，应及时在日韩注册并及时在日韩海关进行备案，以便海关能及时发现进出口的侵权商品，并在必要的时候对侵权商品采取扣留措施。

企业在生产经营贸易活动中，还应避免侵犯他人知识产权，包括专利权、商标权、外观设计、地理标志、植物新品种、药品测试数据等。日韩将过境商品、在自由贸易区内加工的商品也纳入知识产权边境措施的范畴，因此企业应特别注意其进出口的商品在日韩是否存在有效的知识产权权利人。如在日韩存在有效的权利人且本企业未得到有效的授权，则商品最好不在日韩过境或经由其自由贸易区。

第九章

全球化背景下的国家知识产权战略

第一节　知识产权战略概述

一、知识产权战略的含义

知识产权制度是与许多国家的工业经济增长同步发展的。许多发达国家的经济发展历史证明，经济发展与知识产权制度的建立密切相关。以英国为例，英国是世界上最早实施知识产权法律制度的国家，正是知识产权制度使其成为当时世界上工业发展最快的国家之一。英国为了推动技术创新和经济发展，鼓励国外的能工巧匠从欧洲大陆将技术带到英国来生产经营，实行了鼓励发明创造的政策，向国外发明者授予类似专利的专属特权，使发明者能在英国市场的经营得到保护，享受免税待遇。这一政策后来又推广到采矿、金属加工、丝绸等行业，并在此基础上，英国在1623年正式建立了专利制度，颁布了世界上第一部现代意义上的专利法。英国成功地运用专利制度，不仅给发明人带来经济利益，而且推动了英国工业的飞速发展。英国16世纪的经济发展以及后来的工业革命在很大程度上都归功于英国的专利制度和鼓励发明政策，可以说英国是世界上最早运用知识产权战略的成功例子。

至19世纪末，包括英国在内的经济发达国家大多都建立了本国的专利及其他知识产权保护制度，并开始运用知识产权战略。知识产权制度和战略大大促进了这些国家以后经济的发展。

"二战"后，科学技术的飞速发展使知识产权制度和战略的作用更加明显。科技革命的发展使社会生产力空前提高，技术在经济增长中的作用日益突出并得到各国的高度重视。国家之间的竞争演变为以科学技术为基础的综合国力的竞争。知识产权制度和战略的实施和完善可以使科技优势得以固定并充分发挥技术优势，获得最大的收益，因此技术的竞争已演变为知识产权的竞争。目前发达国家大多已根据自身的需要建立了较为完善的知识产权制度，并且根据实际情况不断修正知识产权制度，主要趋势为进一步扩大知识产权保护范围，加大保护力度。

发展中国家大多是在本国经济发展到一定阶段，在与发达国家的接触中，在发达国家的要求和压力下逐步建立和完善知识产权制度的。知识产权制度在发展中国家鼓励创新的作用不像发达国家那样明显，但发展中国家也需要保护本国的知识产权，需要保护外国的知识产权，以吸引外资促进本国经济发展。韩国和巴西是近年来运用知识产权制度与战略促进本国经济发展较为成功的国家。

二、经济全球化与知识产权战略

随着经济生活国际化的发展，20 世纪 80 年代世界经济出现了全球化的特征。全球化一词用来形容全球商品、服务、资本和技术在世界性生产、消费和投资领域中的扩散。有些学者认为全球化不仅包括经济全球化，还包括政治、文化、信仰、社会运动等方面的全球化，但是目前表现得最明显的是经济全球化。经济全球化是 21 世纪世界经济发展的趋势之一。随着对全球化问题研究的深入，人们从不同的视角给出了全球化的定义。国际货币基金组织对经济全球化作了如下定义：全球化是"通过贸易、资金流动、技术涌现、信息网络和文化交流，世界范围的经济高速融合。亦即世界范围各国成长中的经济通过正在增长中的大量与多样的商品劳务的广泛输送，国际资金的流动、技术被更快捷广泛地传播，而形成的相互依赖现象。其表现为贸易、直接资本流动和转让"。因此，可以理解为经济全球化一般是指在生产力水平高度发展的基础上，各国普遍实行开放性经济政策的基础上，贸易、投资、金融、生产等行为超越一国领土界线的大规模活动，各国经济相互融合、相互依赖程度不断加深的一种经济状态，也指生产要素在全球范围内的广泛流动，实现资源最优配置的过程。

经济全球化的基本表现为贸易全球化、金融全球化、投资全球化和生产全球化。全球化运行的主要载体是跨国公司。跨国公司的全球生产经营活动促进了全球范围的货物贸易、服务贸易、技术贸易、国际投资、国际金融的发展，使生产要素在全球范围内大规模流动，使国际分工从国家之间的分工发展为企业内部生产工序上的分工，使世界各国的经济空前紧密地联结在一起。

20世纪90年代以来，经济全球化深入发展，全球贸易往来不断增多，资金、技术、人才等生产要素在国际间流动加速。目前，经济全球化已呈不可逆转之势，它带来了新的竞争规则和更大范围的竞争，对世界各国产生着重大影响。

经济全球化带来生产要素国际间自由流动的同时，使技术在促进经济发展中的作用空前提高，使知识产权制度成为世界经济运行的基本规则之一，使知识产权制度和战略成为很多国家及国际企业提高自身竞争力的战略武器。

第二节　各国知识产权战略简介

一、美国知识产权战略

美国是世界上最早建立知识产权法律和制度的国家之一。知识产权战略是美国最为重要的长期发展战略之一。美国独立后即在其《宪法》中明文规定发明人、作者的创作成果应当享有知识产权，并于1790年颁布了《专利法》和《版权法》，时间早于绝大多数其他国家。这表明美国建国之初就把保护知识产权作为其基本国策之一。

20世纪70年代，欧亚发达国家和新兴工业国家（地区）在经济上崛起，使美国产业界感到了巨大的竞争压力。美国意识到在经济竞争中最大的资源和优势在于科技和人才，而由于知识产权保护不力，使得外国能够轻易地模仿美国的技术成果，并凭借劳动力和制造业的廉价成本优势实现了经济快速发展。为此，美国总统卡特在1979年提出要采取独自的政策提高国家的竞争力，振奋企业精神，并第一次将知识产权战略提升到国家战略的层面。从此利用长期积累的科技成果，巩固和加强知识产权优势，以保持美国在全球经济中的霸主地位，成为美国企业与政府的统一战略。美国的知识产权战略可以归结为以下几方面：

（一）注重完善知识产权法律制度

20 世纪中期之后，随着美国逐渐成为世界第一强国，其国内知识产权制度也不断完善。美国一方面注重为权利人提供有效的知识产权保护，如大力促进其版权产业的形成和壮大，将能够获得专利保护的范围扩大到微生物、与计算机程序有关的商业方法等，规定大学和科研机构对利用国家投资完成的发明能够享有自主专利权等；另一方面也注重知识产权权利人利益与公众利益之间的合理平衡。美国是世界上最早建立反垄断体系并将其用于规制知识产权权利滥用行为的国家，它还通过其最高法院近 10 年来的一系列重要判决，制止对专利权的保护范围做出过宽的解释，以平衡专利权人和其他技术使用者之间的利益。

美国实施知识产权战略主要沿着三种轨迹不断伸延。一是根据国家利益和美国企业的竞争需要，对专利法、版权法、商标法等传统知识产权立法不断地修改与完善，扩大保护范围，加强保护力度。近年来，随着生物、信息及网络技术的发展，一些新兴技术形式不断纳入知识产权的保护范围，例如将网络营销模式等理念列入专利保护范围，在基因功能方面，美国专利申请数量颇多，知识产权优势明显。二是国家加强调整知识产权利益关系，在鼓励转化创新方面强化立法。自 1980 年《拜杜法案》到 1986 年《联邦技术转移法》以及 1998 年的《技术转让商业化法》，1999 年美国国会又通过了《美国发明家保护法令》，使美国大学、国家实验室在申请专利，加速产、学、研结合及创办高新技术企业方面发挥更大的主动性。2000 年 10 月众参两院又通过了《技术转移商业化法案》，进一步简化归属联邦政府的科技成果运用程序。三是在国际贸易中，一方面通过其综合贸易法案中的"特殊 301 条款"对竞争对手予以打压，另一方面又积极推动 TRIPS 协议的达成，从而形成了一套有利于美国的新的国际贸易规则。

（二）重视科研投入

作为支持国家知识产权战略实施的基础，美国的科技活动近年来也处于十分活跃的时期。美国 1993 年的 R&D（研究与发展）投入为 1174 亿美元，

2000 年达到 19985.5 亿美元，同期，美国企业也大幅增加了 R&D 投入，企业 R&D 投入占美国全部 R&D 投入的比重从 58.3% 上升为 68.2%；美国企业在 R&D 执行结构中的比例也从 70.8% 上升为 75.3%。

2017 年美国国家科学委员会的报告显示：美国每年所投入的研发资金已经达到 4960 亿美元。2018 年，美国的研发投入占 GDP 总量约为 2.8%。同期，中国的研发投入约为 2965 亿美元，占 GDP 总量约为 2.18%。虽然我国的研发投入总量也在不断提高，但在分配方面与美国的差距很大，在基础研究方面美国投入了 17% 的研发经费，而我国不足 5%。同期，日本的研发投入约占 GDP 总量的 3.42%，以色列和韩国的研发费用占 GDP 比重高达 4.5%。

（三）注重知识产权战略研究工作

作为国家战略实施的重要组成部分，美国十分重视知识产权战略的研究工作。例如，美国 CHI 研究公司的专利记分牌就是颇具特色的一项研究。CHI 成立于 1968 年，其特点是运用文献计量分析方法，对科学论文和专利指标进行研究，享有很高的国际声誉。目前，CHI 首创的一套专利引用指标已被发达国家广泛采用。自 2000 年起，《企业技术评论》杂志根据 CHI 的数据库和研究成果，每年发表一次专利记分牌的统计结果，用技术实力（综合指标）及专利数量、当前影响指数、科学联系、技术生命周期等 5 项指标分别为在美国专利申请量最大的 150 家公司按 8 个高新技术领域排定名次，以此清晰地分析世界各大公司在美国知识产权市场的竞争态势。专利记分牌不仅注重专利数量，而且其指标设计还可满足对企业质量的分析。例如，一件专利被后来的专利引用越多，说明该专利对后来技术发展的影响越大，处于核心技术专利的位置。

美国的专利战略研究具有长远的战略考虑和长期的基础性布局。早在 20 世纪 70 年代前期，CHI 就与美国国家科学基金会合作，首次建立了全美国的科学文献计量指标。在 20 世纪 80 年代，CHI 把科学论文引用分析技术扩展到专利引用分析，用于分析企业竞争动向、进行技术跟踪和其他产业技术分析。CHI 多年来投入巨资建立了一套专利数据库，收录和建立了 100 万条以上的非专利参考文献数据和几十万个企业的标准名录。在雄厚的数量资源基础上，CHI 不仅为国家的宏观政策分析和研究提供服务，如与美国国家科学基金会的合作，更重要的是为面向企业的经济分析提供了一种独特的数据资源，为支持美国政府和企业实施知识产权战略发挥了重要作用。

（四）积极推动其他国家知识产权制度的建设

自 20 世纪 80 年代以来，美国在其对外知识产权政策方面一直从维护本国利益出发，进攻性地参与和推动知识产权国际规则的制定和调整。美国在双边交往中也不断强制推行自己的知识产权价值观，与相关国家签订双边协议，使对方在知识产权保护上实行比 WTO 的《与贸易有关的知识产权协议》更严格、水平更高的保护。例如，2005 年开始的澳大利亚新一轮的知识产权法修订，就是按照 2005 年 1 月达成的《澳美自由贸易协议》的要求进行的。美国还频频运用其综合贸易法中的"特别 301 条款"和关税法中的"337 条款"，对其认为侵犯美国知识产权的国家和企业进行威胁和制裁。美国是对知识产权国际规则的形成和发展影响最大的国家。

二、日本知识产权战略

"二战"后，日本通过引进美国和欧洲的先进技术并对其进行消化吸收和再创新，建立了世界上最好的有形产品制造体制，被称为"日本模式"。日本在 20 世纪 60～70 年代提出过"贸易立国论"，80 年代又提出了"金融立国论"，这些国家发展战略的制定，对日本的经济发展起到了重要的推动作用。1985 年西方发达国家签订"广场协议"，日元从此大幅升值。日元升值使日本国内生产成本提高，从而降低了日本制造业的国际市场竞争力。90 年代后，日本处于欧美的先进技术能力和知识产权能力与亚洲新兴工业国家和地区尤其是中国的制造力及低成本竞争之间，在高技术领域和技术集约型产品方面竞争力落后于欧美，而在传统工业和劳动密集型产品方面竞争不过新兴工业国家和地区，使日本经济进入低迷期。90 年代，亚洲金融危机的发生，使得日本面临着极大的经济困境，在美国的进一步打压下，日本的经济泡沫破裂，致使其长期处于经济低迷状态，90 年代被日本学者称为"失落的十年"。

进入 21 世纪后，日本政府决心走出低谷，面对由于资源短缺所形成的对国际市场的高度依赖，日本认为比其他发达国家更需要知识产权的创新和完善的保护制度。为此，日本政府推出了"知识产权立国"战略政策。日本的知识产权战略涉及知识产权的创造、保护、活用和人才培养等方面，通过知识产权的创造、保护、活用，形成知识创造的循环，达到促进国民经济健康发展，提高国家产业国际竞争力的目的。

2002 年日本制定了"知识产权战略大纲"，第一次明确提出了"知识产权立国"的国家发展战略目标。之后，日本制定了《知识产权基本法》。2003 年成立了知识产权战略本部，协调各有关省厅实施国家知识产权战略。2003 年 7 月，由知识产权战略本部制定了第一个"知识产权推进计划"。为确保知识产权战略的有效实施，2003 年日本政府成立了知识产权战略推进事务局，负责修订知识产权战略推进年度计划、协调各方面的工作。

日本知识产权战略主要体现在以下方面。

（一）加强知识产权的自主创新

日本政府积极推进大学的创新能力，加强知识产权方面的产、学、官合作，改善研究人员的创新环境，鼓励企业创造高质量的知识财产，并在制度政策与体系建设方面为自主创新提供支持。

（1）在产、学、官合作方面，首先加强三方的合作基础，支持大学等研究机构的运营体制改革，发挥间接桥梁作用。其次建立产、学、官合作法规，明确共同研究、委托研究程序，让国立大学法人充分了解开发专利可转为入股形式取得利益，促进大学创建风险企业。

（2）在改善科研人员创新环境方面，推进、重视、奖励知识财产创造的研究开发，通过研发评估，让科技人员能够更灵活地应用知识产权和专利发明。在企业创新方面，使企业更加重视基础专利的取得。

（3）在制度与政策方面，规定院校知识成果实行权利单位归属原则；对职务发明允许单位与发明人自由协商报酬问题；规定政府资助的研发项目获得的知识产权可以归承担者所有，激发了项目承担者申请专利的热情。

（4）在体系建设方面，在全国各类大学建立知识产权部，并给予资金上的大力支持；为促进大学研究成果向民间转移，建立技术转移机构。

（二）加大知识产权保护力度

1. 完善法律制度

日本知识产权法律体系健全。日本知识产权法律制度以《知识产权基本法》为基础，辅之以《专利法》《实用新型法》《外观设计法》《商标法》《版权法》《集成电路布图设计法》《半导体集成电路流程设计法》《不正当竞争防止法》《著作权法》《种子和种苗法》《关于特定电信服务提供人的损失赔偿责任的限制及发信人信息披露的法律》《大学等技术转移促进法》等，构成了日本知识产权法律制度的基本框架（见图9－1）。

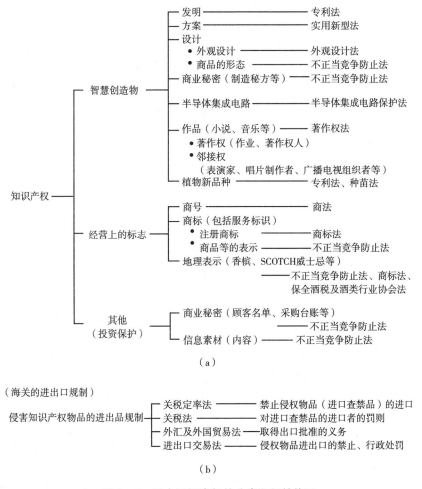

（a）

（b）

图9－1 日本知识产权的分类和保护体系

日本的知识产权法随着时代的变化不断修订。法律修订的主要变化为：（1）加速专利审查：为改变专利审查周期长的状况，日本设定了审查期限目标，中期目标：到2008年，审查期限为20个月；长期目标：到2013年，审查期限为 11 个月。（2）拓宽知识产权保护范围：广泛研究有关医疗行为专利权的保护方法，医疗器械的操作方法可以申请专利；育种者权利扩大到登记品种收获物作为原料直接加工的产品。（3）延长保护期，推进实用新型制度：实用新型的保护期限延长到 10 年；在实用新型登录的基础上可以申请发明专利。（4）增加地区品牌的保护制度：2005 年 6 月，对《商标法》作了修订，地域名或商品名可以作为当地集体商标注册，通过合理保护地区品牌，增强地方产业的竞争力，搞活地区经济。（5）强化知识产权刑事惩罚。一是著作权法，将原来最高 3 年刑期或罚款 300 万日元以下提高到最高 5 年刑期或罚款 500 万日元或两者并用；二是反不正当竞争法，2005 年将原来最高 3 年刑期或罚款 300 万日元以下提高到最高 5 年刑期或罚款 500 万日元或两者并用；三是种苗法，严重侵犯育种者权利者可以以刑事犯罪论处。

2. 健全知识产权执法机构

为有效实施知识产权制度，日本专利厅不断增加审查人员，以加快各类技术检索。鼓励成立民营检索机构。为健全知识产权审判管理机构，日本知识产权战略本部决定建立知识产权高等法院，用于解决专利等知识产权纠纷，提高知识产权纠纷的处理效率。

（三）促进知识产权的应用

为促进知识产权运用，日本政府积极支持企业运用知识产权战略。主要表现在：支援企业的国际标准化活动，完善关于技术标准的知识产权法规制度；向中小企业和风险企业提供信息，接受咨询，支持中小企业和风险企业研究开发及取得知识产权；表彰风险企业的优秀技术，支持其向海外扩展。

在国家知识产权战略的带动下，各地区相继成立了区域知识产权战略总部，为企业提供多方位的服务。如聘请专家和专业技术人员免费为企业提供技术咨询，提供免费培训，内容涉及知识产权侵权对策、专利运用、实施知识产权战略的内部体制、专利申请战略等；制作《知识产权战略指南手册》，免费发放给需求者；为中小企业与大学之间搭桥，为他们构建合作平台，提供交流机会，免费提供专业技术人员为企业做咨询，并对产学联合作开发项目给予资金上的支持。

在政府的大力推动下，日本的企业纷纷制定本企业的知识产权战略规划。各企业普遍成立知识产权战略管理部门，负责全公司的知识产权创造、推进、保护等各项工作。

（四）加强知识产权人才的培养

为加强知识产权人才的培养力度，日本大幅度增加和提高律师的数量和质量，充实法官和检察官的知识产权知识与能力。日本现有从事知识产权工作的人才约 7 万人，2010 年预计将增加到 10 万人。同时，注意改善培养知识产权人才的外部环境，推进法学院和知识产权专业大学、研究生院的知识产权教育，奖励民间自主知识产权人才进修，努力提高国民的知识产权意识。

（五）加强知识产权的国际合作

目前，日本在知识产权方面的国际合作主要体现为以下两方面：一是逐步建立世界专利。2005 年起日本着力于协调日美欧三方专利技术检索制度，对于美欧已检索过的专利申请，日本专利局将根据申请人的要求，不再进行重复检索，直接决定是否授权，最终实现专利申请在日美欧三方间实质性的相互承认制度。二是积极参与国际标准的制定。在培养国际标准化人才、参与制定国际标准化规则等方面加强力度。

日本在知识产权保护方面起步虽晚，但行动迅速，其效率高、成效快。目前日本在战略性科技前沿领域和对经济发展产生重大影响的领域中专利的数量和质量都占有很大优势，特别是在半导体、纳米技术、生物技术、精密机械技术、有机化学、再生医学等方面都有世界一流的设备和研究人才。随着日本知识产权保护的加强，必然会进一步增强日本高新技术产业的竞争力，发展中国家要学到日本的先进技术，将会付出更加高昂的代价。

三、韩国知识产权战略

韩国是一个依托知识产权制度由贫穷落后的发展中国家迅速崛起的典型。

2005 年，韩国的发明专利和实用新型的申请量达到近 20 万件。专利权的授予量从 1981 年的 1808 件上升到 2005 年的 73509 件，增长 41 倍。2019 年，韩国知识产权局授权专利总计 125795 项，比 2018 年增长了 6%。韩国发明专利和实用新型申请量的增长与其人均 GDP（国内生产总值）的增长相吻合，这表明知识产权与经济实力的增长之间存在紧密联系。

随着科学技术对经济增长的贡献日益增长，利用知识产权制度实现知识和技术资源的产权化和资本化，进而在国际经济活动中占据主导地位，已成为韩国的一项基本国策。为通过技术创新大力发展本国的经济增长潜力，推动高附加值产业的发展，实现 2018 年人均国民收入 3.34 万美元、迈入世界先进国家行列的目标，韩国政府始终把知识产权战略作为保持和提高韩国创新能力和技术竞争力的基本举措。其战略核心是将知识产权制度发展成为对新技术的创造、产权化、商业化具有促进功能的系统化社会基础结构，强化韩国的知识创造力和知识产权竞争力；同时，为全面应对经济全球化和高技术快速发展带来的知识产权新问题，韩国积极参与全球新型知识产权制度的建立，为企业参与国际知识产权竞争与合作创造良好的制度环境。韩国知识产权战略主要表现在以下方面。

（一）修改和完善知识产权法律制度

目前，韩国保护知识产权的法律制度主要有《专利法》《实用新型法》《外观设计法》《商标法》《版权法》《计算机程序保护法》《半导体电路设计法》《防止不正当竞争及保护营业秘密法》《种子产业法》《海关法》等。为适应以 TRIPS 协议为主导的国际知识产权保护标准，强化知识产权制度对技术创新和知识创造的激励作用，提高知识产权制度的行政效率，2001 年韩国修改了七部知识产权法律及其相关制度。

1993 年和 1995 年，韩国在对版权法修改的过程中，提出了对数据库及版权作品的某些邻接权的保护。1998 年，韩国制定了《防止不正当竞争及保护营业秘密法》。2001 年，韩国又进一步修订了《防止不正当竞争及保护营业秘密法》，规定无正当理由损害有名商标的名声或识别力的行为为不正当竞争行为，反映了保护知名商标的国际趋势。2006 年 10 月 1 日，韩国开始实施新修订的专利法。此次修订主要涉及新颖性的判定、提交文件截止日期的延长、异议与无效程序等几个方面。

（二）强化知识产权的管理机构

韩国政府于1946年成立了专利研究所，负责专利、实用新型、商标、外观设计和版权的保护，并制定了相应的法律。后经多次更名，2000年6月定名为韩国知识产权局。韩国知识产权局的职能包括：专利、实用新型、外观设计和商标的审查和注册（包括服务标记），制定保护商业秘密的政策；半导体芯片布图设计注册；审查与知识产权有关的争端（由工业产权审判庭负责）；反假冒活动；国内外知识产权信息和文件的管理、计算机化和宣传；鼓励创造和创新活动；知识产权领域内的国际合作；知识产权领域内的人力资源开发等。

其他有关知识产权的管理机构包括专利信息协会、科技信息协会、韩国发明促进协会等。韩国知识产权保护所涉及的行政部门还有文化观光部（主要负责版权保护及相关事宜）、信息通信部（主要负责计算机软件）及其下设的各类审议调解委员会和专利厅下设的专利审判院等。司法执法部门有知识产权审判部、专利法院、民事法院、检察厅、警察厅等。知识产权审判部和专利法院负责知识产权的无效和专利权范围的确定，民事法院负责侵权行为的一般司法审判。此外，海关、产业资源部贸易委员会也担负保护知识产权的职责，具有部分行政执法权。

（三）建立外围专利战略，促进专利应用

20世纪80年代中期韩美之间发生的一系列知识产权争端给韩国企业造成了危机，韩国政府和企业认识到，知识产权的战略性运用是唯一的生存之路，专利战略是在激烈的国际技术竞争中取胜的关键举措。由于韩国的技术能力比较弱，因此其专利战略的首要目标是在跨国公司的以技术优势为手段的攻势面前保护自己，并尽量引导技术转让。外国公司虽拥有核心专利，但要在一个新市场生产产品，还需要使用一系列配套技术。因此韩国企业采取了层层围堵的办法，争取在跨国公司技术含量较高的专利周围编织专利网，申请一系列技术含量较低的配套专利，以此遏制跨国公司垄断市场。这一战略不仅使韩国企业防御了外国企业的攻势，也获得了宝贵的时间来提高核心技术实力，加强了韩国专利技术的国际地位。

韩国认识到，只有将专利实现了商业化才能促进社会对专利技术的广泛应用，进一步开发出专利技术的经济价值、创造就业机会，同时可以增加对发明者的经济回报，从而实现知识产权制度既激励技术创新又促进技术扩散的基本目标。因此，韩国努力为促进专利技术的商业化创造有利环境。首先，提供法律保障，制定《促进技术转让法》。该法于 2001 年开始实施，以法律的形式保障了韩国技术交易所的设立与运营，为鼓励和实施技术转让提供了有力的法律保障。其次，建立知识产权市场和网上专利技术市场。韩国知识产权局的互联网知识产权市场促进了专利技术的商业化和销售，有效防止了先进专利技术的闲置。同时，积极组织知识产权市场和技术展览，为技术发明、申请和商业化活动提供有效支持。另外，由专利审查员成立的专利技术转移促进部，参照技术合同范本，帮助企业达成合理公平的许可合同。最后，扶持优秀技术和专利产品。2002 年，韩国知识产权局为专利技术商业化实施了 100 亿韩元的投资和 100 亿韩元的财政资助。与此同时，2003 年韩国产业资源部投入 1471 亿韩元，加强对专利技术的开发、转让和产业化扶持，促进专利新技术的产业化。

（四）运用核心技术专利引进战略，促进产业和经济的双重发展

韩国不惜重金引进意义极为重大的核心技术。以无限通信产业的发展为例，1995 年，韩国大胆从美国购买了 CDMA 技术专利许可，并于 1996 年由三星电子在世界上率先实现民用化和商用化，进而推动了基础原本非常薄弱的韩国移动通信产业实现全面快速的发展，为韩国在亚洲金融危机后快速恢复经济发展发挥了重要作用。1995～2001 年，无线通信产业给韩国带来了约 1040 亿美元的效益，创造了 142 万个工作岗位。

韩国在发展 CDMA 技术过程中，始终坚持市场和研发两条路并进，不断加快自主研发的步伐。经过几年的磨练，韩国企业掌握了从系统核心技术研发到手机外观设计的全套本领。2019 年，三星电子通过 PCT 提交国际专利申请 2334 件，是世界申请量前十位企业之一。

（五）加强知识产权人才培养，提高知识产权意识

一方面，韩国注重知识产权领域的人力资源开发。韩国在 1987 年成立国

际知识产权学院，旨在为韩国政府和企业以及亚太地区发展中国家培养知识产权专家、促进国际合作。其活动内容包括：为韩国知识产权局、政府知识产权管理人员提供有关课程；为企业、专利法律事务所、研究所等提供有关的知识服务；为学校教师提供促进发明和知识产权教育方面的课程；承担学校培训项目；举办世界知识产权组织（WIPO）亚洲论坛、国际知识产权教育研讨会和韩日知识产权执法研讨会，并为亚太地区发展中国家培训知识产权官员。2003 年，韩国在国际知识产权学院创立国家发明教育中心，为今后大规模培养发明人才做准备。

韩国特许厅对从事知识产权执法工作的相关部门的人员，如警察、海关、地方政府、知识产权局等方面的执法人员不断加强培训，重点是与知识产权有关的法律法规及具体的执法实务，从而，提高他们知识产权保护的实践知识和技能以及鉴别真假商品的技巧。

另一方面，韩国注意培养学生及全社会的发明意识。韩国特别重视对有发明才能儿童的早期培养以形成青少年知识产权意识，积极发展并指导以"促进学生发明"为主题的各项活动。韩国在 180 个学校建立了发明实验室；韩国知识产权局确定了许多发明教育模范学校，每所学校每年给予 1100 万韩元的资助；每年一次的韩国学生发明展览会是大规模、高档次的学生发明展览会；韩国将每年的 5 月 20 日作为"发明日"，以强调创新和知识经济的重要性，培养全社会的发明意识。

（六）强化知识产权保护和执法

韩国政府十分重视知识产权联合执法行动。韩国检察机关和警方的共同职责之一就是调查假冒产品的生产者和销售者，以维护社会经济的正常秩序。

1993 年，韩国最高检察院成立了侵犯知识产权联合调查中心，并与各区检察院成立了区域联合调查队，建立了检察机关保护知识产权的专门机构，以集中打击违法者。此外，韩国每个地方警察局和分站也都设立了专门反伪造盗版的部门。韩国最高检察院还定期召开侵犯知识产权调查指导会议，由国家警察局、地方警察局、地方政府及海关行政管理局等 9 个政府部门参加，共同研究、协商和制定打击知识产权侵权者的具体措施。

在联合执法中，韩国特许厅向检察机关、警察局、海关和地方政府提供有关国内外侵权商标等动态知识产权信息，支持这些相关部门的反仿冒执法行动，共同打击假冒伪劣活动。

韩国在 21 世纪加强了对假冒商品的打击力度。韩国知识产权局、地方政府、检察院和警方合作，定期召开有关知识产权侵权的联席会议，合作进行全国范围的打击假冒品活动，知识产权局成立了假冒品举报中心，取得了显著效果。但随着假冒品生产和流通逐渐转入地下，相关打击工作越来越困难，这就要求更多的有经验的执法人员，为此韩国政府对警察、海关、地方政府、知识产权局等方面的执法人员不断加强培训；同时，通过出版和广泛散发各种形式的相关资料，提供知识产权法律和反假冒实际技能教育，不断加强反假冒工作的专业化。

从 2000 年开始，韩国政府多管齐下大力打击盗版活动。2000 年文化观光部正式成立了打击盗版本部，严厉打击盗版销售行为。韩国由以前的没收盗版音像制品为主转变为以刑事立案为主进行打击盗版。鉴于韩国的盗版行为较多地通过互联网传播的特点，2000 年韩国开始打击网上非法传输复制软件，并加强盗版音像制品的稽查和打击力度。

2005 年开始，信息通信部专门制定了降低软件盗版率方案，韩国还大幅度扩大了抽查预告制度的实施范围。在进行盗版检查之前，相关部门提前一周左右的时间通知检查对象，使盗版软件的使用者主动将所用的盗版软件更换为正版。另外，韩国还在网上设立假冒商品举报中心，有力地打击了不法人员的侵权行为，保护了专利持有者、业主以及消费者的权益。

（七）加强知识产权保护与合作的国际化

韩国非常重视知识产权保护的国际化工作，不断将本国知识产权相关法律提升到国际标准。韩国于 1979 年加入世界知识产权组织，1980 年成为《保护工业产权巴黎公约》的成员国，1984 年加入《专利合作条约》，1987 年加入《世界版权公约》，1988 年加入《布达佩斯条约》，1995 年加入世界贸易组织 15 个知识产权相关协定中的 8 个，包括《与贸易有关的知识产权协议》。1996 年加入《保护文学和艺术作品伯尔尼公约》，2003 年 4 月，成为《商标国际注册马德里协定》的成员国。因知识产权保护得力，1999 年韩国知识产权局被世界知识产权组织指定为《专利合作条约》的国际检索单位和初步审查单位，成为菲律宾、印度等国家的国际检索服务单位，韩文也成为国际专利申请的可用语言之一，为韩国申请国际专利带来了极大的便利条件。根据世界知识产权组织的统计，2007 年韩国的国际专利申请数量达 7061 件，位居世界第四。2019 年，韩国通过 PCT 提交了 19085 件国际专利申请，数量排在全球第 5 位。

韩国在现有知识产权制度国际化的基础上，进一步加强对专利审查结果的合作开发、对公有技术联合检索等领域的国际合作，积极参加中日韩三方知识产权多边合作，以及与美国、澳大利亚和其他国家的双边合作。

在双边合作方面，韩国与马来西亚和新加坡的合作取得了显著的成效。在和马来西亚合作方面，韩国专利权持有者只要向马来西亚专利局呈示韩国专利授权证书，就可不经过马来西亚专利局的审查而获得马来西亚专利权。新加坡是继马来西亚之后第二个不经审查就可授予韩国专利持有者专利权的国家。根据韩国和新加坡在 2005 年 2 月签订的自由贸易协定，如果一项专利申请分别向韩国特许厅和新加坡知识产权局提出，在韩国获得专利权者就可不经过新加坡知识产权局的审查而直接获得由其授予的专利权。韩国和新加坡的自由贸易协定还允许韩国对来自新加坡的专利合作条约的国际申请进行国际检索和国际初步审查。韩国和马来西亚以及新加坡的合作也间接有助于韩国专利持有者不经审查就可获得东南亚其他一些国家的专利权。

（八）实现知识产权管理服务的自动化、网络化、便捷化和优质化

韩国从 1999 年开始实施知识产权行政管理全面创新计划，确定了行政管理改革的具体实施课题。经过几年的努力，韩国知识产权局已具备世界一流的信息技术系统和审查工作效率，全面实现了知识产权行政管理的自动化、网络化，提高了知识产权行政管理的质量效率。

2002 年，韩国特许厅对知识产权服务网络进行了全面改进，使之成为世界最先进的自动化知识产权系统。韩国特许厅可以为顾客提供虚拟系统服务。申请人通过因特网填写申请，全部审查程序都可在线进行，知识产权公告内容也可以通过互联网进行快速而免费的查询和检索。

2005 年，韩国建成了第二代韩国知识产权局网络（KIPOnet）系统，采用最先进的信息技术以提高网络服务质量。韩国特许厅成为全球首个实施审查员利用互联网在家办公制度的专利厅。第二代 KIPOnet 系统提高了服务系统

的功能和运行速度，可以提供全天 24 小时处理有关知识产权各项业务的服务，高效在线处理 PCT 国际专利的电子申请，提供用户定制化的电子服务和附加服务。通过这一系统，专利和商标申请的全过程，审核、批准和异议处理均可在网上完成。在这一新系统的支持下，韩国特许厅的官员可以实现高效率办公，专利申请的审查期缩短为 6 个月以内，审查的专业性和灵活性也大大提高。目前韩国专利申请和处理电子化比率已经达到了全球领先水平。

2005 年起，韩国还开始全面实施减免专利申请费、审查费和注册费等政策。其中，中型企业、政府所属研究机构及特定研究机构、学校和大学所属地方自治团体可减免 50% 的手续费，个体发明人或小型企业可以减免 70% 的手续费，至于部分特殊人群还可以享受全免的优待。

为了进一步提升管理水平和更有效地保护知识产权，2006 年 5 月 1 日，韩国特许厅正式改制成为韩国中央国家机关中第一个公营的自负盈亏的企业性机构。专利厅修改了以前的专利费用收取办法，并简化了相关程序，从而减轻了申请人的负担，提高了办事效率。韩国特许厅还大幅度放宽请求优先审查的条件。新的优先审查制度适用范围扩大至所有实用新型申请，并规定如申请人在提交实用新型申请时申请普通审查，可于 2 个月内重新申请优先审查，并且无须提交其他任何附加文件。

2007 年 2 月 1 日，韩国特许厅还特地推出一项名为"天使电话服务"的电话提醒服务项目，它可以提醒客户交纳注册费和年费等，帮助客户顺利获得并维护好知识产权。

2007 年，韩国知识产权局制订了包括缩短专利审查和复审周期、提高审查和复审质量、完善审查和复审制度、提高网上在线申请专利的用户满意度及有效应用专利信息等在内的 12 项重点课题。韩国知识产权局希望通过对这些重点课题的研究，使韩国企业在海外申请专利的数量得到增加，解决知识产权纠纷的能力得到提高。为了提高专利审查的质量，韩国知识产权局还与韩国国内 30 多个专业研究机构签订了合作协议。

韩国知识产权局在知识产权审查工作量不断增加的情况下，借助资源查询的网络化、国际化和增加审查员数量，达到了国际一流水平的审查期和复查期。因为应用先进管理理念和方法进行管理改革，为申请人提供一站式服务，韩国知识产权局被评为韩国政府机构中最佳知识管理组织。

第三节　我国知识产权保护状况

知识产权保护制度对于促进科学技术进步、文化繁荣和经济发展具有重要的意义和作用，它既是保证社会主义市场经济正常运行的重要制度，又是开展国际间科学技术、经济、文化交流与合作的基本环境和条件之一。21世纪是科技创新竞争的时代，知识技术是促进经济发展的决定性因素，而知识产权法律制度是鼓励创新，保护科技成果的制度保障。

我国对知识产权制度建设非常重视。党的十七大报告中指出：提高自主创新能力，建设创新型国家。认真落实国家中长期科学和技术发展规划纲要，加大对自主创新投入，着力突破制约经济社会发展的关键技术。加快建设国家创新体系，支持基础研究、前沿技术研究、社会公益性技术研究。引导和支持创新要素向企业集聚，促进科技成果向现实生产力转化。深化科技管理体制改革。实施知识产权战略。充分利用国际科技资源。进一步营造鼓励创新的环境，培养造就世界一流科学家和科技领军人才，使创新智慧竞相迸发、创新人才大量涌现。加大知识产权保护力度，是我国政府"十一五"期间促进社会经济发展的一项重大措施，是我国经济社会发展的客观需要。

中国把保护知识产权作为改革开放政策和社会主义法制建设的重要组成部分，从整体上看，中国知识产权制度的建设起步较晚。实行改革开放后我国着手制定有关法律、法规，同时积极参加相关国际组织的活动，加强与世界各国在知识产权领域的交往与合作。从20世纪70年代末以来，中国做了大量卓有成效的工作，走过了一些发达国家通常需要几十年甚至上百年时间才能完成的立法路程，建立起了比较完整的知识产权保护法律体系，在知识产权的立法和执法方面取得了举世瞩目的成就。中国知识产权保护制度的建设，在初始阶段就显示了面向世界、面向国际保护水平的高起点。

一、中国重视知识产权法律制度的建设

1982年8月23日，第五届全国人民代表大会常务委员会第二十四次会议

通过了《中华人民共和国商标法》，并于 1983 年 3 月 1 日起施行。这是中国开始系统建立现代知识产权法律制度的一个重要标志。

1984 年 3 月 12 日，第六届全国人民代表大会常务委员会第四次会议通过《中华人民共和国专利法》，并于 1985 年 4 月 1 日起施行。

1986 年 4 月 12 日，第六届全国人民代表大会第四次会议通过了《中华人民共和国民法通则》（2009 年修订），该法于 1987 年 1 月 1 日起施行。知识产权作为一个整体首次在中国的民事基本法中被明确，并被确认为公民和法人的民事权利。该法也首次明确公民、法人等享有著作权（版权）。

1990 年 9 月 7 日，第七届全国人民代表大会常务委员会第十五次会议通过了《中华人民共和国著作权法》，该法于 1991 年 6 月 1 日起施行。

1993 年 9 月 2 日，第八届全国人民代表大会常务委员会第三次会议通过了《中华人民共和国反不正当竞争法》（2017 年、2019 年修正），该法于 1993 年 12 月 1 日起施行。

除此以外，在我国的刑法、合同法等法律中也都能找到知识产权保护的相关条款。《计算机软件保护条例》《著作权集体管理条例》《知识产权海关保护条例》《植物新品种保护条例》等一批行政法规的陆续出台使我国的知识产权保护在法律制度层面更加周密细致。

为了适应我国加入 WTO 的需要，使我国的知识产权制度全面与世界接轨，21 世纪我国全面修订了有关知识产权方面的法律法规。如对专利法（2008 年、2020 年修订）、商标法（1993 年、2001 年、2013 年、2019 年修订）、著作权法（2010 年、2020 年修订）作了全面修订，出台了《驰名商标认定和保护规定》，制定了《中华人民共和国技术进出口管理条例》。

面对科技的迅猛发展给知识产权保护带来的新课题，为有效保护权利人在互联网环境下的正当权益，2006 年 5 月，国务院颁布了《信息网络传播权保护条例》（2013 年修订）。

与此同时，有关部门还纷纷以规章的形式加强对知识产权的保护力度。商务部、原国家工商行政管理总局、国家版权局、国家知识产权局联合出台了《展会知识产权保护办法》，国家版权局、原信息产业部共同发布了《互联网著作权行政保护办法》等。目前我国已经形成了一套比较完善的知识产权法律保护体系。

二、我国知识产权的国际保护

在不断完善国内知识产权立法的同时，我国十分注重加强知识产权保护的国际交流与合作。

1980 年 3 月 3 日，中国政府向世界知识产权组织递交了加入书。从 1980 年 6 月 3 日起，中国成为世界知识产权组织的成员。

1984 年 12 月 19 日，中国政府向世界知识产权组织递交了《保护工业产权巴黎公约》的加入书。从 1985 年 3 月 19 日起，中国成为《巴黎公约》的成员。

中国政府积极促进建立集成电路国际保护的环境。1989 年世界知识产权组织在华盛顿召开的外交会议上通过了《关于集成电路知识产权的华盛顿条约》，中国是该条约首批签字国之一。

1989 年 7 月 4 日，中国政府向世界知识产权组织递交了《商标国际注册马德里协定》的加入书。从 1989 年 10 月 4 日起，中国成为马德里协定的成员。

1992 年 7 月 10 日和 7 月 30 日，中国政府分别向世界知识产权组织和联合国教育、科学、文化组织递交了《保护文学和艺术作品伯尔尼公约》和《世界版权公约》的加入书。分别从 1992 年 10 月 15 日和 10 月 30 日起，中国成为《伯尔尼公约》和《世界版权公约》的成员。

1993 年 1 月 4 日，中国政府向世界知识产权组织递交了《保护录音制品制作者禁止未经许可复制其录音制品公约》的加入书。从 1993 年 4 月 30 日起，中国成为录音制品公约的成员。

1993 年 9 月 15 日，中国政府向世界知识产权组织递交了《专利合作条约》的加入书。从 1994 年 1 月 1 日起，中国成为《专利合作条约》的成员，中国专利局成为专利合作条约的受理局、国际检索单位和国际初步审查单位。

中国知识产权法律制度的基本框架主要完成于 20 世纪 80 年代。进入 20 世纪 90 年代后，国际经济关系和环境发生了很大的变化。1990 年 11 月，在关税与贸易总协定乌拉圭回合多边贸易谈判中，达成了《与贸易有关的知识产权协议》草案，它标志着保护知识产权的新的国际标准的形成。中国政府积极参与了这一谈判进程，并为努力成为该协议的成员做出了不懈的努力。

为使我国知识产权制度符合该协议的要求，中国政府积极调整国内法律法规，积极履行该协议规定的义务，努力使知识产权保护水平向新的国际标准靠拢，进一步提高了中国现行的知识产权保护水平。

三、保护知识产权的执法体系

中国不仅制定了一整套知识产权法律法规，在执法方面也取得了显著的成效。在我国的知识产权法律中规定了完备的知识产权保护的司法途径与知识产权保护的行政途径。

（一）中国知识产权保护的司法途径

在中国，享有知识产权的任何公民、法人和其他组织，在其权利受到侵害时，均可依法向人民法院提起诉讼，享受切实有效的司法保护。

建立健全知识产权案件审判组织，完善审判制度，是人民法院正确审理知识产权案件，切实依法保护知识产权的重要保障。鉴于审理知识产权案件专业性强、技术含量高的特点，一些省份和直辖市如北京市、上海市、广东省、福建省、海南省等高级人民法院根据实际需要，自 1992 年以来，设立了知识产权审判庭，各经济特区以及北京市、上海市中级人民法院也设立了知识产权审判庭。其他省、自治区、直辖市人民政府所在地的中级人民法院在有关的审判庭里设立了专门审理知识产权案件的合议庭。这样集中审理知识产权案件，有利于保证执法的统一性，有利于积累经验，提高知识产权案件的司法水平。

知识产权是一项重要的民事权利，对于民事侵权行为，人民法院除可以依法责令侵权人承担停止侵害、消除影响、赔偿损失等民事责任外，还可依法对行为人给予必要的没收非法所得、罚款、拘留等制裁。对那些侵犯他人知识产权情节严重，扰乱经济秩序，构成犯罪的，还可以依法追究其刑事责任。

依据中国行政诉讼法，人民法院对公民、法人和其他组织因不服知识产权行政管理机关处理的知识产权纠纷决定提起的行政诉讼，有责任进行审理，并依法做出维持、撤销或变更行政决定的判决。

为了适应新形势下对知识产权保护的更高要求，最高审判机关和检察机关不断加大司法保护力度。2007 年，最高人民法院先后制定了《关于审理不正当竞争民事案件应用法律若干问题的解释》《关于审理侵害植物新品种权纠纷案件具体应用法律问题的若干规定》等司法解释，其中联合最高人民检察院颁布的《关于办理侵犯知识产权刑事案件具体应用法律若干问题的解释（二）》，大大降低了侵犯著作权案件的刑事处罚门槛，从而使知识产权的司法保护力度进一步加强。2008 年 2 月，最高人民法院发布了《关于审理注册商标、企业名称与在先权利冲突的民事纠纷案件若干问题的规定》；2010 年 1 月，发布《关于审理侵犯专利权纠纷案件应用法律若干问题的解释》；2010 年 2 月发布《关于审理涉及驰名商标保护的民事纠纷案件应用法律若干问题的解释》；2016 年 3 月发布《关于审理侵犯专利权纠纷案件应用法律若干问题的解释》；2017 年 1 月发布《关于审理商标授权确权行政案件若干问题的规定》；2018 年 12 月发布《关于审查知识产权纠纷行为保全案件适用法律若干问题的规定》；2019 年 4 月发布《关于技术调查官参与知识产权案件诉讼活动的若干规定》，使知识产权司法保护途径不断完善。

（二）中国知识产权保护的行政途径

中国的知识产权保护制度，除按国际惯例采取司法途径外，中国的专利法、商标法、著作权法等知识产权法律中都规定了知识产权保护的行政途径。

根据《中华人民共和国专利法》的规定，国务院有关主管部门或地方人民政府可以设立专利管理机关。根据《中华人民共和国著作权法》的规定，设立了国家版权局和地方著作权行政管理机关。商标管理实行中央统一注册，地方分级管理的原则，从中央到省、市、地、县级的工商行政管理局，都内设商标管理机构，县以下还设有工商行政管理所。

中国知识产权行政管理机关依据法律规定的职权，维护知识产权法律秩序，鼓励公平竞争，调解纠纷，查处知识产权的侵权案件，保障广大人民群众的利益和良好的社会经济环境。知识产权行政执法具有程序简便，立案迅速，查处速度快，办案效率高的特点。这对于权利所有人来说是极为有利的。

据国家知识产权局统计，2014 年，全国专利行政执法案件为 24479 件，同比增长 50.9%。其中，专利纠纷案件 8220 件（其中专利侵权纠纷 7671 件），同比增长 62.6%；假冒专利案件 16259 件，同比增长 45.5%；涉外专利侵权纠纷案件有所增长，2014 年共办理涉外专利侵权纠纷案件 521 件，占全部 7671 件专利侵权纠纷案件的 6.8%；同比 2013 年的 362 件和 7.7% 的占比，案件量增长了 43.9%，占比下降了 0.9 个百分点。2018 年，全国专利行政执法案件为 77919 件。知识产权专利行政执法件数不断增加表明广大创新者、专利权人的维权需求在增强，通过专利行政执法途径维权的信心在增强。

在行政执法不断强化的同时，中国海关知识产权保护也取得了显著的成效。为履行 TRIPS 协议的规定，我国实施了海关进口和出口知识产权审查制度，有力地打击了国际贸易中的知识产权侵权行为。2007 年，中国海关继续加强知识产权海关保护工作的力度，在完善知识产权海关保护的规章制度、强化行政执法的力度等方面取得了显著成效。2007 年，海关总署共核准知识产权海关保护备案 2267 件，比 2006 年同期增长 38.7%；全国海关共查获各类进出口涉嫌侵犯知识产权货物 7467 票，涉案货值 4.38 亿元。

2018 年，全国海关共采取知识产权保护措施 4.97 万次，实际扣留进出境侵权嫌疑货物 4.72 万批，同比增长 146.03%，涉及货物 2480.02 万件；并扩大知识产权保护制度红利，海关总署全年新增审批知识产权海关保护备案 11488 项，同比增长 24.9%，全年免收备案费人民币 920 万元；推动引导企业成立出口知识产权优势企业维权联盟，加强行业自律与规范管理；开展打击侵权国际合作，中国海关与俄罗斯海关联合开展了为期四个月的"世界杯足球赛知识产权保护联合执法行动"，查获侵犯国际足球联合会及赞助企业相关知识产权的侵权货物约 68.3 万余件；建立与各主要贸易国家海关的双边合作机制，继续加强与"一带一路"沿线国家和地区的知识产权保护交流，推进构建知识产权海关保护国际合作网络；强化知识产权宣传方面，全国海关在"4·26"知识产权宣传周、"8·8"海关法制宣传日等海关重要宣传节点，开展多种形式的宣传活动。

我国作为一个发展中国家，在完善知识产权制度方面还有许多工作要做。由于我国建立现代知识产权制度的时间不长，全社会的知识产权意识还比较薄弱，有的地区和部门对保护知识产权的重要性还缺乏足够的认识，在个别地区，知识产权侵权行为还比较严重，这些侵权行为不仅损害了权利人的合法权益，而且损害了法律的尊严。为此我国在继续完善知识产权法律制度的同时，国务院做出了《关于进一步加强知识产权保护工作的决定》，可以相信随着决定中各项重要举措的落实，随着知识产权保护执法国际压力的不断加大，我国的知识产权保护工作将迈上新的台阶。

第四节　我国实施知识产权战略的选择

随着经济全球化趋势的不断加强，全球知识产权保护程度普遍提高，发达国家利用自身优势，通过有效实施知识产权战略，加强了技术垄断和市场垄断，获得了巨额收益。发展中国家在知识产权竞争中则处于明显的弱势地位，在对外贸易、企业发展等诸多方面受制于发达国家的知识产权策略。中国"入世"后，参与经济全球化的程度加深，在此过程中，知识产权方面的问题日益严重地暴露出来。加强知识产权保护，实施知识产权战略已从学术探讨上升为国家战略。

为了"入世"的需要，21世纪我国全面修订了知识产权法律，使我国的知识产权保护在短时间内达到了国际高水平。很多学者认为我国目前的知识产权保护水平超出了我国经济发展水平，已经给经济发展带来不利影响。但是我国既已加入WTO，广泛深入地融入经济全球化浪潮就是一个不可避免的选择，因此我国在知识产权保护方面应全面遵守我国已经加入的国际条约，符合国际条约的最低要求，制定实施符合我国实际的知识产权战略。

一、我国实施知识产权战略的理论依据

一般来说，知识产权保护可以促进一个国家的科技创新，但知识产权保护只有和其他因素如基础设施、研发投入等要素结合在一起才能有效地促进创新。相同的知识产权保护水平在不同的国家对创新的影响是不同的。国内外很多学者的研究表明，高水平知识产权保护在发达国家可以有效地促进创新，但在发展中国家，知识产权保护不是影响创新的主要因素，高水平的知识产权保护也许会阻碍发展中国家技术的扩散和使用，影响发展中国家的经济发展。尽管如此，仍然有更多的学者认为知识产权保护有利于技术的引进和扩散，从长远来看，对发展中国家是有好处的。

以往对知识产权的研究，多侧重于法律角度，而把知识产权作为一种经济制度研究的较少。知识产权制度是现代经济运行的主要规则，因此对知识

产权的观察视角可以运用新制度经济学的产权及制度理论。

新制度经济学认为，一种产权安排是否有效率，主要取决于它是否能为在它支配下的人们提供将外部性较大地内在化的激励。如果不是作为一种私权存在，知识的发明者和设计者就不能有效地控制他人使用技术，技术对他人就具有很强的外部性，知识产权私权的界定可以有效地将技术的外部性内在化，为所有者带来利益，因此可以有效地激励所有者进行技术创新。新制度经济学家阿尔钦（1965）指出，在一个知识发散的社会，人们必须得到有保障的可转让的私有产权，即以双方同意的价格用较低的交易费用对经济资源和可交易产品进行转让的权利，这一制度协调发散信息的能力使得可交易的物品的可得性增加。技术界定为私权，不仅可以增加技术的数量，而且使技术作为一种商品更为容易地交易，从而使买卖双方都能从中得到好处。

从产权的角度来看，技术如果是共有产权，配置于技术创新的资源必然低于资源最优配置水平，从而使技术成果过少，不利于技术创新，不利于社会福利水平的提高。如果技术可以界定为私有产权，就会使配置于技术创新的资源增多，达到合理配置，提高技术创新的数量和水平，有利于生产力和福利水平的提高。

此外，阿尔钦认为，产权有强弱之分，相对于较弱的知识产权，较强的知识产权更有价值，从而能为其所有者提供更多的激励。因此可以认为有产权保护的交易价格高，数量多；没有产权保护的交易价格低，数量少。技术如果没有私有产权制度对其进行保护，必然使其交易价格低，数量少，从而不利于技术的创新，不利于发展中国家引进技术。

二、我国实施知识产权战略的现实依据

（一）我国出口商品频繁遭遇知识产权壁垒

知识产权壁垒是近些年来随着国际知识产权保护水平的普遍提升兴起的一种新形式的贸易障碍。据统计，我国有 60% 的出口企业遭遇过国外的专利技术壁垒，使我国出口额每年损失 500 亿美元左右。知识产权壁垒已成为影响我国企业出口的严重贸易壁垒。关于知识产权壁垒的具体形式，第三章、第七章已作具体介绍，这里不再详细说明。

我国企业经常遭遇的知识产权壁垒主要有两种形式：一是由专利技术标准化形成的知识产权壁垒；二是知识产权权利的滥用形成的壁垒。知识产权权利滥用主要是指 TRIPS 协议规定的知识产权保护边境措施及临时措施的滥用。

（二）跨国公司对我国企业实施知识产权战略

1. 专利战略

（1）专利开发。

跨国公司是经济科技全球化的载体。目前，全球有 6.4 万家跨国公司，产值占世界总值的 1/3 以上，研发投入占全球研发经费的一半以上，拥有全球 91% 的知识产权。跨国公司的研发主要集中在高新技术领域，它不仅建立了庞大的科研体系和高素质的研究队伍，而且不断增加技术研发投入，扩大高新技术研究成果的应用。欧盟委员会发布的《2018 年行业研发投入排名》显示，2017 年全球科研投入排行前 2500 名的公司共投入 7364 亿欧元，占全球企业研发投入近 90%。其中，美国科研投入占 37.2%，共 778 家企业上榜，排名第一；欧盟占 27.2%，共 577 家企业上榜，排名第二；日本以 13.6% 排名第三；中国则占 9.7%，上榜公司数量达到 438 家，比日本的 339 家多了 22.6%，但是科研投入却比日本少了 28.6%。科研投入排行前 50 的公司名单中，美国共 22 家公司上榜，欧盟有 18 家，日本 6 家，瑞士 2 家，韩国 1 家，中国 1 家。其中，韩国三星以 134.37 亿欧元首次成为全球研发投入最高的公司。中国仅华为一家跻身前 50 名，排名第 5。

目前跨国公司的全球经营战略重点已从经济资源的全球配置转向技术资源的全球配置，促成了研发全球化。跨国公司在我国通过跨国并购和兼并中小科技型企业组建技术联盟来从事应用性研发，主要集中于通信、计算机、软件、电子、电气设备、生物技术、化学化工、汽车、生物医药业等高新技术领域。但是跨国公司研发网络仍以母国为中心，在华主要是针对市场本土化的需要，进行适应性和专用性的应用研发。如 IT 公司研发计算机软件的汉化、中文环境下计算机的易用性和中国市场需要的软件产品。

跨国公司控制着专利申请权，专利权一般由其母公司掌握，在华研发机构一般都尽量使用母公司来申请专利权，有些虽然按照中国法律由在华的研发中心申请了专利，却将专利权通过合同等方式转移给外国公司，或利用各国法律的差异，通过信托等一系列复杂的法律设计，导致母公司实际拥有和控制知识产权。跨国公司在我国设立研发机构的目的是利用我国的优惠政策，丰富廉价的优秀人力资源和技术成果构筑地区性的技术支撑，进行低成本经营，以快速赢得中国市场和与国际同行竞争。

（2）专利保护。

①注册陷阱。跨国公司的专利保护战略是其维护自身技术优势，充分发挥技术效益的有效手段。跨国公司对我国的产品输出及直接投资通常是"产品未到，技术先行"，先在我国申请专利，再进行投资。中国的哪个领域具有市场潜力，跨国公司就会在哪个领域寻求专利保护。在中国企业尚未具备与他们抗衡能力的时候抢先占据有利地位，以建立或维持在相关领域的垄断地位。

20世纪90年代以后，跨国公司在华专利申请量以平均每年30%的速度高速增长。过去几年，跨国公司专利攻势集中于通信、计算机、家电等领域。现在，随着我国汽车工业的发展和居民生活水平提高对医疗保健需求的增长，跨国公司又把眼光投向了中国的医药和汽车业。

跨国公司利用我国专利制度申请在先的原则，沿着产品发展方向，在我国大规模申请专利，特别是在电子、信息、生物、制药等领域已对中国企业形成包围之势，并以基本专利为中心，密集构建专利网，将外围相关技术均申请专利，使竞争对手无法突破。如美国的菲利普石油公司不仅拥有聚亚苯基硫醚（Polyphenylene sulfide，PPS）树脂的基本专利，而且还有300多项有关PPS树脂的制造、应用等外围技术专利。当基本专利到期后，这些外围专利技术仍然有效。

从历年我国的发明专利授权数量上看，外国的授权都占一半以上，其中主要来自跨国公司。2007年我国授权的发明专利中，国内31945件，占发明专利授权总量的47.0%，国外36003件，占发明专利授权总量的53.0%。直至2009年，国内发明专利授权数量开始超过国外专利授权数量。但跨国公司已经在多个关键领域掌握了专利权，构建了专利保护网。外国跨国公司尤其是电子产品跨国公司在我国的专利申请数量要高于国内企业，我国拥有自主知识产权的产品极少。机电产品是我国第一大出口商品，但大部分核心技术都掌握在跨国公司手中，很多机电产品的出口都要向国外交纳巨额专利费。

人工智能领域是近年来的新兴产业，2017年国务院印发《新一代人工智能发展规划》，将人工智能上升为国家战略。在人工智能领域，外国公司在中国申请人多为跨国企业，而中国专利申请人多为高校。2017 年，中国人工智能专利授权量排名前十的国内专利权人中，只有 4 家企业，分别为国家电网、歌尔科技、广东欧珀电子工业、百度。其余为科研机构、高校，分别为：中国科学院、西安电子科技大学、浙江大学、华南理工大学、北京航空航天大学、清华大学。2017 年，中国人工智能专利授权量排名前十的国外在华专利权人依次为：高通、微软、英特尔、国际商业机器、三星、索尼、通用汽车、谷歌、苹果、波音。其中，高通、微软和英特尔专利授权量均超过 20 件，排名前十的专利权人中，美国企业 8 家，韩国企业 1 家，日本企业 1 家。

中国高校的专利权要转化为实际产能，仍需一段过程，而国外在中国人工智能领域的专利权人多为实力强劲的跨国公司，研究实力和生产能力较强，中国企业在与之竞争中仍处于不利地位。

②专利侵权择时起诉。当跨国公司在中国完成专利布局后，他们就会向国内企业发起专利攻势。跨国公司在对我国企业进行侵权指控时非常注意时机。在中国企业侵权之初，往往不起诉，因为此时中国市场不成熟，对国外企业不形成竞争，如果此时起诉，跨国公司得不到丝毫利益，等到中国国内市场成长起来后，知识产权拥有者便毫不犹豫地利用知识产权保护条款逼迫中国企业或退出市场，或支付巨额专利使用费。我国目前遭遇的知识产权典型案件——温州打火机案、DVD 专利使用费案、思科诉华为案等都是这种情况。在中国的手机制造行业强大起来之后，飞利浦等 GSM 手机专利拥有者也加紧了向中国手机制造企业征收专利费的步伐。

（3）专利许可、转让。

跨国公司为使其专利技术获得更大的收益，延长技术的市场生命，把一些处于成熟、落后期的技术通过直接投资或技术许可的方式转移到发展中国家。在向发展中国家转移技术的时候，注意核心技术保护，关键技术不外流。

在技术许可的过程中，往往会对技术受方做一些不合理的限制，称为限制性商业条款。如要求向技术受方出售其不需要的技术、设备和原材料等作为向其转让技术的条件；不允许技术受方对引进技术做出改进；不合理的限制受方购买原材料的渠道、产品的销售渠道、产品的生产规模和产品价格等。

（4）专利技术标准化。

跨国公司热衷于把自己的专利技术纳入各种法定标准和事实标准。跨国公司作为高新技术的发明者通常采用与标准化组织合作的方式使自己的专利技术成为法定标准，同时对自己的权利做出一定的限制。此外，还有大量的高新技术发明者，有足够的垄断能力，不希望成为法定标准，而凭自己的技术优势形成事实标准。此种标准化的专利技术也被认为是一种知识产权壁垒。

2. 商标战略

跨国公司进入我国市场后，为了在竞争中占据优势，除了运用专利策略外，还运用商标策略，抢注、侵蚀中国企业商标，为中国品牌国际化设置了障碍。

（1）抢注他人商标。

随着中国企业实力的不断增强，目前中国商标尤其是驰名商标、知名商标和原产地保护产品名称进入国外抢注的高峰期。被抢注商标的中国企业往往要付出巨额代价才能拿回属于自己的商标。

（2）通过合资、并购方式侵蚀他人商标。

跨国公司为抢占中国市场，往往采用与中国企业合资的方式，侵蚀中国企业商标，培育自身品牌。合资控股后对中方商标继续注册但不使用，如1994年，天府可乐与百事可乐在重庆合资后，天府可乐从此在市场上销声匿迹；1994年上海牙膏厂与联合利华合资，美加净牙膏合资后被露美庄臣、洁诺取代，后中方以5亿人民币的代价买回了美加净，但此时美加净的市场地位已急剧下降；在洗衣粉行业，上海的白猫合资后被高价碧浪、汰渍取代；又如广州肥皂厂的洁花牌香皂与美方合资后，很快被海飞丝、潘婷取而代之。

跨国公司还采取强强联合策略，收购竞争对手品牌，迅速抢滩中国市场。2003年欧莱雅收购小护士，又于2004年初成功收购羽西品牌化妆品，为其占据国内护肤、彩妆、护发市场奠定了基础。

（3）品牌本土化策略。

跨国公司在进入中国市场后，深入研究国内消费者的消费习惯及消费文化，针对市场设计出本土化产品。如宝洁公司通过对中国消费市场需求的研究，在中国市场推出17个品牌满足具体市场的独特需求，因此宝洁公司的众多品牌一直领导着中国的日用消费品市场，其中国本土化品牌知名度极高。美国可口可乐公司自1979年进入中国后，自始至终从文化理念本土化出发，推出适合中国的文化产品，实行文化经营，使其品牌深入人心，其产品市场不断扩大。

（4）利用商标延续专利技术垄断优势。

跨国公司在许可他人使用专利技术的同时，也往往把商标一同许可，所以被许可企业商品是否带有许可商标也成为是否侵犯他人专利权的一个衡量标准，这有利于海关在进出口过程中查扣侵权商品。有时，某些专利技术虽已过了有效期，成为公知技术，但商品上的商标权可以不断延续。利用商标权延续专利技术的垄断优势已经成为很多跨国公司保持市场垄断地位的策略。

此外，跨国公司为降低成本，还组织行业知识产权联盟、行业自律组织，实行知识产权监控专业化，建立集体保护机制。

（三）我国自有的知识产权数量少

改革开放以来，我国大量引进国外先进技术和管理经验，促进了经济发展，但缺少自主知识产权的问题也日益突出。据国家知识产权局统计，目前，中国企业中拥有自主知识产权的仅有2000多家，仅占企业总数的万分之三，99%的企业没有申请专利，60%的企业没有自己的商标。很多企业处在有"制造"无"创造"、有"产权"无"知识"的状态。

前已述及，1985～2009年20余年间，国内三种专利的申请和授权数量都大大高于国外。但国内的数量优势主要体现在实用新型和外观设计上，技术含量较高的发明专利的国内申请和国外申请数量大体持平，且国外发明专利申请的获批数量大大高于国内，大约是国内的2倍。此外，从质量上看，在发明专利中，我国申请最集中的领域是中药、软饮料等，而来自国外的专利申请主要集中在高科技领域，如无线电传输、移动通信等，我国企业在高技术领域明显处于弱势地位。目前我国有些企业虽拥有一些专利权，但不拥有核心专利权，不能对市场形成控制能力，因而不能称作自主知识产权。正如我国目前智能手机领域的多项核心专利技术被国外所掌握，成为国内企业难以逾越的壁垒。

随着经济全球化趋势的不断加强，国家之间的竞争越来越表现为科技创新进而表现为知识产权的竞争。在全球化进程中，全球知识产权保护程度普遍提高，发达国家利用自身优势，通过有效实施知识产权战略，加强了技术垄断和市场垄断，获得了巨额收益。发展中国家由于技术水平的落后及认识方面的不足，在知识产权竞争中则处于明显的弱势地位，在对外贸易、企业发展等诸多方面受制于发达国家的知识产权策略。我国"入世"后，参与经济全球化的程度加深，中国出口企业在对外贸易中频繁遭遇国外的知识产权壁垒及跨国公司的侵权指控，使中国企业遭受了巨大的损失。跨国公司对我国企业实施的知识产权战略削弱了我国自主创新的能力基础，限制了我国自主创新的空间，使企业难以获得核心技术，造成企业无形资产流失。因此，加强知识产权保护，实施知识产权战略已成为我国政府及企业的现实任务。

三、我国实施知识产权战略的措施

基于前述分析，我国加强知识产权保护，实施知识产权战略以更好地促进我国的技术创新，增强我国企业在知识产权方面的竞争力是不容回避的。

目前，我国政府已经提出并着手实施知识产权战略，"到 2020 年，把我国建设成为知识产权创造、运用、保护和管理水平较高的国家。知识产权法治环境进一步完善，市场主体创造、运用、保护和管理知识产权的能力显著增强，知识产权意识深入人心，自主知识产权的水平和拥有量能够有效支撑创新型国家建设，知识产权制度对经济发展、文化繁荣和社会建设的促进作用充分显现。"这是 2008 年 6 月 5 日国务院发布的《国家知识产权战略纲要》中明确提出的战略目标。

关于实施知识产权战略的策略，很多学者从法律及政策方面进行了诸多论述。本节旨在提出我国实施知识产权战略的具体措施，以增强理论的现实性和可操作性。

（一）政府应调整法律法规、政策，强化服务职能

1. 根据国际条约及我国实际调整法律法规

近年来我国的知识产权事业快速发展，目前已经建立了一个基本与国际规则接轨的完整的知识产权法律体系。但是我国的知识产权法律保护制度，从实施情况看，出现了一些与我国实践不相匹配的现象。因此为进一步与国际条约接轨，加强我国自主知识产权保护，政府应不断修改完善知识产权法律保护制度，并加强知识产权执法力度。

在法律调整方面，政府应根据我国实际，深入研究国际条约的精神及例外条款，在符合国际条约最低要求的基础上，根据其例外条款进行合法规避。在专利保护方面，依据 TRIPS 协议的最新修订及例外条款，调整专利法中专利侵权的例外、实施强制许可的条件等内容，增加对遗传基因、传统文化的保护。在商标保护和商业秘密的保护方面，应尽早出台统一的地理标志保护法和商业秘密保护法，完善相关配套法规，增强可操作性。

完善反垄断法，对跨国公司的搭售行为、拒绝交易、技术标准滥用等知识产权垄断行为做出规定，并增加可操作性。加强对在华跨国公司研发活动的规制。对跨国公司在华的研发活动出台相应的规范政策，将当前对跨国公司研发的激励型政策转变为激励与规制并重的政策，对那些坚持技术垄断、滥用技术壁垒的行为进行纠正，使跨国公司的研发能为我国的自主创新服务。

2. 从政策上加强对科研创新的支持力度

政府应加强对基础研究的支持力度。基础研究本身不会产生知识产权，但它是自主知识产权的前提，政府可对各种研究机构及高校给予资金支持。此外，政府也可对商业性前期研究活动做适当支持，并引导企业积极参与以高等院校和科研机构为主体的基础研究与商业竞争前期的研究活动；强化大学在知识产权创新中的作用，在大学、科研机构和企业之间建立有效的沟通机制，以促进技术成果的商业性转化。

3. 充分发挥政府职能，为企业提供服务

政府有关部门和行业协会要充分发挥服务职能，为企业建立信息平台，以使企业能及时对国内外专利文献、商标系统、各国知识产权法律状况及司法判例进行查询，避免企业在进行技术开发时落入他人专利范围，避免重复劳动；同时建立一个统一协调的、针对高科技产业知识产权损害的预警机制。政府及行业协会也应充分重视知识产权诉讼，要及时掌握信息，共商对策，建立有效的沟通渠道和协调机制，在企业之间发挥支持和协调作用。例如，美国派特蒙汽车公司就电动滑板车的商标侵权，同时起诉了浙江省内的七家企业，然而各企业间缺少信息交流，影响了应诉。因此，政府有关部门和行业协会要构建相关的信息通报网络，建立相关的知识产权法律咨询平台，积极提供信息支持。

（二）企业应树立知识产权意识，切实加强自身知识产权保护

我国企业应加强知识产权意识，充分认识到企业之间的竞争已从产品质量和市场价格的竞争演变为知识产权的竞争。

1. 加强研发，积极申请专利

首先，企业应加大研发投入，加强技术开发。企业应成立专门的知识产权机构，建立专利信息中心，收集专利信息，注意随时追踪检索现有的专利技术；积极利用知识产权文献技术资料，绕过国外的知识产权技术封锁，将市场上的公开技术组合起来，或通过引进、消化、吸收及再创新，研发出一批围绕原核心专利的应用技术；积极申请专利，并密集构建专利网，对每一项创新方案都申请专利，并在基本专利的周围设置大量原理基本相同的不同权利要求范围的专利。如日立、东芝、松下等跨国企业对有发展前途的产品及骨干产品在其开始投产之前往往申请数百项的发明和实用新型专利。又如我国的海尔公司在 2002 年就已申请中国专利 3000 余项，平均每天就有 2 个以上的新专利问世，其开发的海尔小小神童即时洗涤微型洗衣机第一次申请专利就已达 12 项，在先后推出了九代产品后，已获得中国专利 26 项，从外观到内部结构所有新技术的应用都通过专利申请方式获得了市场保护。

其次，跨国收购也是实现技术突破的方法之一。对于已由国外公司成功研发并已申请专利的核心技术，采取跨国收购的方式，将竞争对手的专利权全部购买下来以独占市场。

最后，企业之间还可以通过组建专利联盟的方式打破技术垄断。相关企业可以行业或相关技术为基础，组建专利联盟，使有限的专利技术能够在更大的范围内实现共享。另外，组建专利联盟还有助于推动我国技术标准的建立，增强我国在未来国际产业标准中的话语权，打破跨国公司的技术垄断。

2. 加强商标保护，强化品牌意识

品牌是企业重要的无形资产，企业应加强对商标法的了解，要把商标纳入企业知识产权管理的体系当中，加强对商标的保护。除在国内注册联合商标和防御商标外，企业应及早根据我国已加入的国际条约如《商标国际注册马德里协定》进行国际注册，避免自己有一定知名度的商标在国外被抢注，

给企业的国际化经营带来损失。在实行先使用原则的国家，如美国、英国、澳大利亚、加拿大、新加坡等国，应当尽早使用商标，并注意收集和锁定在这些国家使用商标的证据，包括合同、广告、宣传材料等。如果该商标被人抢注，可以通过商标异议程序或者诉讼程序夺回商标。在实行先注册原则的国家，如日本、韩国、西班牙、意大利等国，应当尽早申请注册。此外企业应注重培养自己的名牌产品，并注意利用国际条约及各国商标法对驰名商标保护的规定对自己的知名商标进行保护。

企业在进行贴牌生产时，对国外客户指定的商标应注意是否侵犯他人商标权。如不能确定是否侵权，应在合同中规定外方指定的商标如涉及侵权问题由外方负责交涉。

3. 加强商业秘密保护

企业应加强商业秘密的保护意识，对全体员工进行商业秘密保护方面的宣传，使员工提高保护商业秘密的意识。企业应同掌握企业商业秘密的雇员及合作伙伴签订保密协议，此外企业还应同掌握企业商业秘密的雇员签订竞业禁止协议。

主要参考文献

[1] 蔡岩红．八千九百多双鞋被退回 外贸企业面临知识产权壁垒考验 [N]．法制日报，2007 - 10 - 16.

[2] 曹世华．国际贸易中的知识产权壁垒及其战略应对 [J]．财贸经济，2006（6）．

[3] 朝霞．跨国公司知识产权战略研究与启示 [J]．电子知识产权，2006（6）．

[4] 陈昌柏．知识产权经济学 [M]．北京：北京大学出版社，2003.

[5] 范汉云．地理标志保护需要注意的问题 [J]．工商行政管理，2004（20）．

[6] 高华．国际贸易中的知识产权滥用及我国应对研究 [M]．北京：科学出版社，2015.

[7] 耿晔强，李娜．中日韩自贸区谈判中的农产品贸易问题研究 [J]．经济问题，2014（10）．

[8] 郭宝明．驰名商标认定新原则之思考 [EB/OL]．Http：//www. law-lib. com/lw/lw_view. asp？no = 1399.

[9] 国际知识产权培训基地．国际贸易中的知识产权保护 [M]．北京：知识产权出版社，2014.

[10] 黄晖．驰名商标和著名商标的法律保护 [M]．北京：法律出版社，2001.

[11] 黄勤南．知识产权法 [M]．北京：中央广播电视大学出版社，2003.

[12] 纪晓昕．析美国商业秘密保护中的竞业禁止制度——从判例看美国

竞业禁止制度的发展态势 [J]. 电子知识产权, 2004 (1).

[13] 孔祥俊, 武建英, 刘泽宇. WTO 规则与中国知识产权法——原理·规则·案例 [M]. 北京: 清华大学出版社, 2006.

[14] 李黎明. 中日韩知识产权产品贸易现状及对策研究 [J]. 科技管理研究, 2016 (3).

[15] 李炼. 我国知识产权战略制定与实施的 WTO 视角 [J]. 经济问题探索, 2006 (8).

[16] 李顺德. 跨国公司的知识产权战略 [N]. 中国知识产权报, 2005 - 4 - 13.

[17] 李显显. 中日知识产权贸易发展比较研究 [J]. 产业与科技论坛, 2019 (7).

[18] 林德明, 王宇开, 丁堃. 中日知识产权战略对比研究——战略主题、战略目标和政策工具 [J]. 中国科技论坛, 2018 (11).

[19] 刘春田. 知识产权法教程 [M]. 北京: 法律出版社, 2003.

[20] 刘茂林. 知识产权法的经济分析 [M]. 北京: 法律出版社, 1997.

[21] 刘亚军. 完善我国地理标志法律保护实证分析 [J]. 当代法学, 2004 (3).

[22] 刘彦. 我国国际技术贸易结构的重大转变与特征 [J]. 中国科技论坛, 2001 (4).

[23] 马治国. 知识产权法学 [M]. 西安: 西安交通大学出版社, 2004.

[24] 马忠法. 标准与知识产权之关系 [J]. 知识产权, 2007 (1).

[25] 米欣欣, 陈海峰. TRIPS 未披露信息条款适用的若干问题分析 [J]. 武汉商业服务学院学报, 2009 (6).

[26] 乔生, 陶绪翔. 国际知识产权保护与自由贸易原则的协调研究 [J]. 政治与法律, 2006 (4).

[27] 乔生. 中国限制外国企业对知识产权滥用的立法思考 [J]. 法律科学, 2004 (1).

[28] 王华. 论商标可视性的局限及其突破 [J]. 江苏警官学院学报, 2011 (3).

[29] 王建平. TRIPS 协定与我国知识产权法衔接研究 [M]. 成都: 四川大学出版社, 2006.

[30] 王婷. 中国服务创新中商业方法专利的应用现状与前景预测 [J].

中国科技论坛，2012（2）.

    [31] 王志本. 实施地理标志知识产权保护 发掘我国农产品贸易优势 [J]. 调研世界，2004（9）.

    [32] 魏衍亮. 知识产权是企业腾飞的翅膀 [N]. 国际商报，2004－9－19.

    [33] 吴汉东. 知识产权法教程 [M]. 北京：中国政法大学出版社，2002.

    [34] 吴汉东. 知识产权国际保护制度研究 [M]. 北京：知识产权出版社，2007.

    [35] 肖楚琴. TRIPS 协议与我国商业秘密的法律保护 [J]. 法学论坛，2004（6）.

    [36] 谢刚. 浅谈专利产品的"平行进口" [N]. 中国知识产权报，2002－12－20.

    [37] 邢厚媛. 应对跨国公司知识产权战略 [J]. 国际贸易，2005（8）.

    [38] 徐昕. 贸易便利化视角下的知识产权边境执法——兼对《反假冒贸易协定》的评论 [J]. 世界贸易组织动态与研究，2012（5）.

    [39] 徐元. 知识产权贸易壁垒研究 [M]. 北京：中国社会科学出版社，2012.

    [40] 闫惠. 广东企业国际贸易中应对知识产权壁垒的对策研究 [J]. 法制与社会，2007（7）.

    [41] 杨鸿. 贸易区域化下国际知识产权立法的新趋势及其应对 [J]. 亚太经济，2011（6）.

    [42] 杨鸿. 贸易区域化中知识产权边境执法措施新问题及其应对 [J]. 环球法律评论，2016（1）.

    [43] 杨静，朱雪忠. 中日韩谈判知识产权议题：基点、展望与策略 [J]. 中国软科学，2014（8）.

    [44] 姚宗. 知识产权壁垒成为我企业拓展海外市场"拦路虎" [N]. 国际商报，2005－11－12.

    [45] 叶京生，董巧新. 知识产权与世界贸易 [M]. 上海：立信会计出版社，2002.

    [46] 叶京生. 知识产权制度与战略——他山之石 [M]. 上海：立信会计出版社，2006.

［47］殷宝庆. 出口企业遭遇知识产权壁垒的原因及对策［J］. 江苏商论, 2004（11）.

［48］余翔. 专利权的穷竭与专利产品的平行进口——欧共体法律、实践及相关理论剖析［J］. 国际贸易问题, 2000（8）.

［49］詹映. 国际贸易体制区域化背景下知识产权国际立法新动向［J］. 国际经贸探索, 2016（4）.

［50］张凤杰. 澳大利亚版权产业、版权保护及其对我国的启示［J］. 环球瞭望, 2011（4）.

［51］张乃根. 论 TRIPS 协议的例外条款［J］. 浙江社会科学, 2006（5）.

［52］张平. 国家发展与知识产权战略［J］. 河南社会科学, 2007（4）.

［53］张雪梅. 知识产权海关保护与贸易便利化［J］. 开放导报, 2012（8）.

［54］张永艾. 权利穷竭原则探究——兼论平行进口问题［J］. 河北法学, 2004（3）.

［55］郑秉秀. 国际贸易中的知识产权壁垒［J］. 国际贸易问题, 2002（5）.

［56］郑成思. 世界贸易组织与贸易有关的知识产权协议［M］. 北京: 中国人民大学出版社, 1996.

［57］郑成思. 知识产权法教程［M］. 北京: 法律出版社, 1993.

［58］周俊强. 知识产权的基本理念与前沿问题［M］. 合肥: 安徽人民出版社, 2006.

［59］朱茂林. 宁波出口企业面临知识产权壁垒及应对策略［J］. 宁波广播电视大学学报, 2005（4）.

［60］Ahn Ki-Myung, 김창훈, 정민의. The Study on the Effect of the Korea·China·Japan FTA on the Logistics industry［J］. Korean Journal of Logistics, 2015, 23（1）.

［61］Amy Jocelyn Glass, Xiaodong Wu. Intellectual property rights and quality improvement［J］. Journal of Development Economics, 2007, 82（2）.

［62］Andrew C Inkpen, Adva Dinur. Knowledge Management Processes and International Joint Ventures［J］. Organizaiton Science, 1998, 9（4）.

［63］Hidetaka Yoshimatsu. Diplomatic Objectives in Trade Politics: The

Development of the China-Japan-Korea FTA [J]. Asia-Pacific Review, 2015, 22 (1).

[64] Kimyeong Ahn, Minui Chung and Kim Changhun. The impact analysis that Korea China Japan FTA reaches the physical distribution industry [J]. The logistics research, 2015, 23 (1).

[65] Lianbiao Cui, Malin Song, Lei Zhu. Economic evaluation of the trilateral FTA among China, Japan, and South Korea with big data analytics [J]. Computer & Industrial Engineering, 2019 (128).

[66] Michael Veseth. The Economics of Property Rights and Human Rights [J]. American Journal of Economics and Sociology, 1982, 41 (2).

[67] Patricia Higino Schneider, International Trade. Economic Growth and Intellectual Property Rights: A Panel Data Study of Developed and Developing Countries [J]. Journal of Development Economics, 2005, 78 (2).

[68] Raymundo Valdés and Maegan McCann. Intellectual Property Provisions in Regional Trade Agreements: Revision and Update [R]. WTO Staff Working Paper, 2014.

[69] Ying Bi. Rising Mega RTA? China-Japan-Korea FTA under the New Trade Dynamism [J]. Journal of East Asia and International Law, 2015, 8 (2).

[70] Yong Jae Choi. A Partial Equilibrium Approach to FTA between Countries with Asymmetric Costs: Implications to Korea-China and Korea-Japan FTA's [J]. Journal of international area studies, 2014, 18 (2).

[71] Yongmin Chen, Thitima Puttitanun. Intellectual Property Rights and Innovation in Developing Countries [J]. Journal of Development Economics, 2005, 78 (2).

后　记

　　本书是对知识产权与国际贸易关系的一次深入探讨，是对知识产权与国际贸易相联系的问题的深入研究，是作者多年来从事国际技术贸易教学工作中对相关问题的一个研究总结。

　　知识产权与国际贸易问题的关系这一研究课题是作者多年来始终关注的问题。本书在研究基本理论的同时，侧重国际贸易中实际问题的研究，希望能够对我国从事国际贸易的相关人员注重知识产权问题，提高知识产权意识起到提示和参考作用，以使知识产权制度更好地为发展我国的对外贸易服务。

　　在本书写作过程中，作者进行了大量法律、贸易、实务方面的调查研究，参阅了大量书籍、期刊及网络信息，并努力使理论与实践相结合。尽管如此，由于知识产权与国际贸易问题是一个理论性和实践性都很强的课题，受学识和时间限制，书中必定存在诸多值得推敲之处，错误与不当之处敬请读者批评指正。

　　最后，对参阅和引用的书籍及有关文献的作者，以及为本书出版提供帮助的人士表示衷心的感谢。

朱玉荣

2022 年 6 月于大连